三国字

中日韩常用汉字详解

吴文文
殷学侃 ◎ 编著
陈喜富

浙江古籍出版社

目　录

前　言

　　2015 年 11 月 30 日，经过中日韩三国有关人士历时近 6 年的共同努力，来自三国的代表在韩国首尔举行的"东北亚名人会"第十次会议发布《中日韩共用常见 808 汉字表》，成为名人会十年历史中最重要的成果之一。常见汉字表的发布，有助于推动三国文化的交流，将使中日韩三国之间往来更加便利。《三国字》一书描述和研究的对象即是这 808 个中日韩共用常见汉字，这是由三国专家比较我国的《现代汉语常用字表》、日本的《常用汉字表》和韩国的《教育用基础汉字》最终确定的。熟记这 808 个汉字，即使三国间言语不通，也可以通过写汉字"笔谈"的方式进行简单的交流，做到"学会 808 字，畅游中日韩"。这些汉字的圈定，也为三国青年互相学习彼此语言提供了方便。

　　一、汉字在日韩

　　汉字何时传入日本？应该在正史记载汉字传入日本之前。正史记载汉字之传入日本为应神天皇之世（中国三国时期），即 248 年王仁从百济渡日，献《论语》十卷及《千字文》一卷之时。日本引入汉字以后，最初是把汉字文言直接作为一种记事符号而使用。为了适应日本语，日本逐渐整理出一批和日本语音同或音近的汉字即"万叶假名"，用来书写日本语。日本古代歌谣总集《万叶集》以及《古事记》、《日本书纪》都是用万叶假名书写而成的。日本人在使用汉字的过程中，又以汉字的偏旁和汉字草书为基础，分别创制了表音符号片假名和平假名。经过长期发展，终于形成汉字和假名混合书写的日文书写体系。一般书写和印刷都用平假名，片假名通常用于书写外来语和特殊词汇。

日文中的汉字读音比较复杂，可分为音读和训读。音读是指该汉字借入日本时的汉语读音，按借入地域或借入时期划分，有吴音、汉音和唐音。训读是指按照日本语的音来读这个汉字。

明治维新之后，日本在引进西方科技和文化时创造了大量的新词语，后来这些词语又进入了汉语，成了汉语不可分割的一部分。近代开始，日本提出汉字限制论，主张对汉字的使用进行控制。二战后的1946 年 10 月，日本政府颁布《当用汉字表》，收录了 1850 个汉字，规定不在此表的汉字须换成别的词语或者用假名书写。1949 年 4 月日本政府颁布了《当用汉字字体表》，对汉字字形进行了整理和简化，最终统一了日本汉字的字形。1981 年 10 月日本政府又颁布了《常用汉字表》，共收汉字 1945 个（另外，还增加了 166 个字的《人名用字别表》），这个表较之前的《当用汉字表》增加了 95 个汉字。日本整理简化的汉字和中国整理简化的汉字有的完全相同，有的差别很大，也有的形体近似只是笔画有少许差别。在日本，虽然废止汉字的主张一直存在，但时至今日，日文仍然采用汉字和假名混合书写的体系。2010 年 11 月日本政府公布《改订常用汉字表》，共收 2136 个汉字。

韩文汉字又称朝鲜汉字，是朝鲜语中使用的汉字。汉字传入朝鲜，最初只是用来书写由中国传入的汉字词，使用频度不高。李氏朝鲜时代，是否认识汉字是区分知识分子与普通人的重要标准。李氏朝鲜末期，一部分的韩国民族主义团体发起了训民正音（朝鲜文）运动。

半岛分治以后，朝鲜将谚文（朝鲜语的表音文字）提升为国家文字的声音逐渐扩大，至 1948 年，朝鲜废除使用汉字。1968 年曾一度把"汉文"教育编入高中课本，现已全面禁用汉字。

在韩国，1948 年开始禁止使用汉字。李承晚时代，又开始在小学推行汉字教育。朴正熙任总统后，于 1970 年发表汉字废止宣言，完全废除了基础教育中的汉字教育。然而这一废止汉字的做法遭舆论强烈反对，1972 年撤回汉字废止宣言，允许在中等学校以及高等学校开展汉文 (即汉字教育) 作为选修科目。1980 年代中期，韩国的报纸、杂志等媒介开始逐渐降低汉字使用的频率。这是因为，几乎没有接受汉字教育的年轻一代 (韩文世代) 占了多数，使得使用汉字的出版物无法销售。1990 以来，恢复使用汉字呼声日涨。1998 年，韩国全国汉字教育推进总联合会成立，时任韩国总统金大中发表汉字复活宣言，实现了道路标志和火车站、公共汽车站的汉字并记，但并未实现将汉字教育列为小学义务教育的内容。

二、808 个汉字：808 个微型经典

这 808 个汉字就像一个个鲜活的生命，在漫长的汉字演变史中，经历了激烈竞争、适者生存的过程。在一定程度上，也正是由于这样一个优胜劣汰的"淘汰赛"，我们现在所能看到的很多古汉字，不但简洁、精炼，而且生动、优美，堪称一个个微型的经典。将这些"微经典"综合起来，可以从一个独特的角度，立体、形象、全面地再现中国古代的生活场景和自然物象。这些承载着淳朴意象的古汉字，对于日本、韩国乃至世界各个国家、各个民族的人而言，往往没有异族文明符号的诡异感，却能让他们发自内心地产生一种亲切和欢喜。这种亲切和欢喜，源自古汉字能巧妙传达人类在远古时期对自然、对世界的纯真感受和温暖印象，能够激发出与我们天性融合在一起的对日月星辰、鸟兽虫鱼、山川河流的亲切情感。在安静品味这些古汉字意象的时候，我们可以重新感应到那本原的感动和爱。这种跨国界、跨文明的魅力，部分原因在于汉字最初不仅仅是作为记录汉语的符号而产生。古汉字在承载、糅合了古代中国造字主体的主观感受和认识的同时，也是整个人类远古时代对自身、对外界自然环境、对整个宇宙印象和记忆所留下的烙印。因此，古汉字作为一种"能指"符号，其"所指"一方面包含了主观之"意"，另一方面包含客观事物之"象"，是两者交互作用而形成的"意象"。古汉字所承载的这种意象，正是汉字所具备的无国界亲和力、跨文化延展性的根源所在。

三、以意象为中心重新观照古汉字

然而，我们往往对汉字尤其是古汉字意象的这一特点和优点还重视不够，对其本质的分析和把握还存在改进的空间。这部分源于我们过于迷信"文字是记录语言的符号"这一理论。著名语言学家索绪尔指出：对中国人而言，表意字和口说的词都是观念的符号；在他们看来，文字就是第二语言。英国语言学家罗伊·哈里斯更是旗帜鲜明地主张，文字与语言是两种并行的符号系统，文字并不仅仅是为了记录语言。

而通过对808个汉字演变的历史进行梳理时，也发现汉字的产生和演变，有不少事实要围绕意象才能说清楚。比如，古汉字意象大多是一种立体的自然物象或场景，然而这些立体的物象或场景被书写成汉字时，不得不被压缩在二维平面上。一些学者没有意识到这一点，在阐释一些古汉字字形时，往往产生偏差。如"孝"字，西周金文作𦕓，字形上部是"老"字的省写，像伛偻拄着拐杖的老人，字形下部为"子"。一些文字研究学者将平面字形中的上下关系不假思索地等同于具体意象中的上下关系，从而将𦕓解释为小孩背着老人为"孝"。笔者认为，𦕓描绘的是"孩子搀扶老人"这一古人日常生活中的典型意象，表达"孝顺"的概念。这表明，由平面还原为立体的思维、意象还原思维在释读古文字时非常重要。

意象、语言层面的词语、作为视觉符号的汉字这三者之间，除了相对简单的一一对应的关系之外，以意象为中心，它们大致还存在以下几种关系：

1. 同象异字：同一意象发散出多个异体字

古代不同造字主体对同一意象观察、理解的不同角度，形成了不同的造字角度，这些字如果表示的是同一概念，记录的是同一词语，那么，围绕这一意象生发出的不同古汉字之间是异体字的关系，也即"同象异字"。

古汉字在二维平面上表达意象时，必然导致信息量的减损，但汉字作为一个系统，亦有其补救方式。方式之一是围绕这一意象，生成多个造字角度不同的异体汉字，这些汉字在传播中自由竞争，那些能生动、形象、简洁地反映经典意象的汉字，有更大的可能为更多人所接受、使用，从而有更大的机会为官方确立为规范字，从而确立其"嫡长子"地位，其余的汉字，则逐渐被淘汰，成为废字。以"免"字为例。商代金文作，象人戴着帽子，免是冕的初文，是一种象征身份的礼帽。西周金文也是人正面而立戴帽子的形象。第二类字形是从侧面描摹人戴帽子的形象，如商代甲骨文、西周金文、战国包山楚简等等。秦简在上述字形基础上增加意符"人"演变为。这类字形在竞争中占了上风，并且后来另造"冕"字表示这一概念。

每个经典意象，都会由若干要素组成。一些汉字表示意象时，往往采用局部指代整体的方式。这些要素或其中部分要素的组合，都可以用以指代整个意象。如"协"字，围绕"耕田"这一典型意象，从构件看，共有四类字形。第一类字形如商代金文 ，春秋时期秦公钟 等，字形中都有二耒三犬，方向一致，描绘的是狗群齐心合力耕田。①第二类字形如甲骨文 ，由"劦"和"口"组成，强调耕田人口中发出号令；第三类字形如小篆 ，左半部分为"十"，段玉裁解释说："十，众也。""劦"中三个"力"字由三个耒形 演变而来；第四类字形如《说文解字》古文作 ，字形由"口"和"十"组成，字形则强调耕田人口发出的号令，段玉裁说："十口所同，亦同众也。""协"字的四种主要写法 、 、 、 ，对古代耕田这一意象分别从不同角度出发，对抽象的"协作"这一概念进行了描述，但最后 字在秦代成为规范用字。这个例子表明，汉字存在一个不同造字主体各自创造、在使用中优胜劣汰的过程。

上述例子还表明，描摹具体物象的最初一批表意汉字的创造，是以"意象"为中心，而非以语言中的词语为中心。

既然意象是立体的、动态的，且可以从多个角度去理解，以某一意象为中心，发散出多个词语、多个义项也就是自然而然的事情。

2. 同象异词：以意象为中心，发散出多个词

一些意象是动态的，如甲骨文 、西周金文 ，是象形字，像雷雨天天空中伸展的闪电形。其所

① "铜制之耒或犁，乃殷人最普遍之农具。曳之者，除人外，尚有犬与牛。"胡厚宣《卜辞中所见之殷代农业》，《甲骨学商史论丛初集》，河北教育出版社，第601页。

描绘的典型意象即闪电伸展，因此是"申（伸）"、"电"的初文。如《庄子·刻意》："熊经鸟申（伸），为寿而已矣。"古人还认为，电闪雷鸣是天神震怒，由天空闪电伸展这一意象出发，还产生了"神"字。

又比如"伐、戍"在甲骨文、金文中无别，一种意象可以用来记录语言中的两个词"伐"、"戍"；"命、令"亦是如此。

上述例子可见，一个古汉字所代表的同一意象，不但常常发散出多个异体字，而且还生发出不同的词。裘锡圭先生说："在早期的文字里，存在着表意的字形一形多用的现象。同一个字形可以用来代表两个以上意义都跟这个字形有联系，但是彼此的语音并不相近的词。例如，在纳西文里，象杯中有茶叶形的一个字形，既代表'茶'这个词，又代表'饮'这个词（二词完全不同音）。在古汉字里，象成年男子的''最初既是'夫'字又是'大'字（'夫'的本义就是成年男子），象月亮的''最初既是'月'字又是'夕'字。在圣书字和楔形文字里，这类例子也很常见。"①

3. 同象异义：以同一意象为中心，发散出多个义项

和意象有关的一类有趣现象，因为常常被简单认作是字义的引申，更值得我们注意。如"備（备的繁体）"字。甲骨文作，西周金文作，小篆演变为。"備"字甲骨文像人背负箭囊，箭囊中绘有两支箭（代表很多支），表示战争或打猎的东西准备齐全了。这一汉字意象，发散出"備"字"防备、准备、齐全、具备、军事装备"等字义。这些字义，都围绕同一意象而生成，很难区分谁是本义，谁是引申义。类似的例子对许慎《说文解字》以来传统汉字字形阐释、辞书编撰体例中先确定一个本义、其

① 裘锡圭，《文字学概要》，商务印书馆，2005 年，第 5 页。

他义项都由这一本义线性引申而来的思维范式提出了疑问。一个古汉字所对应的意象，是否只有一个义项是其"本义"呢？意象和本义难道都是"世代单传"的吗？本义都是"独一无二"的吗？围绕这一意象而产生的各个义项之间，难道都是父子关系，有没有可能是兄弟关系呢？

又如"受"字，甲骨文 上下都是手形，中间是一件物品，字形描绘的是一个人正把物品交给另一个人。西周金文有字形作 ，还有字形作 ，增加意符"口"，意思是说话交代接受物品的人。林义光《文源》："象相授受形，舟声。授、受二字，古皆作受。"可见，这一字形是小篆 （受）、 （授）的源头。甲骨文 这一字形意象从不同角度去理解，既可以表示"接受"，也可以表示"授予"。 这两个围绕同一意象而产生的字义，难以分清谁先谁后。

上述例子表明，古人生活中的一个典型意象，由于所包含的信息量较大，在汉字数量有限的情况下，往往同时承担、生发出多个义项。围绕同一汉字意象的一些义项之间也存在并列的关系，并非全部线性引申而来。

四、《三国字》体例简介

汉字的象形性质很高的文字，在其文字草创之初，象形字占到了很大的比重，这些象形字是更多汉字的构成基础。随着时间的推移，许多象形字在今天看来已经不太象形了，所以我们要了解一个字的造字本意是什么，就要尽量回溯到接近最原始字形的时间和地点，用尽量接近当时人的思维去观察和思考。传世文献和出土文献给我们留下了大量有用的材料。下表列举了本书用到的古文，可使我们了解它们对于理解汉字构形的价值。

文献类型	特点简述	距今大致时间
甲骨文	最早的成系统的文字	3300—3000 年
金文	商周时期青铜器上的铭文	3600—2300 年
楚简	战国时楚国的竹简	2600—2300 年
秦简	战国时秦国的竹简	2600—2300 年
说文解字籀文	战国时秦国的文字	2600—2300 年
说文解字古文	战国时秦国以外六国的文字	2600—2300 年
说文解字	东汉人许慎编写的最早的字典，收录秦朝的小篆	2300 年

　　西周时期也有甲骨文发现，但是本书所举的甲骨文资料均为商代甲骨文。

　　本书的字的编排顺序是以《康熙字典》部首排列，与现代汉语的部首相比，在某种程度上更接近文字的造字本意。部分有密切渊源的字，则打破原来的排序，让它们排在一起。

　　本书共分为"解字""字形演变"和"音义注释"三个部分。"解字"部分通过对古汉字字形的解释，力图对这 808 个汉字的造字意象在"象"和"意"两方面加以阐明。在说解这些至少 2000 年以前的古汉字字形时，要做到既客观科学，又生动活泼，确实是一个不小的挑战。本人才疏学浅，只有尽可能了解历代学者的相关论述和研究之后，才敢略论一二。因此，为完成这部分内容，笔者参考了《说文解字注》《古文字诂林》《甲骨文字诂林》等著作。有时为了辨析一个汉字的源流，像《古文字诂林》这样的一部书，就有少则几千，多则上万字的内容需要静心阅读，并辨别、判断历代各家说解的优劣，同时还要揣摩自己在阐释字形时的表述能否为读者所理解。在撰写过程中，笔者也体会到，其中一部分古汉字意象的充分还原，光靠文字学家对字形的分析研究还不够，还应该更多借助考古学、民俗学、古典文献学等学科所提供材料的帮助。限于现有的资料和条件，一些古汉字字形的解说要做到为学界完全认同还难以实现，还有少部分古汉字的说解，只能是多闻阙疑，或是提供一种相对主观的阐释。

"字形演变"部分则是在"解字"的基础上，通过将各个时期典型的汉字字形先后排列，希望对该汉字字形的演变有一个直观的呈现。对于日本、韩国以及其他国家的汉字学习者而言，如果能知道一个现代汉字是如何一步一步地从最初的意象演化而来，就能理解其笔画为什么是如此构成的，这也为这些域外汉字学习者提供了理解性记忆和知其所以然的理据。

上述两部分内容由吴文文负责撰写。

第三部分是 808 个汉字在中日韩三国的音义注释。在汉语中的音义由吴文文完成，研究生渠亚楠、魏培娜参与了资料搜集工作，列举的字义以现代汉语中的常用义为主。汉字在日语中的音义由殷学侃副教授撰写，为完成这一部分内容，殷学侃老师几易其稿，他精益求精的治学态度令人印象深刻。汉字在韩语中的音义部分由陈喜富副教授完成。为完成书稿，陈老师制作了近千张卡片，并且在殷学侃老师的帮助下，克服了不会使用电脑输入韩文的困难。

希望本书出版后，能受到中日韩三国广大年轻一代读者的欢迎。

吴文文　2017 年 2 月 26 日

一

字形演变

解字 汉字中的数字"一"，从甲骨文到现在都没有变过。古人计数，用刀在木块或岩石上刻上一条横线，古人有刻划、结绳等原始的记事方式，"一"就是刻划方式在汉字里留下的印记。刻划符号早在新石器时代就存在了，比如在我国的半坡、大汶口、良渚等文化的陶器中都能见到。《老子》："道生一，一生二，二生三，三生万物。"

解字 "七"在甲骨文中写成十，由一横一竖组成，表示刻划、切开的意思，所以"七"其实是"切"。后来"七"被借用表示数字"六加一"，原来的意思只好委屈地在"七"的边上加上"刀"来表示了，"切"就变成了一个形声字。汉字里这种鸠占鹊巢的事情可不少，本书后面还会有介绍。

既然甲骨文"七"写成十，那叫数字"十"如何是好呢？甲骨文的"十"原来只用一条竖线表示，金文是在竖线的中间加一个点儿：十，后来这个点渐渐变成了横，"十"和"七"就变得很容易混淆了，于是到了战国的时候，"七"的竖就拐了个弯，小篆里写成十，两个字就这样区别开来了。

一	**中**
	yī

1. 自然数的开始；单个：～天丨～千克。
2. 相同；一致：～模～样丨始终如～。
3. 专注的：～心～意丨惟精惟～。
4. 整个；全：～身是汗丨～生～世。
5. 每；各：～班五十人丨～天三餐。

一	**日**
	ichi、hito、hitotsu

1. 自然数的第一个数。
2. 首位，第一。
3. 全。
4. 同，同一。

一	**韩**
	han il

1. 数字一。
2. 首位，第一。
3. 全部。
4. 同一。

七	**中**
	qī

1. 表示数量：～星丨～小时。
2. 古时人死后七天祭奠一次，叫一个"七"，一直到祭满七个七为止：头～丨满～。

七	**日**
	shichi、nana、nano

1. 七，七个。
2. 多的，多次。

七	**韩**
	il go chil

1. 数字七。
2. 七次。
3. 七七斋；人死后七天祭祀一次，叫一个七，一直到祭满七个七为止。

一部

三国字——中日韩常用汉字详解

字形演变

三 ＞ 三 ＞ 三

解字 甲骨文作 三，和"一"一样，是古人刻划符号留在汉字里的痕迹。表示数量"三"。《论语》："三人行，必有我师焉。"

字形演变

二 ＞ 上 ＞ 上 ＞ 上

解字 甲骨文"上"写作 二，用两条横线的相对位置表示"上"的概念。下面的一长横代表水平线或参照线，上面的一短横是指示性符号。字形下面一笔向上弯曲，是为了和"二"区分，但由于字形演变过程中笔画渐渐平直化，容易和数字"二"相混淆，于是在 二 的基础上增加一竖线，如战国金文 上、楚简 上、汉隶书 上。韦应物《滁州西涧》："独怜幽草涧边生，上有黄鹂深树鸣。"

三 中 sān	三 日 san、mi、mittsu	三 韩 seok sam
1.表示数量：~国｜~人。 2.多，杂乱：~心二意｜~言两语。	1.三。 2.再三。	1.数字三。 2.常常。 3.三次。

上 中 shàng、shǎng	上 日 kami、jou、ue、agaru、noboru、noboseru	上 韩 wi sang
shàng 1.方位，与"下"相对：山~｜树~。 2.登上，爬上：~船｜~车｜~楼。 3.时间或顺序在先：~半年｜~册。 4.品质优：~等｜~品。 shǎng 1.古汉语四声的第二声，普通话字调的第三声，调子先降低再升高。	1.上面，上边。 2.好，上等。 3.提升，向上。	1.上面。 2.首先。 3.昔日。 4.君主。

字形演变

解字 甲骨文写作 ⌒，和"上"字一样，也是用两条线的相对位置来表示方位。较长的线条表示水平线或者参照线，指示性的短横在参照线下，表示"下"的概念。由于字形演变平直化， ⌒ 容易与数字"二"相混淆，后来增加一竖加以区分，如西周金文下。《孟子·滕文公上》："上有好者，下必有甚焉者矣。"

字形演变

解字 甲骨文写作 等，有人认为甲骨文"不"象花朵中的子房和花蕊，也有人认为是花托的形状，现在仍然没有定论。"不"字后来被借用来表示否定意思。《荀子》："锲而不舍，金石可镂。"

西周金文作 ，秦代小篆演变为 ，汉代隶书时写成 。

下 中	下 日	下 韩
xià	ka、ge、shita、shimo、moto、sagaru、kudaru、orosu	a rae ha
1.方位，与"上"相对：山~|桥~|居高临~。	1.下面，下边。	1.下边，下面。
2.落下，掉下：~雨|~雪。	2.下等，劣等。	2.下级。
3.由高处往低处：~车|~山。	3.在……之下。	3.掉下。
4.下等，劣等：下策|下品。	4.下来，下降，落下。	
5.作出判断：~结论|~定义。		
6.量词：敲几~|三~五除二。		

不 中	不 日	不 韩
bù	fu、bu	a nil bul(bu)
1.表示否定：~会|看~到|~高兴。	1.不好。	1.不是。
	2.不是……	2.没有。
	3.可否。	3.不到。
		4.不及格。

世 葉

字形演变

中 〉屮
屮 〉芈
芈 〉蘗
蘗 〉葉
葉 〉叶
世 〉世
世

解字 甲骨文中没有发现"世"这个字，西周金文中写成屮，象枝叶的形状，树叶重重迭迭，本来应该是树叶的意思，后来引申为世世代代的"世"。现在我们说子孙昌盛、人丁兴旺时，不是还经常用"枝繁叶茂"来比喻吗？

树叶的叶（葉）更早是写成"枼"的，是在"世"的基础上加"木"形成的。或上下结构枼，或左右结构枼。"枼"应该比"世"出现得晚一些，也就是说先有"世"，后有"枼"。"枼"既表示世代的意思，又要表示树叶的意思，忙不过来，于是到了战国后期，就出现了在"枼"上面加个草头葉专门用来表示树叶的意思，但实际上"葉"一直都不放弃和"世"的关系。比如《诗经》中就有"昔在中叶"。到了今天，"叶"还能表达"世"的意思。比如："本世纪中叶，实现中华民族伟大复兴的中国梦。"而"世"则老老实实，不掺和"叶"家的事儿。

世 〔中〕shì

1.人的一辈子：一生一～｜～～代代。
2.世界：尘～｜～间｜～外桃源。
3.从先辈就存在的交情：～交｜～伯。
4.一个时代：乱～枭雄｜盛～。

世 〔日〕sei、se、yo

1.世间，社会。
2.世，辈分。
3.时代。

世 〔韩〕in gan se

1.人间。
2.一生。
3.生涯。
4.世代。
5.百年。

葉 〔中〕mìng

1.发出指令、要求：遵～｜使～｜～令。
2.生命：革～｜草菅人～。
3.寿命：长～百岁。
4.命运，定数：宿～｜～中注定。
5.拟定（名称等），认为：～意｜自～不凡。

葉 〔日〕ha、you

1.（植物的）叶。扁平且薄的物体。
2.（助数词）张，枚，片。

葉 〔韩〕ip yeop

1.叶子。
2.时代。

字形演变

解字 甲骨文写作 ，中间一竖是根旗杆，旗杆上下的飘穗在风中飘扬，旗杆正中间的圆环，是固定在旗杆上的鼓，1935 年出土的战国时期文物上铸有图像 可为佐证。 通常立在广场中心，以通知、集中民众和军队，因此，"中"有"中心、中间"的意思。《诗经·蒹葭》："溯游从之，宛在水中央。"

后来有省略部分飘穗的 ，有飘穗全部省略的 ，就和现在的"中"字差不太多了。

中	中	中 日	中 韩
	zhōng、zhòng	chuu、juu、naka	ga un dae jung

zhōng
1. 距四方或两端相等的位置：～原｜～央。
2. 里面，一类事物之间：山～｜人群～。
3. 符合：～意｜～看不～用。
4. 中等程度的：～学生｜男～音。
zhòng
1. 正对上，恰好符合：猜～｜一语～的。
2. 遭受，感受：～枪｜～了埋伏｜～毒。

1. 中，中间。
2. ……之中，……之内。
3. 正在……
4. 中，射中。
5. 中国。
6. 中学。

1. 中间，中央，中心。

西周颂鼎拓片

主

字形演变

解字 商代甲骨文中"主"的字形有 等，下部是油灯的底座，上面的实心点或空心点，象油灯的灯芯或者火焰。油灯虽小，却可以照亮整个房间，好比君王在一国中的作用，能给人民带来光明和温暖。因此由本义"灯芯或者火焰"，引申为君主的"主"。《老子》："以道佐人主者，不以兵强天下。"而表示"灯芯或者火焰"的意义，则加上火字旁写成了"炷"。商代有个青铜酒器叫"●庚爵"，到了小篆时，这个字还是有的●，但是《说文解字》以为是古人断句用的标点符号，其实应该也是"主"字的初形呢。

　　"主"字的小篆写作 坣 ，秦简演变为 主 ，汉《乙瑛碑》就隶变为 主 了。

久

字形演变

解字 小篆写作 弓 ，字形像是用艾条灼灸人背部的穴位，是古人用来治病的一种方法。现在每年夏天时候流行的"三伏灸"，就是这种治病方法。睡虎地秦简的《封诊式》中有"其腹有久故瘢二所"，大概说的就是这个意思。"久"因为借用去表示"长久"的意思，《道德经》："天长地久。"而它本来的意思只好加上火字旁写成"灸"了。又是一个鸠占鹊巢的故事。

主	中	主	日	主	韩
zhǔ		shu、nushi、omo		im geum ju	

1.处中心或支配地位的：造物~｜~子｜~宰。
2.主要的，基本的：~力｜~讲｜~食。
3.见解：~张｜~意。

1.主人，东道，首领。
2.主要，基本。
3.耶稣教主。

1.君主。
2.头目。
3.主人。
4.主题。
5.自身。

久	中	久	日	久	韩
jiǔ		kyuu、ku、hisashii		o rae gu	

1.时间长：~远｜永~。
2.时间跨度：过了多~？｜离开了八年之~。

1.长久。

1.长久。
2.久远。
3.永久。
4.很久。

乘

字形演变

解字 "乘"甲骨文写作 ，象人登上树木。所以"乘"字的本义是"登上"（高处）。西周金文写作 ，人的脚趾头都写出来了。小篆稍稍变形写成 。《列子·黄帝》："俱乘高台。"这里的"乘"用的就是它最早的意思。

九

字形演变

解字 "九"的甲骨文写作 ，象弯曲的钩子。在方言里，比如广东和福建许多地方"钩"和数字"九"语音相近。因为语音相近，本义为"钩子"的"九"后来被借用专门表示数量，它真正的意义却再也不用了。金文演变为 ，秦简写作 。屈原《离骚》："亦余心之所善兮，虽九死其犹未悔。"

乘 **中**
chéng、shèng

chéng
1.登上：～车｜～飞机。
2.倍数运算：～法｜～除。
3.等待并利用：～人之危｜～势而上。
shèng
1.古代兵车，四马一车为一乘：千乘之国。

乘 **日**
jou、noru、noseru

1.乘坐，搭乘。
2.乘法。

乘 **韩**
tal seung

1.乘坐。
2.体谅。
3.胜利。

九 **中**
jiǔ

1.数量，序号：～月｜一言～鼎。
2.多：～牛二虎｜～死一生。

九 **日**
kyuu、ku、kokono、kokonotsu

1.九，九个。
2.很多，极。

九 **韩**
a hop gu

1.数字九。
2.九次。
3.南边。
4.阳爻，周易的阳数。

事史使

字形演变

解字 "事"这个字，绝对是个复杂的事。复杂的原因，是兄弟太多了。"事"的甲骨文长这样。我们知道，甲骨文和同时期的金文相比较，笔画是比较简省的，某种意义上说，甲骨文就是早期的简化字呢。金文里的"事"有长成这样的。两个字形合起来一看，应该是一只手握着一个器物，这个器物和前面解释过的"中"很相似，古代可以称得上大事的，主要是战争和祭祀，《左传·成公十三年》里说："国之大事，在祀与戎。"所以"事"的字形描绘的是应该是挥舞旗帜，征召军队或者民众，从事征战或祭祀。

稍晚一点的甲骨文"事"还会省略上面的分叉，写成这样，甲骨文的"史"也是这样写的，所以又同时表示"事"和"史"。另外，甲骨文"吏"、"使"二个字也都写成，所以，在甲骨文时代，事、史、吏、使四字其实就是一个字，至于为什么会这样，众说纷纭，现在也难有定论。但是大部分认为先有"事"这个意义，其他三个意义都是借用了"事"的字形。为了避免四个意义的混淆，后来字形就产生了分化，变成了四个字。比如"使"字到了西周的时候，加上"彳"写成，"亻"和"彳"相似，到了小篆，"使"就写成。这四个字的分化过程，大概在西周时期就完成了。

事	中
	shì

1.事情，活动：好～｜往～｜万～如意。
2.任务，工作：做～｜～务。
3.责任，关系：这起纠纷没他的～。
4.事故：平安无～｜出大～。
5.做：～从｜不～生产。

事	日
	ji、zu、koto

1.事情，事件。
2.从事。
3.侍奉。

事	韩
	il sa

1.工作。
2.职业。
3.才能。
4.官职。

史	中
	shǐ

1.历史，史书：～册｜～无前例。
2.史官：太～公。
3.古代官职：御～｜女～（古代女官名）

史	日
	shi

1.历史。

史	韩
	sa gi sa

1.史记。
2.历史。
3.史官。
4.文人。

使	中
	shǐ

1.派遣：差～｜～唤｜驱～。
2.用：～劲｜见风～舵。
3.放纵：～性子。
4.连词：即～｜纵～。

使	日
	shi、tsukau

1.派遣，使者。
2.使唤，使用。

使	韩
	ha yeo geum sa

1.假使。
2.下人。
3.使臣。
4.使唤。

字形演变

二
∨
二
∨
二
∨
二
∨
二

解字 汉字中的数字"二"和数字"一"的"人生经历"一样，从甲骨文二到现在几乎都长得一样，都是古人原始的记事方式在汉字里留下的印记。《论语·公冶长》："赐也何敢望回？回也闻一以知十，赐也闻一以知二。"

字形演变

X
∨
X
∨
X
∨
五

解字 数字"五"在甲骨文中有少数写成三，直接画五条线，但大多数时候写成X，这说明商代的人已经有了不错的数字概念，能意识到"五"是数字中的一个节点，应该换一种形式来记录它，以便于后面可以"一五一十"地进行计算。至于为什么写成X，有不少复杂的解释，比如认为象古代收绳的器具，后来被借来表示数字"五"；或认为上下两横表示天地，中间X像阴阳之气相搏相荡，产生出"水火木金土"五行。比较合理的解释是："五"字在比甲骨文更早的陶器中就有了，最早写成X，到了甲骨文的时候，为了和"乂"字区别，就在上下加了两横。《道德经》："五色令人目盲，五音令人耳聋。"

二	中	二	日	二	韩
èr		ni、futa、futatsu		du i	
1.数量，序号：～月｜～人转｜第～名。		1.二，第二。		1.数字二。	
2.不同：不～价｜不～法门。		2.再，再次。		2.两次。	
				3.二意。	
				4.更次一等。	

五	中	五	日	五	韩
wǔ		go、itsu、itsutsu		da seo o	
1.数量，序号：～个｜～虎上将。		1.五，五个，五次。		1.数字五。	
				2.五次。	
				3.五行。	
				4.帝位。	

二部 亠部

三国字——中日韩常用汉字详解

井

字形演变

井 〉 井 〉 井

解字 甲骨文写作井，描摹的就是水井的形状。但我们发现，古代的井和如今的井或者我们现在能看到的几百年的古井不同，它的井栏似乎是由四根木头两纵两横构成的。相传井是尧的大臣伯益所造。西周金文作井，中间有一点，象井口，意思更明确些。《荀子·荣辱》："短绠不可以汲深井之泉。"

井 中	井 日	井 韩
jǐng	sei、shou、i	u mul jeong
1.为汲水而挖掘的深洞：水~。	1.井，油井。	1.水井。
2.像井的坑洞：油丨矿~。	2.井然。	2.井田。
3.古制八家为一井，后来井指人口聚居的地方：市~。	3.街市，市井。	3.亭子。
4.整齐，有秩序：~~有条丨秩序~然。		

亡

字形演变

 〉 乚 〉 亡 〉 亡

解字 甲骨文作乚，象一个人躲藏在壕沟一类的隐蔽处所，表示人逃跑之后躲藏在隐蔽的地方，"亡"的本义是逃亡。在甲骨文的实际应用中，"亡"是一个否定词，表示"不""没有"的意思。逃亡的意思又引申出丢失之义。如成语"亡羊补牢"；逃亡、消失又引申出死亡之义，这是孝顺的子女不忍心也不愿意接受亲人死去的事实，只希望亲人只是暂时性的消失。《老子》："死而不亡者寿。"

西周金文作乚，小篆作乚，汉碑演变为亡。

亡 中	亡 日	亡 韩
wáng	bou、mou、nai	mang hal mang
1.逃走：逃~丨~命天涯。	1.消亡。	1.灭亡。
2.丢失：~羊补牢丨唇~齿寒。	2.死亡，不在世。	2.逃亡。
3.灭，死去：~国丨~魂。	3.逃亡。	3.消灭。

交

字形演变

交 > 交 > 交 > 交 > 交

解字 甲骨文写作交，象一个人两腿交叉叠放的样子。从两腿交叉又引申出接触、联系等字义。神奇的是，一些以"交"为声符的字也有暗含这种意义。如"郊"是两国交界之处；"绞"是两绳相交；"筊"是竹条交叉编织而成的绳索；"烄"是交叉堆积的木头在燃烧。《论语·学而》："与朋友交而不信乎？"

战国时的楚简写作交，小篆写作交，汉《王基碑》演变为交。

交 〔中〕
jiāo

1. 交叉，相连：~点丨~界丨~错。
2. 付托，付给：~钱丨~给丨~活儿。
3. 互相来往联系：生死之~丨~流丨~涉丨至~。
4. 一齐，同时：风雨~加。
5. 两性和合：~尾丨杂~丨~配。

交 〔日〕
kou、majiwaru、mazaru、kawasu

1. 交往，交情。
2. 交换，交替。
3. 混杂，夹杂。

交 〔韩〕
sa gwl gyo

1. 交往。
2. 交际。
3. 交换。
4. 交错。

京

字形演变

京 > 京 > 京 > 京

解字 甲骨文写作京，本义是修建在丘台上的高大建筑物，是古代某一地域的地标性建筑。《三国志·公孙瓒传》："于堑里筑京，皆高五六丈。"古代城市往往以此建筑为中心，形成一个城邦或国都，因此"京"又引申出"都城"的意思。如西周都城"镐"，也称"镐京"。由高大的建筑这一意象又引申出京字"高"、"大"的意思。如《左传·庄公二十二年》："八世之后，莫之与京。"西周金文作京，小篆作京。

京 〔中〕
jīng

1. 首都：~城丨~师。
2. 北京的简称：~剧丨~津冀丨~沪高铁。

京 〔日〕
kyou、kei

1. 首都，京城。
2. 东京的简称。

京 〔韩〕
seo ul gyeong

1. 首都。
2. 仓库。
3. 盛大。

人部

三国字 —— 中日韩常用汉字详解

字形演变

亻 > 尺 > 人 > 人

解字 甲骨文作 亻，象侧面站立的人。《礼记·礼运》："人为天地之心。"古人观念中，虽然同是天地所生，相对禽兽草木，唯有人最为尊贵，因为人具备天地阴阳之和气、五行之秀气。《论语》："己所不欲，勿施于人。"小篆写作 尺，秦简演变为 人。

字形演变

尸 > 尼 > 仁 > 仁 > 仁

解字 越是简单的字，越难以了解它最初的意思，"仁"字也是如此。在战国晚期的中山国青铜器上，"仁"字写作 尸，有一种看法认为是由"二、人"两个字构成，本义是两人相亲相爱。还有一种看法认为"仁"字是由一个"人"字和一个重文符号两横构成，也就是说"仁"字是由两个"人"字构成，所以"仁"字应该和"尼"字是一个字。"尼"字现在写成"昵"，是亲昵的意思。所以"仁"本来的意思是亲昵。两种解字的方法，殊途同归。另外，在战国楚简上有"仁"字作 身，字形上部为"千"，下部为"心"，这一字形突出强调仁爱的情感出于人的内心。《孟子》："仁者爱人。"

人 中

rén

1.具有高度智能和灵性，且能制造并使用工具的高等动物：男~|女~|~种。
2.别人、他人：助~为乐|~云亦云。
3.一般人：胆略过~|~所共知
4.人的品质、名声：丢~。

人 日

jin、nin、hito

1.人，人们。
2.从事某职业的人。
3.人品，品质。
4.人才。
5.别人，他人。

人 韩

sa ram in

1.人间。
2.他人。
3.那个人。
4.成人。

仁 中

rén

1.爱，同情：~慈|~义|一视同~。
2.有德性的：~心~术|麻木不~|~政。
3.敬辞：~兄。
4.果核中心部分：果~|杏~。

仁 日

jin、nin

1.仁，仁义，仁慈。
2.人。
3.仁，核。

仁 韩

eo jil in

1.仁慈。
2.敏感。
3.爱慕。
4.博爱。

字形演变

（解字）甲骨文写作A A等。字形中A象倒置的"口"，而一横象口中所含之物。所以"今"和"今天"这个意思其实没啥关系，"今"是"含"字最初的写法。在金文中，表示"含"意思的都写成"今"。但是因为同音的关系，"今"从甲骨文开始就一直被借用表示"今天"的意思，"含"的意思只好再加上一个"口"来表达了。再一个鸠占鹊巢的故事。特别说明：今和含古代的发音是一样的。

　　和"今"关系很密切的是"甘"，"甘"甲骨文写作ᗷᗷ等，由"口"和一横组成，口中的一横指代嘴巴含的东西，表达食物甜美的意思。《老子》："甘其食，美其服，安其居，乐其俗。"如果把"今"倒过来，就会发现和"甘"字其实长得一样。所以"今"表示嘴巴含着东西，"甘"表示嘴巴含着的东西很甜美。为了区别这两个意思，居然是用改变文字方向的方法。这种情况汉字里还有。特别说明：现在的广东话里，"今"和"甘"的发音还是一样的。

.13.

人部

三国字——中日韩常用汉字详解

字形演变

（解字）古陶有字形作佗，形声字，"人"为形，"它"为声，本义是"承担"，也有的写作"驼"或"驮"。"佗"汉印有字形作佗。在汉代以后演变为"他"，并被借用为第三人称代词。《诗经·小雅》："他山之石，可以攻玉。"

今 中	今 日	今 韩
jīn	kon、kin、ima	i je geum
1.目前，现在：～天｜～生｜～年｜～朝。 2.当代（和"古"相对）：古～中外｜厚古薄～。	1.现在，当前。 2.今天。 3.现代。	1.现在。 2.正在。 3.今日。 4.这个。

他 中	他 日	他 韩
tā	ta、hoka	da reu ta
1.人称代词，用于你、我以外的第三人称，一般指男性：～是我爸｜请叫醒～。 2.另外的：～乡｜～人。	1.其他，另外。 2.别处。 3.其他的。	1.不同。 2.他人。 3.奸邪。

字形演变

仙

解字 成仙是道教的说法，道教大概起源于战国时期，所以战国屈原的《楚辞·远游》里有："贵真人之休德兮，美往世之登仙。"《汉书·刘向传》又说："上复兴神仙方术之事， 而淮南有《枕中鸿宝苑秘书》。"《说文解字》里是这么写的：" 仚（即仙），人在山上貌，从人从山。"另一字 "长生僊去。""僊"大概写错了，应该是"䙴"，"䙴"是登高、上升的意思。"长生僊去"就是得道成仙、白日升天的意思。东汉末年的《释名》中说："老而不死曰仙。仙，迁也，迁入山也，故制字人傍山也。""仙""僊"是一个字的两种写法，也反映的不同的造字原意。"仙"是入山去修道，祈求得道成仙；僊是已经得道，白日升天了。

仙 中

xiān

1.长生不老或有特异本领的人：～女｜南极～翁。
2.特指超凡脱俗的人：～风道骨｜诗～｜酒～。

仙 日

sen

1.仙，神仙。
2.超凡之人。

仙 韩

sin seon seon

1.神仙。
2.仙教。

字形演变

代

解字 小篆写作，形声字，"人"是形旁，"弋"是声旁。本义为更替、取代。屈原《离骚》："春与秋其代序。"汉帛书写作代。

代 中

dài

1.辈分：新时～｜～沟｜祖孙三～。
2.历史的分期：古～｜年～。
3.替换：～笔｜～劳｜～父从军。
4.暂时担任某一职位：～省长｜～总理。

代 日

dai、tai、yo、shiro、kawaru、kaeru、

1.时代，世代。
2.更替，代替。
3.费用，代价。

代 韩

dae sin hal dae

1.代理。
2.交替。
3.时代。
4.一生。

令命

字形演变

解字 令字甲骨文里写作𝄂，由 𝄁 和 𝄃 组成，在谈"今"字时，已经知道 𝄁 是倒置的口，𝄃 现在写作"卩"，是人跪坐的侧面形象。令的意思就是一个人在发号施令，一个人跪着听令。《诗经·东方未明》："倒之颠之，自公令之。"

到了西周，金文中出现了在"令"字边上加"口"的字 𝄃，这就是现在"命"字，当时"令"和"命"基本上是通用的。两个字的意义分化是在以后慢慢产生的。

人部（口部）

三国字——中日韩常用汉字详解

令 **中**
lìng

1.指示，命令：号～｜～箭。
2.使得：～人起敬｜～人生畏。
3.古代官名：县～｜太史～。
4.美好的：～名｜～闻。
5.敬辞，用于称对方亲属：～尊
｜～郎。
6.时节：夏～时｜冬～。

令 **日**
rei、ryou

1.命令，法令。
2.尊称对方近亲属的接头词。
3.美，好。
4.古代官名。

令 **韩**
ha yeo geum
ryeong(young)

1.命令。
2.法令。
3.规则。
4.官职。

命 **中**
mìng

1.发出指令、要求：遵～｜使～｜
～令。
2.生命：革～｜草菅人～。
3.寿命：长～百岁。
4.命运，定数：宿～｜～中注定。
5.拟定（名称等），认为：～意
｜自～不凡。

命 **日**
mei、myou、inochi

1.生命，寿命。
2.命运，时运。
3.命令。

命 **韩**
mok sum myeong

1.生命。
2.运气。
3.命令。
4.性质。
5.诺言。

人部

三国字——中日韩常用汉字详解

以

字形演变

（解字）甲骨文作 δ，象耕地的农具耜，字形下部象圆头锹铧的形状。甲骨文中还有个字形加上"人"，像人用耜 δ。"以"字被借用来表示"用"的意思，引申为介词，表示凭借。《论语》："君子不以言举人，不以人废言。"

仰

字形演变

（解字）"仰"字本来写作"卬"，如战国石刻诅楚文写作卬，小篆里写作卬，右边是个跪坐的人，抬头看着左边站立的人。《说文解字》："卬望欲有所企及也。《诗》曰：'高山卬止。'"后来"卬"字经常被借用来表示第一人称"我"的意思，比如《诗经》里有："招招舟子，人涉卬否。"于是本来"抬头"的意思就保留在加"亻"写成的"仰"和加"日"写成的"昂"两个字里了。《孟子》："古之君子，其过也，如日月之食，民皆见之；及其更也，民皆仰之。"

以 〔中〕 yǐ

1.凭借，依据：～弱胜强｜～身作则。
2.为了：～儆效尤。
3.用于方位词前表示范围：～上｜～内。

以 〔日〕 i

1.以为。
2.所以。

以 〔韩〕 sse i

1.自从。
2.率领。
3.相似。
4.理由。

仰 〔中〕 yǎng

1.脸朝上：～泳｜～望。
2.敬重，追慕：～慕｜信～。

仰 〔日〕 gyou、kou、aogu、oose

1.仰，仰望。
2.吩咐，指示。

仰 〔韩〕 u re reu ang

1.钦仰。
2.依靠
3.饮用。
4.命令。

伏

字形演变

〔解字〕西周金文写成 ，字形左边是人，紧跟在人身后的是犬。人和狗埋伏在猎物或敌人的必经之地，警觉地看着目标出现的方向，时时刻刻准备出击。其造字本义是"埋伏、伺机而动"。秦代小篆字形为 ，字形演变后，人和犬都已经松垮，看不出警觉、紧张的样子。秦简有字形作 ，这个字形和我们现在的"伏"字已经很接近了。《老子》："祸兮福所倚，福兮祸所伏。"

伏 中	伏 日	伏 韩
fú	fuku、fuseru、fusu	eop deu ri bok
1.趴下，低下：～首称臣丨～案疾书。 2.夏季最热的一段时间，分为初伏、中伏、末伏。	1.伏，低下。 2.隐藏，埋伏。 3.屈服。	1.屈服。 2.潜伏。 3.低头。

伐

字形演变

〔解字〕甲骨文写作 ，字形左边为人，右边是戈，古代的戈可刺杀，也可劈砍。"伐"本义是用戈砍断人头，引申为"讨伐、征讨"。《左传》："凡师，有钟鼓曰伐。"与偷袭不同，"伐"是光明正大、大张旗鼓地征讨一个国家。

伐 中	伐 日	伐 韩
fá	batsu	chil beol
1.砍：～木。 2.征讨：武王～纣丨讨～。 3.自我夸耀：自矜自～。	1.砍伐。 2.讨伐。 3.粗暴，杀伐。 4.自夸，夸耀。	1.征伐。 2.弄死。 3.批评。 4.矛盾。

休

字形演变

解字 商代甲骨文写作 𣓤，一"人"一"木"，意思是人在树阴下休息。甲骨文也有字形写作 𣏾，"人"与"木"的左右位置不同，这种现象在古文字中很普遍。《诗·大雅·民劳》："民亦劳止，汔可小休。"

休 中
xiū

1. 歇息：～息丨～养。
2. 停止：～兵丨～止符。
3. 旧时丈夫将妻子赶回娘家，断绝关系：～书丨～妻。
4. 表示禁止：～想丨～得无礼。

休 日
kyuu、yasumu、yasumaru、yasumeru

1. 休息。
2. 安乐。

休 韩
sil hyu

1. 休息。
2. 停止。
3. 禁止。
4. 宽容。

位

字形演变

解字 商代金文作 𡘲，象人正面站立形，本义是站立的意思。《庄子·养生主》："提刀而立。"西周金文写作 𡗜，战国金文写成 𡗜，小篆演变为 𡘲。

"位"和"立"最初的时候都写成 𡗜，说明站在哪儿和身份地位是有关系的，好像这种文化到了现代依然如此。后来为了强调"位"和"立"的区别，就增加"亻"产生了"位"字。这个过程大概是在战国时期出现的，如战国时期的楚简写成 。战国中山王方壶铭文："遂定君臣之位。"

位 中
wèi

1. 位置：座～丨车～。
2. 地位：官～丨名～。
3. 特指皇位：篡～丨退～。
4. 量词，用于人（有敬意）：诸～。

位 日
i、kurai

1. 职位，地位。
2. 等级，上位。
3. 方位。
4. 地点。
5. 位于。

位 韩
ja ri wi

1. 位置。
2. 地位。
3. 帝位。
4. 方位。

人部

三国字 —— 中日韩常用汉字详解

低

字形演变

亻〉王〉低〉低〉低

解字 "低"字在小篆以前的文字里没有发现，《说文解字》里写作低，实际上这个小篆还是到五代十国的南唐时徐铉给补上去的。"低"的解释是："下也。从人氏，氏亦声。"注意"亦声"两个字，《说文解字》提到"亦声"两字，就说明这个部首既表示意义又指示读音，术语叫作"形声兼会意"。所以"低"和"氏"的关系很密切。"氏"在甲骨文里和"氏"字一样，写成亻，在春秋时期的金文里写作亻。甲骨文的"氏"像一个人低着头，金文是在最下方画了一条横线，大概是强调这个字和底部有关。汉字的意义分化后，为了表达精细，就由"氏"分出了一系列的字，比如"低"、"底"、"砥"（树根）、"骶"（椎骨里比较靠下的骨头），又是一个大家族。所以"低"的本义是下，引申为向下，进一步引申为比较等级中的下。汉代《曹全碑》作低。《谈薮》："黍熟头低，麦熟头昂。"

低 【中】
dī

1. 处在下方，与高相对：～矮｜～谷。
2. 等级、程度在一般以下：～温｜～廉｜～年级。
3. 向下垂：～头｜～身。

低 【日】
tei、hikui、hikumeru、hikumaru

1. 低，矮。
2. 降低。
3. 低劣，低级。

低 【韩】
na eul jeo

1. 最低。
2. 便宜。
3. 脆弱。

住

字形演变

㣫〉住〉住

解字 小篆作㣫，"人"表形，"主"表声。本义是人停在某处不动了。李白《早发白帝城》："两岸猿声啼不住，轻舟已过万重山。"后来引申为暂时停留在某地，又引申为住宿。难怪寺院的主管僧人叫"住持"，那是久住护持佛法的意思。东汉《衡方碑》作住。

住 【中】
zhù

1. 停下：～手｜就此打～。
2. 居住：～宿｜～店。
3. 用作动词补语：拿～｜坚持～。

住 【日】
juu、sumu、sumau

1. 居住。
2. 停住。
3. 止住。

住 【韩】
sal ju

1. 居住。
2. 留宿。
3. 停止。

人部

三国字 —— 中日韩常用汉字详解

何

字形演变

仒 > 丂 > 何 > 何

解字 甲骨文写作仒，西周金文写作丂。字形象人肩上扛着锄头一类的农具，本义为"扛"。《诗经·候人》："何戈与祋（祋是一种兵器）。"后来在字形中增加"口"变成"何"，也就是现在"何"的基本形状了。在古文字里，加"口""手（包括又、爪等等）""行（包括彳亍等等）""辶（包括止、走等等）"等部件是很常见的，原因有很多种说法，这里就不涉及了。"何"字后来假借用为疑问词，被鸠占鹊巢后只好去借用"荷"字来表示"扛、负担"的意思，仅仅因为"荷"花底下有个"何"字，庆幸的是"荷"花和负"荷"音调不同，于是它们就勉强同居在一起了。

何 中

hé

1.什么，为什么，哪：～人｜～不｜～年～月。
2.表示反问：～苦｜～必。
3.姓。

何 日

ka、nani、nan

1.何，什么。
2.为什么。
3.何处。
4.谁。
5.几何，多少。

何 韩

eo jji ha

1.如何。
2.什么。
3.何时。
4.暂时。

佛

字形演变

佛 > 𢭆 > 佛 > 佛

解字 汉语里面出现"佛"字的时候，佛教还未传入中国，因此"佛"字本义是与佛教无关的。汉代玺印有字形作𢭆，《说文解字》佛："佛，仿佛也，从人弗声。""仿佛"的本义是"看不清"，和"恍惚"意思相近。东汉时佛教传入中国，佛教创始人乔达摩·悉达多的尊称buddha曾被翻译成佛陀、浮头、没驮、浮屠、浮图等等。现在普通话里的声母f都是由古代的b和p变来的，所以"佛陀"的发音在当时和buddha是很接近的。后来"佛陀"两字流行，又简化成一个字"佛"。"佛"字就是这样黄袍加身，成了"人生"赢家，进入正史了。《后汉书·西域传》，："西方有神，名曰佛。"泰山《金刚经》刻石作佛。

佛 中

fó、fú

fó
1.梵语"佛陀"的音译简称。
2.佛教指称觉悟的人，修行圆满的人：即心即～。
3.佛教有关的：～寺｜信～｜诵～。
fú
1.仿佛。

仏 日

butsu、hotoke、futsu

1.佛。
2.法国略称。

佛 韩

bu cheo bul

1.佛陀。
2.佛教。
3.佛经。

三国字——中日韩常用汉字详解

作

字形演变

屮 > 世 > 作 > 作

解字 最初的"作"并没有"亻"，在甲骨文里写作屮，也就是"乍"。是一种工具，所以它的本义是"制作"。《周礼·考工记序》："作车以行陆，作舟以行水。"后来"乍"字被借用表示副词突然的意思。南唐冯延巳《谒金门》："风乍起，吹皱一池春水。"原来的意思就增加"亻"来表示了。如战国楚简写成世，小篆写成𠈌。

作 中 zuò
1.兴起：兴风~浪｜一鼓~气。
2.创作，进行某项活动：~曲｜劳~。
3.作品：杰~。
4.当作：~废｜~罢。

作 日 saku、sa、tsukuru
1.著作，作品。
2.耕作。
3.作物，收成。
4.作，做。

作 韩 ji eul jak
1.创作。
2.劳动。
3.行动。

來

字形演变

 > 來 > 來 > 来

解字 甲骨文写作来，象成熟的麦子形状，本义即小麦。《诗·周颂》："贻我来牟。"（牟即大麦）金文有字形作来，秦简作来。"来"多被假借为来往的意思。如《礼记·曲礼》："礼尚往来。往而不来，非礼也。来而不往，亦非礼也。"真的麦子只好在"来"字下面加上"止"变成麦。在"何"字中谈过，古文字里经常加上"止"或其他偏旁，产生新字，"麦"字也是一例。

来 中 lái
1.由彼至此，由远到近：~访｜~源。
2.现在以后，将来：~年｜~世。
3.表示动作趋向说话人这里：飘~｜传~。
4.做某个动作：唱得真好，再~一个。
5.表示估计的数目：二十~岁。

来 日 rai、kuru、kitaru、kitasu
1.来，到来。
2.未来的，下次的。
3.以来，自……

來 韩 ol rae (nae)
1.回来。
2.慰藉。
3.以后。
4.未来。
5.后世。

人部

三国字 —— 中日韩常用汉字详解

例

字形演变

〉例〉例

解字 小篆，形声字，形旁是"人"，声旁是"列"。本义是类，引申为例证、举例等。《南齐书·陆慧晓传》："两贤同时，便是未有前例。"

依

字形演变

〉依〉依

解字 商代甲骨文写作，字形外部有左右两个袖子的是"衣"字，中间是"人"字，西周金文写作"依"，中间是个"立"字。本义是倚靠的意思。"人"和"立"表形，"衣"表声。秦简字形变为依，"人"字从中间移到"衣"字外面。曹操《短歌行》："绕树三匝，何枝可依？"

例 **中**

lì

1.例证，依据：～如｜史无前～。
2.规则：～外｜条～。
3.按成规进行的：～行公事｜～会。

例 **日**

rei、tatoeru

1.例，事例。
2.惯例，通常。
3.譬如，例如。
4.规章，条例。

例 **韩**

beop sik rye (ye)

1.法式。
2.规则。
3.条目。
4.惯例。

依 **中**

yī

1.紧紧靠着：～山傍水｜小鸟～人。
2.跟随，顺从：～赖｜～从。
3.按照：～法治国。

依 **日**

i、e

1.依靠。
2.依旧。

依 **韩**

ui ji ha! ui

1.依靠。
2.依然。
3.同意。
4.顺从。

便

字形演变

憯 〉便 〉𠌥 〉便

解字 金文有字形写作憯，由"人"和"更"组成的形声字。便本义即"便利"。《商君书·更法》："治世不一道，便国不必法古。"

便 中
biàn、pián

biàn
1.使容易、适宜：～利｜～捷。
2.简单的，非正式的：～衣。
3.用作副词：就。
4.排泄物：大小～｜粪～。

pián
1.价钱低：便宜。

便 日
ben、bin、tayori

1.便利，方便。
2.便，立即。
3.随便，平常。
4.大小便。
5.消息，音信。

便 韩
pyeon an hal pyeon

1.方便。
2.谄媚。
3.休息。

俗

字形演变

俗 〉俗 〉俗

解字 西周金文作俗，由"人"和"谷"组成的形声字。本义为欲求。一般人的欲求就称作俗。十三经里的《孝经》有"移风易俗"四字，韦昭的解释是："随其趋舍之情欲，故谓之俗。"意思是"俗"是与人内心的喜恶相一致的行为。《老子》："甘其食，美其服，安其居，乐其俗。"

俗 中
sú

1.一个地区的生活习惯、文化传统：风～｜民～。
2.庸常的，缺乏品味的：～人｜～套。
3.大众的，通行的：通～歌曲｜雅～共赏。
4.佛教指尘世间：～家弟子｜还～。

俗 日
zoku

1.风俗，习惯。
2.通俗，通常。
3.鄙俗，低级。
4.俗人。

俗 韩
pung sok sok

1.风俗。
2.习惯。
3.低俗。
4.通俗。

保

字形演变

解字 "保"字较早的字形如商代甲骨文𤓰，像是一个大人背着小孩，西周金文字形𤔔，就更生动形象了。因此"保"的本义是"抚养"。《尚书·康诰》："若保赤子。"（赤子，初生的婴儿）"保"最初是女子担任的保姆，逐渐发展为王室公子的师傅。《周礼·地官》："保氏掌谏王恶，而养国子以道。"到周朝初期成为执掌国家大权的三公之一"太保"。这一身份的变化反映在字形上，一些"保"字增加了意符"王"字，如金文𤔔、𤔔等等。

保 **中**
bǎo

1.照顾，护卫：～姆｜～卫。
2.负责，担保：～证｜～险。
3.维持：～湿｜～鲜。

保 **日**
ho、tamotsu

1.保护。
2.保持，保住。
3.保证。

保 **韩**
ji ki bo

1.保护。
2.保存。
3.保证。
4.保险。

信

字形演变

解字 古陶有字形作𤔔，左边是"言"，右边为"人"，在古代交通不便、文书不发达的阶段，存在着捎口信公文的传播方式。"信"字一人一言，最早的意思应该是信使、捎口信的人。秦简字形作𤔔。《说文解字》把"信"字作为"六书"中会意字的典型例子，他解释说："人言为信"。《礼记·礼器》："忠信，礼之本也。"《老子》："信者吾信之，不信者吾亦信之，德信也。"以上这几句话就明显带有后世道德说教的意味，所以这种解释就是不可信的了。

信 **中**
xìn

1.诚信：～用｜守～。
2.认为可靠而不怀疑：～从｜轻～。
3.信仰：～徒｜笃～。
4.函件：家～｜回～。
5.任凭：～口雌黄｜～口开河。
6.信物，凭据：～号｜印～。

信 **日**
shin

1.信任。
2.相信，信用。
3.通信，书信。
4.信号。

信 **韩**
mi eul sin

1.相信。
2.信任。
3.信用。
4.信义。

修

字形演变

修 ＞ ＞ 修

解字 小篆字形写作，形声字，"彡"（shān）为形，"攸"为声。"彡"意思是毛羽、刺绣等各种纹饰，所以"修"的本义也和这个有关系，是装饰、修饰的意思。又引申为修行，如屈原的《离骚》："纷吾既有此内美兮，又重之以修能。"

汉印有字形作修。

個

字形演变

箇 ＞ 箇 ＞ 個 ＞ 个

解字 "個"字有两个异体字——箇、个。说起这三个字的历史，倒是箇、个两个字更早一些。"个"在武威汉简里能找到，写作八，箇《说文解字》里写作箇，马王堆帛书写作箇，而"個"似乎到了唐代才有，如唐代颜真卿写作個。

"個"和"箇"，都是形声字，"個"大概是算人的个数的，而"箇"则是一竿竹的意思。而"个"就不清楚最初的意义了。《史记》："木千章，竹竿万个。"

修 中
xiū

1. 装饰，使完美：～辞｜装～。
2. 按某种教义或规范安排言行举止：～行｜～道。
3. 编撰：～地方志｜～史。
4. 兴建：～路｜～桥。
5. 剪或削，使之整齐：～指甲｜～剪。
6. 高，长：～长。

修 日
shuu、shu、osameru、
osamaru

1. 改邪归正。
2. 学习，修养。
3. 修复，修补。
4. 修养。

修 韩
dak eul su

1. 修炼。
2. 研究。
3. 出色。

個（箇、个） 中
gè

1. 量词：一～梨｜两～人。
2. 单独的：～体户｜～～都是好样的。
3. 人或物体积的大小：大～儿。

個（箇） 日
ko

1. 个，计算物件的量词。
2. 个体，个人。

個 韩
na gae

1. 个个。
2. 一个。
3. 身高。
4. 大小。

人部

借

字形演变

僣
∨
借
∨
借

解字 小篆作僣，形声字，"人"为形，"昔"为声。本义为"借出"或"借进"。《论语·卫灵公》："有马者借人乘之。"汉隶作**借**。

假

字形演变

戶
∨
戶
∨
叚
∨
假
∨
假

解字 在西周的时候，金文写作戶，春秋时期金文写作戶，象从石崖上取石头的样子，一个人取石，一个人在下面接着，所以有两只手。这种取石的动作包含着传接的意思。通过传接的意思，申引出了凭借、借用的意思。小篆里写作叚，这个字的楷书写成"叚"，后来边上增加"人"写作假，原来的"叚"字反而废弃不用了。《左传·僖公二年》："假道于虞以伐虢。"

借　中
jiè

1. 暂时使用别人的金钱或物品：～车｜～钱。
2. 暂时把物品或金钱给别人使用：～给他一把伞。
3. 假托，依靠：～口。

借　日
shaku、kariru

1. 借。
2. 借出，资助。

借　韩
bil ri cha

1. 借用。
2. 借给。
3. 依赖。
4. 假托。

假　中
jiǎ、jià

jiǎ
1. 不真实的：～钞｜～心～意。
2. 借：～道伐虢。
3. 凭借，利用：狐～虎威。

jià
1. 学习或工作期间可以自由支配的时间：请～｜～期。

仮　日
ka、ke、kari

1. 假，虚假。
2. 借用。
3. 临时。
4. 临时，暂时。

假　韩
geo ji ga

1. 虚假。
2. 临时。
3. 假使。
4. 借给。

偉

字形演变

偉 〉 偉 〉 偉 〉 伟

解字 小篆作𩏽，形声字，"亻"为形，"韦"为声。本义是奇特、与众不同，引申出雄伟、壮美等义。《三国志·诸葛亮传》："身长八尺，容貌甚伟。"

偉 【中】
wěi

1.高大，壮美：～大｜雄～。
2.卓越的：～业｜～人。

偉 【日】
i、erai

1.伟大，不凡。
2.严重的，过分的。
3.漂亮的，好看的

偉 【韩】
hul ryung hal wi

1.优秀。
2.伟大。
3.盛大。

停

字形演变

停 〉 停 〉 停

解字 小篆写作𠅏。形声字，"人"为形，"亭"为声。前面谈及"低"字时，《说文解字》里用了"亦声"两个字，但"停"字没有，这是《说文解字》的疏漏。亭子是为方便人停下来休息而建的，一人一亭就是人在亭子里休息的意思。所以，这里应该也是"亭亦声"。《庄子·德充符》："平者，水停之盛也。"

停 【中】
tíng

1.中断：～止｜暂～。
2.临时放置：～车｜～靠。

停 【日】
tei

1.停止，作罢。
2.停，停留。

停 【韩】
meo mu reu jeong

1.停留。
2.停止。
3.停车。
4.固定。
5.休息。

人部

三国字——中日韩常用汉字详解

備

字形演变

斷 〉 猶 〉 備 〉 備 〉 备

解字 甲骨文写作斷，象人背负箭囊，箭囊中备有两支箭，表示战争或打猎的东西准备齐全了。这一汉字意象，产生了备字"防备、准备、齐全、具备、军事设备"等字义。《尚书·说命中》："有备无患。"《诗经·秦风》："备其兵甲，以讨西戎。"

西周金文作猶，小篆作備。

備 中
bèi

1.事先安排：~战｜准~。
2.完整：完~｜关怀~至。
3.设施：设～｜装～。
4.拥有：具～｜德才兼～。

備 日
bi、sonaeru、sonawaru

1.准备，防备。
2.配备，具备。
3.全部，完全。

備 韩
gat chul bi

1.具备。
2.准备。
3.全部。

傳

字形演变

傤 〉 傳 〉 傳 〉 傳 〉 傳 〉 传

解字 甲骨文写作傤，形声字，"人"为形，"专"为声。古代传达命令、军事情报或重要物品，用马传递叫"遽"（jù），用马车传递叫"传"。 因此，"传"字还有驿舍、驿车等字义。《韩非子·喻老》："遽传不用。"又引申为传授。如韩愈《师说》："师者，所以传道授业解惑也。"

傳 中
chuán、zhuàn

chuán
1.转交，递送：~递｜~达。
2.散布：~播｜~遍全球。
3.使之来：~唤～｜讯。
zhuàn
1.解释经典的著作：左~｜公羊~
2.传记：自~｜列～。
3.讲述故事的文学作品：《水浒～》｜《阿Q正～》。

伝 日
den、tsutawaru、tsutaeru、tsutau

1.传播，传达。
2.沿着，顺着。
3.传记。
4.传递运送。
5.传说。

傳 韩
jeon hal jeon

1.传播。
2.流布。
3.流传。
4.传记。

傷

字形演变

影 ＞ 煬 ＞ 陽 ＞ 傷 ＞ 伤

解字 战国楚简写作影，是形声字，"人"为形，"昜"为声。伤的本义指皮肤被利器刺破或割破的地方，引申用作动词，指伤害、损害。战国楚简还有字形作㺜，意符为戈，表示被戈一类的利器割伤。

傷 **中**	傷 **日**	傷 **韩**
shāng	shou、kizu、itamu、itameru	da chil sang
1.损害，受损害的：～口｜～心｜～痛。 2.因外因蒙受病患：～风｜～寒。	1.弄伤，受伤。 2.忧伤，悲伤。 3.弄坏。 4.诽谤，中伤。	1.受伤。 2.伤害。 3.发愁。

價

字形演变

價 ＞ 價 ＞ 价

解字 小篆作價，由"人"和表示与买卖有关的"贾"两部分组成。《说文解字》说："物直也。从人贾，贾亦声。"物直就是物品的价值。这里又出现了"亦声"两字，所以"價"是形声兼会意字。嵇康《琴赋》："经千载以待价兮，寂神踌而永康。"现在使用的简化字"价"原来并不是价格的意思，小篆里写作价，是善的意思，因为这个意思很少用了，又因为同音的关系，所以变废为宝，把这个字重新利用起来，就当作"價"字的简化字了。

價 **中**	価 **日**	價 **韩**
jià	ka、atai	keu gae
1.价值，价格：等～｜情义无～｜批发～。	1.价格，价钱。 2.价值，评价。	1.重大。 2.善良。 3.下人。 4.价格。 5.价值。

人部　儿部

三国字——中日韩常用汉字详解

億

字形演变

憶 ＞ 億 ＞ 億 ＞ 亿

解字 小篆写作億，形声字，"人"为形，"意"为声。本义是安宁，安定。《左传·昭公二十一年》："心億则乐。""億"字后来被假借为表示数目，古代十万或者万万都叫億，大概是对大数字没有明确概念，到现在就统一万万为億了。有的将声符替换为"乙"，如颜真卿写作**亿**，唐代的简化字。

億 中	億 日	億 韩
yì	oku	eok eok
1. 数目，等于一万万：～万富翁。	1. 亿。 2. 数目极大。	1. 数字亿。 2. 亿万。 3. 平安。

元

字形演变

� ＞ 𠁣 ＞ 元 ＞ 元

解字 商周之交时期有金文写作�，象人形而突出人的头部。《左传·僖公三十三年》："狄人归其元。"甲骨文有字形作�，也象人形，但因为是用刀在甲骨上契刻而成，由圆形演变为短横。西周中期有金文字形作元，增加一横作为饰笔。"元"由"头部"的本义，引申出"开端、第一"的意思。如《说文解字》："元，始也。"

元 中	元 日	元 韩
yuán	gen、gan、moto	eu tteu won
1. 第一个，为首的。 2. 主要的，根本的。 3. 朝代名。	1. 起始，最初。 2. 根本，起源。 3. 首领，元帅，元老。	1. 第一。 2. 首领。 3. 元旦。 4. 根源。

兄

字形演变

 ＞ ＞ ＞ ＞ 兄

解字 商代金文写作，字形从人从口会意，表示人用口向神祝祷，古代主持家中祭祀事务的为嫡长子，因此有兄长的意思。西周金文作，秦简作。中国古代第一部词典《尔雅》称："男子先生为兄。"

有的甲骨文字形是人跪下祝祷，如、等，是"祝"的初文，这个字后来增加表示祭台的"示"字构成"祝"，专门指神职人员。

充

字形演变

＞ ＞ 充

解字 "充"字最早的字形是小篆，写作，现在还搞不清楚这个构形的意义。《说文解字》："充，长也，高也。"大概就是从高大的意思引申到满、实。《战国策·齐策》"狗马实外厩，美人充下陈。"居延汉简作。

兄 中	兄 日	兄 韩
xiōng	kei、kyou、ani	hyeong hyeong
1.哥哥：～长｜表～。	1.兄长，哥哥。	1.哥哥。
2.对男性朋友的敬称：～台｜仁～。	2.在男人之间，加于朋友的姓后表示敬称。	2.老大。
		3.兄弟。
		4.亲戚。

充 中	充 日	充 韩
chōng	juu、ateru	chae ul chung
1.填入：～满｜～实。	1.满，充满。	1.充满。
2.承担某一职责：～当｜～军。	2.充当。	2.具备。
3.假冒：以次～好｜冒～。		3.充当。
		4.完成。

兆

字形演变

巛 〉 兆 〉 北 〉 兆

解字 《说文解字》里的古文写作巛，秦简写作兆，汉代的《白石神君碑》里写作北，是由"北"和"水"构成的，是背水而逃的意思，所以"兆"的本义是"逃"，后来借用来表示征兆的意思。真正逃的意思则加上走之底。《史记·孝文本纪》："卜之龟，卦兆得大横，占曰：'大横庚庚，余为天王，夏启以光。'"

兆 中 zhào	兆 日 chou	兆 韩 jo jo
1. 或吉或凶的征候：～头｜吉～。 2. 预示：瑞雪～丰年。 3. 数词，一兆为一百万。	1. 征兆，预兆。 2. （数量单位）百万。 3. 大量，无数。	1. 亿万。 2. 占卦。 3. 祭坛。 4. 墓地。

先

字形演变

先 〉 先 〉 先 〉 先

解字 商代金文写作先，上面一个"止"，"止"是脚趾的意思，下面是个人形，"止"在上，人在后，"先"字的本义也就是"赶在别人前面"，与"后"相对。如《老子》："是以圣人后其身而身先。"屈原《九歌·国殇》："旌蔽日兮敌若云，矢交坠兮士争先。"

先 中 xiān	先 日 sen、saki	先 韩 meo jeo sen
1. 时间序列靠前的：领～｜～进。 2. 对去世的人的尊称：～烈｜～王。 3. 暂时：～不说这个。	1. 已成过去的。 2. 在前，领先。 3. 尖端，末梢。 4. 目的地。	1. 首先。 2. 昔日。 3. 首次。 4. 祖先。

光

字形演变

光

解字 甲骨文作 ，会意，字形上部为火，下部为人，人看到熊熊燃烧的火，感受到了光。这一意象，也被用来表示"光"的概念。从造字看，光和明的细微区别在于"光"是在黑暗中强烈的光，"明"是人在窗边看见月亮所感受到的柔和的光。《老子》："用其光，复归其明。"意思是精气神的运用不能一直处于强烈的状态。商代金文作 ，小篆作 。

光 **中**	光 **日**	光 **韩**
guāng	kou、hikaru、hikari	bi gwang
1.太阳、火、电等放射出来的光线：阳～｜月～｜火～。 2.荣誉，使获得荣誉：为国争～｜～宗耀祖。 3.敬辞，用于敬称对方来临：～顾｜～临。 4.景色：观～｜春～。 5.露着：～膀子。	1.光，发光。 2.光景，样子，景色。 3.光阴，时间。 4.荣誉。	1.光线。 2.岁月。 3.气势。 4.名誉。 5.文化。

免

字形演变

解字 商代金文作 ，象人戴着帽子，"免"是"冕"的初文。由"冠冕堂皇"这一成语来看，"免"应该不是普通的帽子，很可能是一种象征身份的礼帽。西周金文 也是人正面而立戴帽子的形象。古文字中也有侧面戴帽子的形象，如商代甲骨文 、西周金文 、战国包山楚简 等等。秦简 在上述字形基础上增加意符"人"。后来另造"冕"字表示其本义，这是由于"免"字常被假借用来表示"免除"的意思。如《老子》："古之所以贵此道者何？不曰：求以得，有罪以免邪？"

儿部

三国字——中日韩常用汉字详解

免 **中**	免 **日**	免 **韩**
miǎn	men、manukareru	myeon hal myeon
1.去除：～职｜～试。 2.阻止发生：难～｜～不了。 3.不可：～开尊口。	1.免除，免去。 2.免，避免。	1.免除。 2.摆脱。 3.许可。 4.解职。 5.努力。

字形演变

解字 商代金文 ，是幼儿头上的囟门没有闭合的样子。现代医学的研究发现，囟门一般1周岁的时候就闭合了，最晚也就两周岁左右。所以"儿"最早表示婴幼儿，后来意义才扩大到我们现在认为的儿童，又由儿童之义引申出"小"义或表昵称义。如"棍儿、鸟儿、花儿"。《老子》："抟气致柔，能如婴儿乎？"

兒 **中**
ér
1.小孩子：～童｜婴～。
2.男孩子：～孙｜～女。
3.年轻人(多指青年男子)：健～｜好男～。
4.名词后缀：花～｜盖～。

児 **日**
ji、ni、ko、gei
1.幼儿。
2.人，青年。
3.对人的蔑称。

兒 **韩**
eo jin sa ram in
1.仁人。
2.孩子。

入

字形演变

解字 甲骨文作 人，象一个尖头的东西，表示进入。金文作 人。《庄子·人间世》："就不欲入，和不欲出。"意思是迁就对方不要太过度，诱导之意不能太显露。

入 **中**
rù
1.进去：～门｜深～。
2.参加：～学｜～伍。
3.收入：～不敷出｜量～为出。
4.合乎：～时。

入 **日**
nyuu、iru、ireru、hairu
1.进入。
2.放进，收入。
3.入学。

入 **韩**
deul ip
1.进入。
2.干涉。
3.收入。
4.攻略。

字形演变

囚 > 内 > 內 > 内

解字 西周金文字形作囚，∧象房屋，人自外进入，本义即"进入"。有人称妻子为内子，这一说法源自《释名·释亲》："卿之妃曰内子，女子也，在闺门之内治家也。"

内　**中**

nèi

1.里面，里面的：国~｜~衣。
2.妻子或妻子一方的亲属：~人｜~弟。
3.皇宫：大~｜~侍。

内　**日**

nai、dai、uchi

1.内，里。
2.之内，期间。
3.家，房子。
4.我，我们。

內　**韩**

an nae

1.里面。
2.国内。
3.朝廷。
4.秘密。

字形演变

全 > 全 > 全

解字 战国楚简作全，本义是接近完美的、纯色的玉。《周礼·考工记》："天子用全，上公用龙。"

全　**中**

quán

1.所有的：~能｜~称。
2.使完整、完美：成~｜两~。
3.完全，表示程度深：~新｜~然。

全　**日**

zen、mattaku、subete

1.全部，完全。
2.完整，完美无缺。
3.保全，完成。

全　**韩**

on jeon hal jeon

1.完整。
2.纯粹。
3.平安。
4.全部。

字形演变

四 > 兩 > 兩 > 兩 > 两

解字 西周金文作 **四**，会意，由并排的"丙"组成。甲骨文中车马的单位都叫"丙"，西周以后，马的单位词由"丙"音转为"匹"，车的单位仍然是"兩"。西周晚期金文在上端加饰笔，写作 **兩**，小篆作兩。本义为车马量词的"兩"后被假借用作重量单位。《尚书·牧誓》："武王戎车三百兩。"

字形演变

八 > 八 > 八 > 八

解字 甲骨文作 **八**，字形一撇一捺，表示物体分开的意思。后来被假借为表示数量。《尚书·舜典》："诗言志，歌永言，声依永，律和声。八音克谐，无相夺伦，神人以和。"

兩 〔中〕 liǎng

1. 数目，一个加一个：~个人｜~万元。
2. 双方，两方面：~全其美｜~败俱伤。
3. 表示少量或不确定的数目：说~句｜过~天再说。
4. 质量单位，一两等于50克：一~｜几斤几~。

両 〔日〕 ryou

1. 两，双。
2. 车辆。
3. 古时的金属货币单位。

兩 〔韩〕 du ryang (yang)

1. 表示数字二。
2. 斤两。
3. 对等。
4. 两手。

八 〔中〕 bā

1. 数目，比七多一：~方｜~面玲珑。

八 〔日〕 hachi、ya、yatsu、yattsu、you

1. 八，八月，八个。
2. 多，众多。

八 〔韩〕 yeo deo pal

1. 数字八。
2. 八次。
3. 八字形。
4. 分开。

字形演变

字形演变

八部

三国字——中日韩常用汉字详解

公

解字 甲骨文写成ㄖ，西周毛公鼎写作ㄖ。可能是"瓮"的象形。在甲骨文中，"公"都指先公先王的意思。大约到了战国的时候，字形开始发生变化。战国时期"私"（厶）字写作〇，这个字小篆就演变钩子状的厶，因为三角形和四方框在古文字中经常相混，所以"公"就变成上"八"下"私"（厶）的公了。于是《韩非子》说："仓颉之作书也，自环者谓之私，背私者谓之公。"其实和"私"相对的"公"是很晚才出现的意思呢。《礼记·礼运》："大道之行也，天下为公。"

六

解字 甲骨文作个，象茅庐之形。现在"庐"的发音和"六"依然挺接近呢。后来被假借用来表示数字。杜牧《阿房宫赋》："六王毕，四海一。"

公 中	公 日	公 韩
gōng	kou、ooyake	gong pyeong hal gong
1.国家或大众的：～务员｜～事。	1.公家，政府。	1.公平。
2.属于国际间的：～海｜～里。	2.公正，公平。	2.一起。
3.雄性的：～鸡｜～牛。	3.敬称。	3.尊称。
	4.公开。	
	5.公共。	

六 中	六 日	六 韩
liù	roku、mu、mutsu、 muttsu、mui	yeo seo ryuk (yuk)
1.数目，比五多一：～月｜～本书。	1.六，六月。	1.数字六。
2.读lù，用于地名：～安｜～台（在江苏省内）。	2.六个。	2.六次。
		3.杀死

八部

三国字 —— 中日韩常用汉字详解

共

字形演变

解字 西周中期金文写作 ㅂㅂ，西周晚期写作 ㅂㅂ，上面是两个"十"，到了战国的时候，双"十"变成了卄，写成莽。两个"十"合在一起，表示共同的意思。《论语·公冶长》："愿车马，衣轻裘，与朋友共，敝之而无憾。"

兵

字形演变

解字 商代甲骨文字形作 ，所绘字形是双手牢牢地拿着当时的武器"斤"。如《孟子·梁惠王上》："斧斤以时入山林，材木不可胜用也。""兵"的本义是"武器"。先秦古籍《周礼》记载了当时常用的五种武器，合称"五兵"，分别是戈、殳、戟、酋矛、夷矛。"双手持斤"的字形进一步演变，如西周金文字形兵，《说文解字》中的籀文 ，秦代竹简上字形兵。"兵"的字义由"武器"引申为军事、战争，或有关于军事、战争的事情。

共 **中**	共 **日**	共 **韩**
gòng	kyou、tomo、domo	han ga ji gong
1.两个、多个或所有人享有的：～用|～和。	1.共同，一起。	1.一种。
2.总计：客人～九位。	2.共产党。	2.一起。
3.中国共产党的简称：中～|国～合作。	3.们，表示多数。	3.恭敬。
	4.全部，包括。	4.给予。

兵 **中**	兵 **日**	兵 **韩**
bīng	hei、tsuwamono、hyou	byeong sa byeong
1.兵器：～不血刃|短～相接。	1.武士，军人。	1.兵士。
2.战士，军队：炮～|～马。	2.战斗，战争。	2.武器。
3.军事：～书|纸上谈～。	3.战士，军队。	3.战争。

典

字形演变

典 > 典 > 典 > 典 > 典 > 典

解字 甲骨文写作 典，象双手恭敬地捧着书册。"典"、"册"两字都是表示竹简（或木简）编成的书籍，区别在于"典"是指重要、尊贵的书籍，如宝典、大典、经典等等。上古时代不是每个民族都有自己的文字和书籍。《尚书》说："唯殷先人，有册有典。"

典 中 diǎn

1.重要的或大型的书籍：宝~｜永乐大~。
2.庄重的：~雅｜开学~礼。
3.标准，法则：~范｜~型。
4.抵押物品：~当｜~押。

典 日 ten

1.文书，辞典。
2.依据，典型。
3.仪式，盛典。
4.处理，处置。
5.掌管。

典 韩 beop jeon

1.法律。
2.法典。
3.经典。
4.书籍。

册

字形演变

册 > 册 > 册 > 册 > 册

解字 甲骨文作 册，西周金文作 册，用绳子或皮带子把竹简（或木简）按照顺序连接起来，编好，就成为"册"，也就是书的早期形态。《史记·孔子世家》里说孔子晚年读《易经》，读到"韦编三绝"的地步。"韦"是编缀竹简的皮带子。编缀竹简的皮带子都断了三次了。在一些保存了古词汇的汉语方言中，"书"仍然是叫"册"，比如福建方言中"书店"叫"册店"，"读书"叫"读册"。

册 中 cè

1.古代指编串在一起用于书写的竹简，现指装订好的本子：工作手~｜纪念~。
2.量词，用于计量书籍：上下两~｜发行了一万~。

册 日 satsu

1.书籍。
2.册，书籍的量词。

册 韩 chaek chaek

1.文书。
2.敕书。
3.计划。
4.纪略。

冂部

三国字——中日韩常用汉字详解

字形演变

解字 甲骨文作 ，造字本义不明。"再"字在古汉语中的本义为第二次。《左传》："一鼓作气,再而衰,三而竭。"

再

中 zài

1. 动作重复一次：~回首丨东山~起。
2. 一个动作发生在另一个动作之后：等他醒了~说。
3. 更加：~努力一点。

再

日 sai、sa、futatabi

1. 再，又一次。
2. 再三，重复。

再

韩 du iae

1. 两次。
2. 重新。
3. 反复。

殷商时期刻在龟甲上的文字

冬 终

字形演变

∧∧
⌄
舟
⌄
綹 冬
⌄ ⌄
終 冬
⌄ ⌄
终 冬

解字 "冬"在甲骨文里写作∧∧等形状，但是和冬天没有关系。"冬"两头下垂的部分认为是纺锤的形状，借用来表示终了、完成的意思，即"终"。殷商时期，人们还没有把季节精细地分为四季，只有春秋两季，并没有冬季的概念。到了战国时，金文有写作舟的，字形中有"日"，表示与气候有关，冬季的概念出现了。小篆写作冬，意符"日"替换为 "仌"（冰），强调了冬天寒冷的特点。秦简演变为冬。《礼记·月令》："孟冬之月……水始冰，地始冻，雉入大水为蜃，虹藏不见。"而表示"终了、完成"的意义，则通过添加绞丝旁制造的新字"终"来表示了。

冬 中
dōng

1. 一年四季中最后一个季节：～天｜～季。

冬 日
tou、fuyu

1. 冬季。

冬 韩
gyeo ul dong

1. 冬天。
2. 过冬。
3. 冬眠。

终 中
gè

1. 结束，与"始"相对：年～｜～极｜慎～如始。
2. 从开始到结束：～生｜～年｜饱食～日。
3. 人死：临～｜送～。
4. 最后：～归｜～究｜～将成功。

終 日
shuu、shu、owaru

1. 终了，结束，完成。

終 韩
ma chil jong

1. 终结。
2. 死亡。
3. 结束。
4. 完成。

字形演变

（解字）商代晚期（或西周早期）的金文作△，象冰面上的纹理，另一种说法是说象冰层之形。战国金文在△的基础上加注意符"水"而成，这是为了强调"冰"和水的关系。小篆作。《礼记·月令》："孟春之月……东风解冻，蛰虫始振，鱼上冰，獭祭鱼，鸿雁来。"

冰 中	冰 日	冰 韩
bīng	hyou、koori、hi	eol eum bing
1.水凝结成的固体：～雪丨坚～。 2.使物体变凉：把西瓜～一～。 3.样子像冰一样的东西：干～（固态二氧化碳）。	1.冰，结冰。 2.像冰那样。	1.冰块。 2.油。 3.脂肪。 4.结冰。

字形演变

炝 > 冷 > 冷

（解字）小篆作炝，形声字，"仌"（bīng）为形，"令"为声。本义是"寒"。汉代衡方碑作冷。杜甫《茅屋为秋风所破歌》："布衾多年冷似铁，娇儿恶卧踏里裂。"

冷 中	冷 日	冷 韩
lěng	rei、tsumetai、hieru、hiya、hiyasu、hiyakasu、sameru、samasu	chal raeng (naeng)
1.温度低（跟"热"相对）：～风丨寒～。 2.寂静：～清丨～淡。 3.不热情：～漠丨～淡。 4.不为人注意的：～僻丨～门。 5.突然：冷箭。	1.冷，变冷。 2.冰凉，寒冷。 3.冷淡，不热情，无情。	1.寒冷。 2.结冰。 3.清闲。 4.冷清。

出
各

字形演变

凷 > 凷 > 屮 > 出
凷 > 屮 > 出
屮 > 各 > 各
杍 > 咢 > 各
梧 > 格

解字 "出"的甲骨文写作凷，字形上部分是脚的形状"止"字，下部分是古人所居住的洞穴。脚趾方向朝外，意味着人离开他藏身的洞穴或住所往外走。所以"出"字有 "离开、出发"的意思。《九歌·国殇》："出不入兮往不返。"

　　西周晚期的金文有字形凷，秦代小篆字形为屮，这两个字形的上部已经看不出是脚的形状了。屮为秦代竹简上的古隶字形，书写左右接近对称，和我们现在使用的"出"字已经相差不大。

　　脚趾的方向不同，就能表示不同的意思。"出"和"各"就是这样一对反义词。"各"的甲骨文写作凷，字形上部的脚趾向内，表示人进入居住的洞穴或房屋，本义是来、到。西周青铜器铭文中有："王各于成周大庙。"这里的"各"就是来到的意思。甲骨文还有字形作咢，金文作各，小篆作咢，秦简演变为各。后来"各"被借用来表示"各自"的意思，来到的意思就加上木字旁写成"格"了。格字大概在西周时就出现了梧，到小篆时写作梧。

出　**中**　chū

1. 自里而外：~来｜~差。
2. 离开：~家｜~生入死。
3. 超过：~众｜突~。
4. 显露：~名｜水落石~。
5. 发生：~事｜~问题。
6. 出版：~书｜~唱片。
7. 量词。戏曲的一个独立剧目叫一出。

出　**日**　shutsu、sui、deru、dasu

1. 出，出来。
2. 拿出，发出。
3. 出生。

出　**韩**　nal chul

1. 出生。
2. 出去。
3. 分别。
4. 赶走。

各　**中**　gè

1. 表示多个：~种｜全国~地。
2. 表示每个：~尽所能｜~取所需。

各　**日**　kaku、onoono

1. 各，分别。
2. 各自，各个。

各　**韩**　gak gak gak

1. 各自。
2. 分头。
3. 全部。
4. 互相。

刀

字形演变

ᵇ ﹀ ⸾ ﹀ 万 ﹀ 刀 ﹀ 刀

解字 商代晚期金文作 ᵇ，象刀形。甲骨文字形线条化，字形作 ⸾，战国楚简作 刀，小篆作 万，秦简作 刀。《周礼·考工记》："郑之刀，宋之斤，鲁之削，吴越之剑，迁乎其地而弗能为良也。"

刀 中
dāo

1.一种常用兵器，泛指用来砍、削等的工具：大~｜菜~｜~光剑影。
2.量词。用于纸张，一刀为100张。

刀 日
tou、katana

1.刀剑的总称。
2.大刀，作武器用的、单面有刃的刀。

刀 韩
kar do

1.刀子。
2.货币。
3.刀鱼。

分

字形演变

川 ﹀ 分 ﹀ 川 ﹀ 分 ﹀ 分

解字 甲骨文作 ，字形从刀，表示用刀将物体分开。上部的"八"字左一撇右一捺，用来表示物体一分为二。《史记·秦始皇本纪》："分天下以为三十六郡。"

分 中
fēn、fèn

fēn
1.分开，分配：难舍难~｜~工。
2.部分：~校｜~支。
3.表示分数，成数：三~之一。
4.成绩、货币等的单位：考了100~｜3~钱。

fèn
1.成分：水~｜糖~。
2.职责、权利的范围：本~｜安~守己。

分 日
bun、fun、bu、wakeru、
wakareru、wakaru、wakatsu

1.部分，成分。
2.分开，隔开。
3.懂得，知道。
4.分，时间单位。

分 韩
na nul bun

1.划分。
2.分配。
3.区别。
4.离别。

刑

字形演变

刑 〉 形 〉 刑 〉 刑

解字 西周散氏盘作刑，形声字，"刀"表形，"井"表声。战国楚简作刑，声旁仍然是"井"，这个声旁"井"有的演变为"开（jiān）"，如小篆写作刑，有的演变为"开"，比如汉碑《韩仁铭》写作刑。"刑"字本义为"刑罚"。《荀子·成相》："治之经，礼与刑。"《礼记·王制》："凡作刑罚，轻无赦。刑者侀也，侀者成也，一成而不可变，故君子尽心焉。"

刑 中	刑 日	刑 韩
xíng	kei	hyeong byeol hyeong
1.刑罚：～事｜判～。 2.对罪犯的体罚：～讯｜用～。	1.刑罚。 2.惩罚，惩戒。	1.刑法。 2.法律。 3.模范。 4.效法。

列

字形演变

列 〉 列 〉 列

解字 小篆作列，字形左边由甲骨文列演变而来，象剔割筋肉之后剩下的的残骨，"列"字的本义为"分割"。《荀子·大略》："古者列地建国。"后来"列"被借用表示"排列"的意思，又另造"裂"字表示原来分割的意思。汉印有字形作列，唐代颜真卿《多宝塔》演变为列。

列 中	列 日	列 韩
liè	retsu	beol il ryeol (yeol)
1.排列：～队｜陈～。 2.纵向排成的行：行～｜出～。 3.安排：～入计划｜～为选拔对象。 4.众多：周游～国。 5.量词：一～火车。	1.排列。 2.行，排，列。 3.并列。 4.顺序，等级。 5.参加。	1.张开。 2.排列。 3.并列。 4.分离。

三国字 —— 中日韩常用汉字详解

初

字形演变

解字 商代甲骨文作 ，字义由衣、刀会意而成。古人制作衣服，首先将将兽皮或布匹或等材料用刀裁割成合适的形状，然后用针线缝制。所以制衣的起始阶段是用刀裁割衣料。"初"就有了"起始"的意思。《周易·既济》："初吉终乱。"秦简字形作 、 。

初　中
chū

1.早的，较早的：最~｜~夏。
2.基础的：~级｜~等。
3.起先的：~心｜~衷。

初　日
sho、hajime、hatsu、
ui、someru

1.起初，最初。
2.第一次，初次。
3.开始。

初　韩
cheo eum cho

1.最初。
2.开始。
3.始终。
4.初旬。
5.根源。

判

字形演变

解字 小篆作 ，从刀半声。"判"和"半"的关系很密切，"半"西周金文写作 ，是将牛分成两半的意思。"判"只是在"半"的基础上加上一把刀，让剖开的意思更明确一些而已。"判"的本义和"半"一样，都"分为两半"，因为"半"是更古老的文字，所以许多专家都认为"半"是"判"的古老写法。后来语言发展，分化多更多精细的意义，就分别由这两个字形承担了。《庄子·天地》："判天地之美，析万物之理。"

判　中
pàn

1.分开，分辨：~断｜~别。
2.法院裁决：审~｜~决。
3.评定：裁~｜评~。

判　日
han、ban

1.判定，裁判，审判。
2.图章，印章。
3.(纸张、书本的) 规格。

判　韩
pan dan hal pan

1.判断。
2.判决。
3.区别。

别

字形演变

〉 朋
〉 朋
〉 别
〉 别

解字 甲骨文作朋，会意字，左边为刀，右边是剔除皮肉后的筋骨形。本义即用刀把肉从筋骨上剔除，如《淮南子·齐俗训》："宰庖之切割分别也。" 又引申为区分、分别。小篆作朋，由"冎"（guǎ）和"刀"组成，汉代《曹全碑》作别，"冎"替换为"另"。

别 中
bié、biè

bié
1.分离：～离｜久～重逢。
2.区分：判～｜区～。
3.不同的类：类～｜级～。
4.其他的：～人｜～名。
5.不要：～看｜～说话。
biè
1.不顺畅：～扭。

别 日
betsu、wakareru

1.分开，区别。
2.区分，差别。
3.不同，另外。
4.分别，告别。
5.特别。

别 韩
na nul byeol

1.分开。
2.划分。
3.离别。

利

解字 甲骨文写作利，会意字，从刀从禾，象以刀割禾，字形中的小点，是禾的碎屑，以此表明刀的锋利，"利"字本义即"锋利"。《荀子·劝学》："金就砺则利。"古人收割五谷时刀的锋利程度，直接影响到收割粮食的效率和进度，刀具锋利，省力且高效，因此又引申出"有利"的意思。西周金文作利，秦简作利。

字形演变

利
〉 利
〉 利
〉 利

利 中
lì

1.锋利：～刃｜～牙。
2.好处，利润：～益｜暴～。
3.使得到好处：～人～己。
4.利息：～率｜高～贷。

利 日
ri、kiku

1.方便，便利。
2.利益，得利，利息。
3.锋利。
4.有利于。

利 韩
i ro ul i

1.有利。
2.有益。
3.方便。

刀部

三国字——中日韩常用汉字详解

到

字形演变

到 ＞ 到 ＞ 到

解字 西周金文作 到，本来是个会意字，左为"至"，右为"人"，表示人至某处。在古文字中，"刀"和"人"字比较相像，所以在秦简中"到"就写作 到，字形右边的意符"人"被书写成"刀"，"到"因此成了以"刀"为声的形声字了。《水经注·江水》："朝发白帝，暮到江陵。"

到 中
dào

1. 到达：～站｜～家了。
2. 往，去：～西藏去。
3. 动作达到了预期目标：拿～了。
4. 动作或状态达到某种程度：站～脚酸了。
5. 完备：周～。

到 日
tou

1. 到，到达。
2. 周到。

到 韩
i reu do

1. 到达。
2. 周密。
3. 说明。
4. 欺骗。

则

字形演变

鼎 ＞ 則 ＞ 則 ＞ 则

解字 甲骨文作 鼎，字形从"刀"，从"鼎"。鼎在古代为烹煮肉食的器皿。鼎中煮熟的肉块，根据长幼尊卑等顺序，遵循一定原则用刀切分给不同等级的人。也有人认为是在鼎上刀刻为准则的意思。"则"的本义即"规则，法则"。《尚书·五子之歌》："有典有则，贻厥子孙。""则"也可做动词，如《周易·系辞上》："河出图，洛出书，圣人则之。" 鼎 左边的"鼎"后来演变为字形相近的"贝"字，如战国时期楚简 则，秦简 则 等。

则 中
zé

1. 标准，榜样：准～｜以身作～。
2. 制度，规范：法～｜规～。
3. 连词，表示因果、转折等关系：穷～思变｜今～不然。
4. 量词：一～故事｜新闻二～

则 日
soku

1. 准则，规则。
2. 则，款，用于数项目、条款。
3. 即，即是，就是。

则 韩
beop chik chik

1. 法则。
2. 准则。
3. 理致。

前

字形演变

肖 > 肖 > 歬 > 前

解字 西周金文作肖，字形上部为"止"，字形下部在小篆中演变为"舟"，作肖，描绘的意象是人站在船头，船载着人前进，"寿"字的本义即"前进"。又引申来表示空间和时间上的相对关系。《战国策》："前事之不忘，后事之师。"

秦简字形为歬，增加了意符"刀"来表示齐断的"剪"的意义。歬又反过来假借用来表示"前"的意思，于是再加上一把"刀"，写作"剪"来表示齐断的意义。真正表示"前"意思的肖字形则废弃不用，而开始使用借过来的歬字形，歬字演变下来，就是今天我们看到的"前"字了。

前 **中**	前 **日**	前 **韩**
qián	zen、mae	ap jeon
1.空间上和"后"相对：房~屋后｜~门。	1.前面，前方。	1.前头。
2.从时间维度看较早的：~无古人，后无来者。	2.从前，过去。	2.首先。
3.前进：勇往直~。	3.前（任），前回。	3.未来。
4.未来的：~程｜~景光明。	4.在……以前，前兆。	

力

字形演变

ϟ > ϟ > 力 > 力

解字 甲骨文作ϟ，象古代的犁形，字形左边为耕地的犁头，右上为可扶手的犁把，古代称为"耒耜（lěisì）"。用耒耜耕田通常要有很大的力量，所以用农耕时代这一典型的工具来表示"力"。战国金文作ϟ，秦简则演变为力。《孟子·公孙丑上》："以力服人者，非心服也，力不赡也；以德服人者，中心悦而诚服也。"

力 **中**	力 **日**	力 **韩**
lì	ryoku、riki、chikara	him ryeok (yeok)
1.物理学上指改变物体形态或运动状态的作用：~气｜臂~｜~大如牛。	1.力气，力量。	1.力气。
2.某方面能力：听~｜执行~。	2.努力，费力。	2.下人。
3.努力达到：~争上游。		3.人夫。
4.事物的功能：电~｜水~。		4.军士。

力部

三国字——中日韩常用汉字详解

功

字形演变

工 ＞ 㘴 ＞ 功

解字 战国字形作工，字形象古代建筑常用的夯，本义指工作、要做的事情，小篆添加意符"力"为㘴，用"有力之工"强调工作的成效、功绩。《老子》："为而不恃，功成不居。"

加

字形演变

叴 ＞ 加 ＞ 加

解字 西周金文作叴，会意，字形由力和口组成，意思是有力之口。本义为用夸大的语言进行诬蔑。如《论语》："我不欲人之加诸我也，吾亦欲无加诸人。"诬蔑即无中生有的事强加于人，引申出"增添"的字义。

功　中

gōng

1.功绩：~劳｜一等~。
2.效验：事半~倍｜成~。
3.技能，本领：基本~｜练~。

功　日

kou、ku、isao

1.功绩。
2.功用，功效。

功　韩

gong gong

1.功劳。
2.功绩。
3.事业。
4.业绩。
5.成绩。

加　中

jiā

1.增多（跟"减"相对）：~价｜~油。
2.数学基本运算方法。
3.施加（某种动作）：~害｜强~于人。

加　日

ka、kuwaeru、kuwawaru

1.加入，参加。
2.增加。
3.加法。

加　韩

de hal ga

1.加上。
2.加以。
3.加入。

助

字形演变

眦
∨
助
∨
助

解字 小篆眦，形声字，"力"为形，"且"为声。助的本义是辅佐、协助。秦简作眦。《史记·留侯世家》："今始入秦，即安其乐，此所谓助桀为虐。"

力部

三国字——中日韩常用汉字详解

勇

解字《说文解字》："勇，气也。从力，甬声（勈）。恿，勇或从戈、用（蕺）。恿，古文勇从心。"勇的本义就是勇气。《论语·宪问》："仁者不忧，知者不惑，勇者不惧。"春秋晚期的吴攻敔王光剑上写作蕺，由"用"和"戈"组成，而春秋或战国时的中央勇矛上则写作勈，由"甬"和"力"组成，稍晚的包山楚简中写作蕺（"甬"+"戈"），睡虎地秦简写作恿、《说文解字》古文恿（上"甬"下"心"）。异体虽然多，但总是一个形声字，声旁"用"或"甬"，形旁"戈、力、心""戈"和"力"表明了"勇"和战争、武力有关。"心"字旁则表明，勇气来自内心。后来勇字又引申出士兵的意思，这是顺理成章的。

字形演变

勈
∨
蕺
∨
恿
∨
蕺
∨
勇

助 **中**	助 **日**	助 **韩**
zhù	jo、tasukeru、tasukaru、suke	do ul jo
1.辅佐：辅~｜~人为乐｜爱莫能~。 2.相传为殷代的租赋制度。	1.帮助，协助。 2.结尾词，表示具有某种特征的人。	1.帮助。 2.有益。 3.完成。 4.救助。

勇 **中**	勇 **日**	勇 **韩**
nán	yuu、isamu	nal rae yong
1.有胆量，果敢：~气｜~士｜~往直前。 2.兵士：兵~｜散兵游~	1.勇敢，勇猛。 2.奋勇。	1.勇敢。 2.果敢。 3.决断力。

勉

字形演变

艀 ＞ 勉 ＞ 勉

解字 小篆作艀，形声字，"力"为形，"免"为声，本义为尽力，努力。秦简作勉。《书·盘庚上》："各长于厥居，勉出乃力，听予一人之作猷。"又后又引申为劝勉，鼓励。

勉 中

miǎn

1.劝诫、激励他人努力：～励｜～学。
2.努力：勤～。
3.力量不够而尽力做：～强（qiǎng）｜～为其难

勉 日

ben

1.努力，勤奋。

勉 韩

him sseul myeon

1.尽力。
2.勤奋。
3.劝勉。
4.强制。

動

字形演变

勭 ＞ 動 ＞ 動 ＞ 动

解字 小篆作勭，形声字，"重"为声，"力"为形。本义是改变静止状态，与"静"相对。《礼记·月令》："是月也，天气下降，地气上腾，天地和同，草木萌动。"

動 中

dòng

1.改变原来的位置或状态，与"静"相对：活～｜波～｜振～。
2.开始做：～工｜发～。
3.使动，使有动作：～用｜～员。
4.感动：～人心弦｜～容。
5.往往：～辄得咎｜～不～就哭。

動 日

dou、ugoku、ugokasu

1.摇动，活动。
2.骚动，动乱。
3.行动，动作。
4.动辄。

動

um jik il dong

1.活动。
2.移动。
3.动摇。
4.感应。

務

字形演变

𣏃 > 霧 > 務 > 務 > 务

解字 战国金文中写作𣏃，是"务"的最早字形，"攵"为形，"矛"为声，写成楷书就是"敄"。到了小篆时，在原字形的基础上加"力"写成作霧，"力"和"攵"都是表示与动作有关系的偏旁，所以增加"力"并没有特殊的意义，这样"务"字就变成了"力"为形、"敄"为声的形声字了。本义表示专力追求的意思。《元史·良吏传》："读书务明理以致用。"

務 中 wù

1. 从事，致力：～农｜～虚｜当～之急。
2. 事情：事～｜任～｜公～。
3. 追求：好高～远。
4. 必须，一定：～必｜～须｜除恶～尽。

務 日 mu、tsutomeru、tsutomaru

1. 事务，工作。
2. 鼓励，激励。
3. 担任。

務 韩 him sseul mu

1. 致力。
2. 劝勉。
3. 业务。
4. 公务。

勝

字形演变

𤲒 > 𤲒 > 朥 > 勝 > 勝 > 胜

解字 战国的金文写作𤲒，战国的楚简写作𤲒，都是"力"形"乘"声的形声字；小篆写作朥，则是"力"为形，"朕"为声的形声字。本义为"能承担、胜任"。《诗经·玄鸟》："武王靡不胜。"

勝 中 shèng

1. 能承担：～任｜不～其烦。
2. 打败对方：～利｜～券在握｜无往不～。
3. 优美的：～地｜风景名～。

勝 日 shou、katsu、masaru

1. 胜，战胜。
2. 名胜，风景优美。
3. 胜过，强过。

勝 韩 bi ril seong

1. 享用。
2. 胜利。
3. 出色。

力部

三国字——中日韩常用汉字详解

力部

三国字 —— 中日韩常用汉字详解

劳

字形演变

鬱 ＞ 燚 ＞ 勞 ＞ 勞 ＞ 劳

解字 甲骨文作鬱，会意字，上部为火形，下部为衣，中间的小点表示衣服上针线缝制的痕迹。字形鬱用夜里缝制衣服这一意象表示辛劳的意思。西周金文燚和甲骨文相比，增加两只手的意符"廾"，强调劳动靠双手；也有加注意符"心"的写法，如战国楚简鬱，强调劳"心"；秦简则写作鬱，意符为"力"。《孟子》："劳心者治人，劳力者治于人。"

勞 **中**
láo

1. 劳动：～作｜～力。
2. 辛苦，疲乏：～苦｜～碌｜任～任怨。
3. 劳动者：～工。
4. 慰问，奖赏：慰～｜犒～。
5. 请人帮忙的客气话：～烦｜～驾。
6. 功勋：汗马功～。

労 **日**
rou

1. 劳动，辛劳。
2. 工人，工会。
3. 犒劳，慰劳。

勞 **韩**
il hal ro

1. 劳动。
2. 费力。
3. 疲惫。
4. 功劳。

勢

字形演变

鬱 ＞ 勢 ＞ 勢 ＞ 势

解字 小篆作鬱，"力"为形，"埶"（yì）为声。本义是威力，引申出趋势等义。苏洵《六国论》："夫六国与秦皆诸侯，其势弱于秦。"汉隶作勢。

勢 **中**
shì

1. 力量，权力：威～｜声～。
2. 趋向，发展方向：趋～｜～头正劲。
3. 状况：伤～｜情～。
4. 雄性生殖器：淫者割其～。

勢 **日**
sei、ikioi

1. 势力，威势。
2. 趋势，情势。
3. 人数，兵力。

勢 **韩**
kae mul eul haek

1. 形势。
2. 权势。
3. 气势。
4. 机会。
5. 动向。

勤

力部

三国字——中日韩常用汉字详解

字形演变

𦰩 ＞ 𩆜 ＞ 勤 ＞ 勤

解字 战国金文写作𦰩，形声字，"力"为形，"堇"为声。本义为勤劳。《论语》："四体不勤，五谷不分。"

勸

字形演变

𦰩 ＞ 雈 ＞ 勸 ＞ 劝

解字 小篆作𦰩，形声字，"力"为形，"雚"为声。本义是"勉励"。《庄子》："举世誉之而不加劝，举世非之而不加沮。"汉代帛书作𩆜。

勤 〔中〕

qín

1. 勤奋、勤劳：～政｜辛～。
2. 上班、工作：出～｜考～。

勤 〔日〕

kin、gon、tsutomeru、tsutomaru

1. 勤劳。
2. 工作。
3. 胜任。

勤 〔韩〕

buchiron hal kun

1. 勤劳。
2. 勤务。
3. 任务。
4. 慰劳。

勸 〔中〕

quàn

1. 以理说服：～和｜～阻。
2. 使勉力于：～进｜～学。

勧 〔日〕

kan、susumeru

1. 劝告，劝诱。
2. 劝勉，勉励。

勸 〔韩〕

gwon hal gwon

1. 劝让。
2. 奖励。
3. 引导。

七部

三国字 —— 中日韩常用汉字详解

化

字形演变

亻亻
∨
北
∨
亻七
∨
化

解字 甲骨文作亻亻，左边是一个面向左侧站立的"亻（人）"，右边是一个头朝下脚朝上倒过来的"人"，描绘的是"翻跟斗"样子。引申出"变化"的意思。《周礼》："以礼乐合天地之化。"

化 中
huà

1. 缓慢地改变：教~｜潜移默~。
2. 物理形态的消融，融~｜（石头）风~了。
3. 宗教募集财物的方式：~缘｜~斋。
4. 习俗，风气：有伤风~。
5. 特指"化学"：~合｜~验。

化 日
ka、ke、bakeru、
bakasu

1. 教化。
2. 变，变化。
3. 化学。
4. 打扮，化妆。

化 韩
deol hwa

1. 教化，感化。
2. 指教。
3. 变迁。

北

字形演变

竹竹
∨
川川
∨
北七
∨
北

解字 甲骨文字形作竹竹，字形描绘的是背对背的两个人。这一意象可以指"背部"，也引申为转身逃跑的意思，即所谓"败北"。后来"北"字被借用来表示"北方"这一地理上的方位概念。《诗经·邶风》："出自北门，忧心殷殷。"西周金文作北，小篆作川川，秦简演变为北。 而原来表示"背部"的意义则在"北"字下面加上"肉"写作背，后来"肉"字旁几乎都类化写成了"月"字旁，也就是现在"背"字的写法了。

北 中
běi

1. 方向词，与"南"相对：~面｜~极星。
2. 打了败仗而逃跑：败~。

北 日
hoku、kita

1. 方向北。
2. 败北。

北 韩
buk nyeok buk

1. 北边。
2. 分离。
3. 逃跑。
4. 败阵。

字形演变

㫊 〉 匱 〉 匵 〉 區 〉 区

（解字）甲骨文作㫊，字形中有三个小的容器，本义是指是一种小的瓦盆。《左传·昭公三年》："齐旧四量：豆、区、釜、钟。"后来这个字常常被借用来表示"区域"，"区"于是增加意符"瓦"写成"瓯"表示它的本义。

字形演变

丨 〉 十 〉 十

（解字）远古时代用结绳来记事，西周金文作丨，描绘的是一根绳子上打一个结，表示数字10。ㄩ是在绳子上打两个结，表示20（也即"廿"）。《易经·系辞下》里说："上古结绳而治，后世圣人易之以书契，百官以治，万民以察。"美洲印第安人、台湾的高山族都有过这样的习俗，拉祜族等民族直到上世纪50年代还保存有结绳的习俗。《礼记·大学》："十目所视，十手所指，其严乎！"后来，字形丨中的一点线条化，变成了一横，如小篆十。

區　**中**	区　**日**	區　**韩**
qū、ōu	ku	gu bun hal gu
qū	1.地区，区域。	1.区分。
1.将事物分开：～分丨～别。	2.区别。	2.分离。
2.地域：～域丨城～。		3.区域。
3.小，细微：～～小事。		4.地界。
ōu		
1.姓。		

十　**中**	十　**日**	十　**韩**
shí	juu、too、to	yeol sip
1.数目，同"拾"。	1.数字十。	1.数字十。
2.表多、久。	2.完全，十全。	2.十次。
3.表程度深。	3.众多。	3.十倍。
		4.全部，一切。

字形演变

彳〉午〉𣊟〉千〉千

解字 甲骨文彳，是在象人形的"人"字上加一横，表示数字"一千"。甲骨文𣊟是在"人"上加两横，表示"两千"；𣊟则是在"人"上加三横，表示"三千"。"千"字战国时期帛书作午，小篆作𠂁，汉武威简演变为千。《列子·周穆王》："千变万化，不可穷极。"

千	中	千	日	千	韩
	qiān		sen、chi		il cheon cheon

1.数目：～克｜～米。
2.喻极多：～虑一失｜～～万万。

1.数字千。
2.数量多。

1.一千。
2.田埂。
3.千万。

字形演变

𠂤〉𠂤〉午〉午

解字 商代金文作𠂤，象春杵（chǔ）形，用来春臼中的谷物。后来被假借为表示十二地支的第七位，也用于计时，表示11时到13时的正午时分。聂夷中《悯农》："锄禾日当午，汗滴禾下土。"原来的意义则加上"木"写作"杵"。

春秋时金文线条化，作𠂤，小篆作午。

午	中	午	日	午	韩
	wǔ		go、uma		na o

1.地支的第七位。
2.用于计时：～时（指白天11点到13点）｜晌～｜～休。

1.午，午时。
2.（地支的第七位）午。

1.中午。
2.地支的第七。
3.交错。
4.松散。

字形演变

伞 〉 坐 〉 半

解字 春秋时期金文作伞，从八从牛。"八"有分开义，"牛"屠宰后一分为二，也即"半"。在"半"的基础上又产生了加注意符"刂"的后起字"判"，也有分开的意思。《庄子·天下》："一尺之棰，日取其半，万世不竭。"

小篆作半，秦简演变为半。

半	**中**	半	**日**	半	**韩**
bàn		han、nakaba		ban ban	

1.二分之一：~球丨~途而废。	1.半，一半。	1.一半。
2.不是全部的：多~丨~透明丨~自动。	2.大约，大半。	2.中间。
3.喻很少，小：一官~职。		3.半身不遂。

字形演变

〉 〉 〉 卒

解字 甲骨文写作，字形是在古文字（衣）的基础上增加等图案，与普通百姓所穿的衣服区别开来，表明这是隶役等公职人员的制服。后来用"卒"字指代穿这类制服的隶卒，也泛指兵卒。甲骨文"卒"字还有写作的，字形左边是"衣"，右边表示手拿毛笔在衣服上绘上图案。战国金文，秦简等字形简化为在"衣"字上加一笔画标记。《史记》："悉发卒数万人穿漕渠，三岁而通。"

卒	**中**	卒	**日**	卒	**韩**
zú		sotsu		ma chil jol	

1.兵：士~丨戍~。	1.兵，卒。	1.死亡。
2.旧称差役：狱~。	2.突然。	2.全部。
3.去世：生~丨~年。	3.完毕，毕业。	3.突然。
4.结束，末尾：~业（毕业）。	4.卒，死亡。	4.军士。
		5.下人。

三国字——中日韩常用汉字详解

十部

三国字——中日韩常用汉字详解

協

字形演变

解字 商代金文写作 ，春秋时期的秦公钟写作 ，字形中都有二耒三犬，方向一致，描绘的是狗群齐心合力耕田。商代甲骨文中有用马、牛耕田的记录，也有利用狗耕田的记载。"协"字部首"劦"中三个"力"字由三个耒形" "演变而来，"协"字甲骨文有字形作 ，由"劦"和"口"组成，强调耕田人口中发出号令，而小篆字形 左半部分可能是耕田者手中的鞭子。"协"字《说文解字》还有古文作 ，字形由"口"和"十"组成，字形则强调耕田人口发出的号令和手中的鞭子。"协"字的四种主要写法 、 、 、 ，分别从不同角度对古代耕田意象下"协作"的概念进行了描述，但最后 字在秦代成为规范用字。这个例子表明，汉字存在一个自由创作、在使用中优胜劣汰的过程。

協 中
xié

1.一起，融洽：～和｜齐心～力。
2.辅佐，帮助：～办｜～查。
3.服从，让步：妥～。

協 日
kyou

1.合力，协作。
2.商量，协定。
3.互相让步，妥协。
4.符合，协调。

協 韩
hwa hyeop hal hyeop

1.和合。
2.和谐。
3.合并。
4.联合。

南

字形演变

解字 甲骨文作 ，象形字，本义是钟镈之类的乐器。甲骨文中著名的贞人"設"写作 ，这一字形右边是"殳"，用于敲击，这也表明 是一种可以敲击的乐器。《礼记·文王世子》："胥鼓南。"更明确了"南"是一种打击类乐器。后来"南"字被假借用来表示方位概念，与"北"相对。而它本来的意思反而湮没不为人知了。西周金文作 ，小篆作 ，秦简演变为 。

南 中
nán、nā

nán
1.方位词，与"北"相对：～方｜～面｜～风。
nā
[～无（mó）阿弥陀佛]佛教用语。

南 日
nan、minami

1.南，南方。

南 韩
nam nyeok nam

1.南边。
2.雅乐。
3.官名。
4.国王。

印

字形演变

解字 甲骨文作 ，象一只手按住一个跪着的人，也就是"抑"字最初的字形，本义是按。由于盖印章时，也需要用力往下按，后来"印"字常引申用于表示"印章"、"玺印"，"印"的造字本义则由加注意符"扌"造出的"抑"字表示。蔡邕《独断》："玺者，印也。印者，信也。"

西周毛公鼎作 ，秦简作 。

印 中	印 日	印 韩
yìn	in、shirushi	do jang in
1.图章，戳记：~章丨~信。	1.印章，图章。	1.图章。
2.痕迹：牙~丨指~。	2.印刷。	2.印章。
3.刻，印刷：打~丨~本。	3.记号，符号。	3.官职。
4.相契合：~证丨心心相~。		

危

字形演变

解字 小篆写作 ，是个形声字，"卩"（jié）表形，"厂"（wěi）表声。"卩"的甲骨文写作 ，象一个跪着的人形，所以"危"字的本义是跪的意思，"危"是"跪"的早期写法。真正表示危险意思的字小篆里写作 ，象一个人，趴在山崖边，显得很危险。《孝经·诸侯章》："高而不危，所以常守贵也；满而不溢，所以长守富也。"

秦简作 。

危 中	危 日	危 韩
wēi	ki、abunai、ayaui、ayabumu	wi tea hal wi
1.不安全：~桥丨~急。	1.危险。	1.危急。
2.使受损害：~害丨~及。	2.担心，不安。	2.不安。
3.高，陡：~岩丨~峰丨~楼高百尺。	3.危害，危及。	3.伤害。
4.使人惊讶的：~言耸听。		
5.挺直的，公正的：正襟~坐丨~言~行。		
6.将死：病~丨垂~。		

三国字 —— 中日韩常用汉字详解

卷

字形演变

（解字）商代金文作，字形左边为双手拿着棍棒，字形右边是一个人膝盖弯曲的样子。引申出"卷曲"的字义。《诗经·卷阿》："有卷者阿，飘风自南。"小篆作，和金文相比，膝盖弯曲的人形在字形下部。秦简作。

卷 中
juàn、juǎn

juàn
1.书画：画~丨书~。
2.书籍的册本或篇章：下~丨第三~。
3.档案、试题的材料：~宗丨~面丨考~。

juǎn
1.圆筒状的：~尺丨~发丨~烟。
2.夹带：~起丨龙~风丨~土重来。
3.牵涉：~入。
4.量词：一~纸。

卷 日
kan、maku、maki

1.卷子。
2.书籍，书卷。
3.卷成圆筒状。

卷 韩
chaek gwon

1.本，册。
2.公文书。
3.考卷。

厚

字形演变

（解字）西周中期金文写作，"厂"（hǎn）象石崖，象中间圆形的城墙上两座高峻的城楼，造字本义即石崖像城楼一样高厚。为书写简便，春秋金文演变为，只绘出一座城楼形。小篆作。《易经》："地势坤，君子以厚德载物。"

厚 中
hòu

1.物体上下距离大，与"薄"相对：~衣服丨~薄。
2.程度深、重（zhòng）、多：深~丨~重丨丰。
3.厚度：三尺~。
4.待人真诚，实在：~道丨宽~。
5.看重：~此薄彼丨~爱。

厚 日
kou、atsui

1.厚，深厚。
2.深情，诚恳。
3.爱护，珍惜。
4.无耻，厚颜无耻。

厚 韩
du teo ul hu

1.深厚。
2.厚实。
3.亲密。

原

字形演变

圆 〉 原 〉 原

解字 西周散氏盘作圆，象泉水从泉眼中往下流淌的样子。字形上部的"厂"，表明泉水是从山崖岩石中流出。"原"字的本义是"水源"，司马光《初除中丞上殿札子》："臣闻澄其原则流清，固其本则末茂。""原"后来多表示"最初的、本原"等意思，并增加意符"氵"分化出"源"字表示其造字本义。

小篆作圙，又有简写的《说文》篆文原。秦简字形作原。

原 中
yuán

1. "源"的古字，水源：～泉（源泉）｜～流。
2. 最初的，本来的：～作｜～著｜～貌。
3. 未加工的：～料｜～木。
4. 宽恕，理解：～谅｜情有可～。
5. 缓和宽广的地貌：平～｜中～。

原 日
gen、hara

1. 原来，原始。
2. 原野，平地。
3. 原子能。

原 韩
eon deok won

1. 圆丘。
2. 根源。
3. 黄泉。
4. 原野。

去

字形演变

大 〉 去 〉 去

解字 商代甲骨文作大，上部为人形，下部是"口"，本义是开口的意思，后来这个意思再加上"口"写成"呿"，因为"去"字包含"开"的意思，所以后来就引申出"离开"的意思。到了战国时期，金文里写作去，楚简写作逴，增加"止"、"辵"（也就是现在的"辶"）意符，来强调"去"字和"离开"的意思。《诗经·硕鼠》："逝将去女，适彼乐土。"

去 中
qù

1. 出发到另一地：来～｜～学校。
2. 离开：离～｜～世。
3. 过去了的时间：～年｜～日苦多。
4. 使消失：～伪存真｜～脚气。
5. 表趋向或持续（常用于动词后）：走～｜出～｜死～。

去 日
kyo、ko、saru

1. 刚过去的，去年。
2. 离去，过去。
3. 去掉，除去。

去 韩
gal geo

1. 过去。
2. 抛弃。
3. 岁月。
4. 过去。

字形演变

 参

解字 西周金文作，象参宿三星在人头顶，"彡"为声符。 西周大克鼎金文字形作，圆圈中加点表示星星闪烁的光芒。"参"字的本义即"参星"，也就是我们常说的福禄寿三星。古人注意到参星和商星永远不会同时出现在天空，所以杜甫在诗歌《赠卫八处士》中说："人生不相见，动如参与商。""参"也有较为简单的写法，如战国时期有金文作彡，郭店楚简作彡。《说文解字》小篆和，分别传承上述西周金文的两种写法。秦简作参。明太祖时期，借这个"参"字来表示数量"三"的繁写，用于财务经济类文书。

参

cān
1. 加入其中：～会｜～评。
2. 比照别的事物：～校｜～照。
3. 努力领悟：～悟｜～禅。
4. 拜见：～见｜～拜。

shēn
1. 星名，二十八宿之一：～商。
2. 人～，多年生草本植物。

cēn
～差（cī），长短、高低、大小不一致。

cān、shēn、cēn

参

san、mairu
1. 比较，参考。
2. 参加，加入。
3. 参议院。

参

cham yeo hal cham
1. 参与，干与。
2. 整齐。
3. 比较。

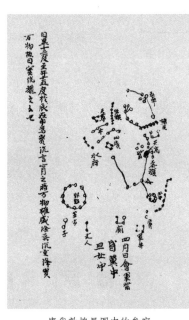

唐代敦煌星图中的参宿

又
右

字形演变

解字 "又"字甲骨文写作彐，商代金文有字形彐，看上去更像手的形状。象右手形，也用来表示"左右"的"右"。"又"在甲骨文中还常被假借为"有亡"之"有"；也被假借用来记录"福佑"之"佑"等意义，如《诗经·小宛》："天命不又。""又"字后来常用作副词，表示重复、继续。王安石《泊船瓜洲》："春风又绿江南岸，明月何时照我还？"战国时期楚简作彐；小篆作彐；秦简作又，渐渐演变为"又"。

"又"这个字形被占用后，就增加一个像"口"的符号，写作"右"来表示左右的意思。西周金文作弓，战国楚简作司。《老子》："吉事尚左，凶事尚右；偏将军居左，上将军居右。"

又 〔中〕 yòu

1.表重复或连续：你～忘了｜一年～一年。
2.表递进：他～不是来找你的。
3.表并列：～惊～喜｜～饥～渴。
4.再加上，还有：～及｜一～二分之一。
5.表转折：欲言～止。

又 〔日〕 mata

1.别的，另外。
2.又，再，还。
3.或者。

又 〔韩〕 tto u

1.再次。
2.接着。
3.右手。
4.右边。

右 〔中〕 yòu

1.方位词，与"左"相对：～臂｜左～。
2.保守的，反动的：～翼｜～派。
3.地位较高的：～迁｜～丞。

右 〔日〕 u、yuu、migi

1.方位右。
2.尊重，崇尚。
3.帮助。

右 〔韩〕 do ul u

1.右边。
2.右手。
3.右翼。
4.崇尚。
5.强烈。

又部

三国字——中日韩常用汉字详解

字形演变

字形演变

解字 甲骨文 描绘的是伸手从后面抓住前面的人,"及"的本义也即"赶上、抓住"。《史记·项羽本纪》:"使人追宋义子,及之齐,杀之。"

西周金文作 ,战国楚简有"及"字作 ,增加"辵"(辶)旁表示是在道路上抓住逃跑的人。小篆作 ,秦简线条平直化,写作 。

解字 甲骨文 、西周金文 描绘的是两只近距离的手,这是汉字中常见的局部代整体的方法,指代两个关系友善、密切的人。小篆作 。《论语》:"君子友三:友直,友谅,友多闻。"意思是君子应该与正直的、诚信的、见识广的人做朋友。

及 中	及 日	及 韩
jí	kyuu、oyobu、oyobi、oyobosu	mi chil geup
1.赶上,达到:企~｜望尘莫~。	1.达到。	1.触及。
2.趁着:~时｜~早。	2.及,并且。	2.到达。
3.连词:以~｜爱屋~乌。	3.合格。	3.一起。
4.介词,接名词,表关涉的对象:涉~｜波~。		

友 中	友 日	友 韩
yǒu	yuu、tomo	beo u
1.朋友:交~｜~情。	1.朋友。	1.朋友。
2.关系亲密、和睦:~邻｜~邦｜~爱。	2.友爱。	2.友谊。
		3.帮助。

反

字形演变

解字 甲骨文厈、西周金文厈都是从又从厂，"厂"在古文字中是表示山崖或岩石，厈表达的是用手扳动石头，使之反转过来。也有学者认为是徒手攀岩，所以"反、扳、攀"这几个字的发音和意义关系很密切。《老子》："反者道之动，弱者道之用。"

反 中	反 日	反 韩
fǎn	han、hon、tan、soru、sorasu	dol i kil ban
1.翻转，方向相背的：～常｜～攻｜拨乱～正｜物极必～。	1.归还，反对。	1.返回。
2.抗击，抗拒：～对｜～抗｜～叛。	2.反叛，背叛。	2.反复。
3.类推：举一～三。	3.反切。	3.反省。
		4.反对。

取

字形演变

解字 甲骨文𰀀、金文𰀀，由"耳"、"手"（又）构成，意思是战争中割取敌人的左耳。《周礼》："获者取左耳。"汉字中还有个"馘"（guó）字，异体字写作"聝"，现在词典里的解释和"取"一样，是在战争中割下敌人的耳朵。但从 guó 字的构成上看，古代战争中有割敌人首级和耳朵两种方式。古代战争中有种计功方式叫"首功"，指的就是按获取敌人的首级的数量计功。但是杀死敌人后全部割下首级携回有时候是做不到的，那就割下耳朵替代。另一种情况是战俘并没有被杀死，而是留下来充当奴隶，这种情况下，当然就不能割首级了。而重要敌人被割首则是难免的，例如南宋朝廷为了和金议和，就割下了力主抗金的大臣韩侂胄的头颅，献给金朝。

取 中	取 日	取 韩
qǔ	shu、toru	ga jil chi
1.拿到，获得：～经｜～暖。	1.取，拿。	1.取得。
2.招来：自～其辱。		2.拥有。
3.采纳：听～｜吸～｜～材。		3.依赖。
4.除去：～消｜～缔。		4.采用。

又部　口部

三国字——中日韩常用汉字详解

字形演变

字形演变

解字 甲骨文 ，上下都是手形，中间是一件物品，字形描绘的是一个人正把物品交给另一个人。这一字形从不同角度去理解，既可以表示"接受"义，也可以表示"授予"义，是现代汉字"受"、"授"的源头。小篆作 。《战国策·邹忌讽齐王纳谏》："群臣吏民能面刺寡人之过者，受上赏。"

西周金文有字形作 ，还有字形作 ，增加符号"口"，并没有实际的意义。

解字 甲骨文字形作 ，象口形。《老子》："五味令人口爽。"

受 〔中〕
shòu

1. 获得，接受：～邀｜～教。
2. 遭到：～伤｜～耻笑。
3. 忍耐：忍～｜承～。
4. 好，耐，舒适：～用。

受 〔日〕
ju、ukeru、ukaru

1. 接受，受理。
2. 考中。

受 〔韩〕
bat eul su

1. 受到。
2. 回收。
3. 收回。

口 〔中〕
kǒu

1. 嘴巴：张～｜～腔｜～齿。
2. 通向外处：瓶～｜杯～。
3. 出入的地方：门～｜港～｜街～。
4. 裂开处：～子｜决～｜伤～。
5. 刀、剑等的刃：刀～。
6. 量词：一～锅｜吸～烟。

口 〔日〕
kou、ku、kuchi

1. 口，嘴。
2. 出入之处。
3. 人数，人口。

口 〔韩〕
ip gu

1. 入口。
2. 港口。
3. 人口。

古固

字形演变

古 ＞ 古 ＞ 古 ＞ 固 ＞ 固

古 ＞ 古 ＞ 古 ＞ 固 ＞ 固 ＞ 固

（解字）"古"甲骨文写作古、古，西周金文作古，此后字形线条化，如战国楚简古，小篆古、秦简古。上面是个盾牌的形状，楷书写成"冊"（guàn），底下是个类似"口"的符号，没有实际的意义，但是通过增加"口"就产生了新字。盾牌是用来防守的，所以"古"最早的意思是坚固，所以"古"其实是"固"字最初的写法。后来"古"被借用来表示古今的古，《吕氏春秋·察今》："故察己则可以知人，察今则可以知古。古今一也，人与我同耳。"

既然古被借用作"古今"的古，那坚固的意思就通过在"古"字增加大口框来表示了。战国时期金文有写作固的，战国时期楚简有写作固的，小篆字写作固。《战国策·秦策》："东有殽、函之固。"

古 中
gǔ

1.离现在时间久远的：～人｜～籍｜～文字。
2.古体诗的简称：五～｜七～。

古 日
ko、furui、furusu

1.旧，古旧。
2.古昔，以前。
3.用旧。

古 韩
yet go

1.昔日。
2.祖先。
3.古老。
4.朴素。

固 中
gù

1.结实，坚硬：坚～｜～体。
2.坚决地：～守｜～执己见。
3.鄙陋：～陋。
4.原本，本来：～有｜～当如此。

固 日
ko、katameru、katamaru、katai

1.坚固，坚定。
2.加固，固定。
3.本来，原本。

固 韩
gut eul go

1.顽固。
2.独占。
3.监禁。

口部

三国字——中日韩常用汉字详解

句

字形演变

囟〉句〉句〉句〉句

解字 甲骨文里写作囟，西周金文作句，战国楚简作句，秦简演变为句。由"丩"和像"口"的符号构成。"丩"象两事物相纠缠（现在写作"纠"），"句"字本义是"弯曲"，下部像"口"的符号主要起分化字义的作用，就是把表示纠缠的"纠"和表示弯曲的"句"区别开来。

在古文字里，下面的"口"部经常会写成三角形，所以在字形演变过程中，就演变出了"句"和"勾"两种楷体写法。在古代，当表示与弯曲有关系的意思时，两个字没有区别，而表示"句子"这类概念的时候，则只写成"句"。现代汉语中，"句"已经不表示弯曲的意思了。

春秋晚期越王州句自作用剑上的鸟虫铭文

句 **中** jù、gōu

jù
1. 句子：语~｜造~。
2. [~读（dòu）] 古代文章停顿的地方为"句"或"读"。
3. 量词：一~话。
gōu
1. 高~骊，古国名，即"高丽"。
2. ~践，春秋时越王名。

句 **日** ku
1. 句子。
2. 短语。
3. 俳句。
4. 句，和歌。

句 **韩** geul gwi gu
1. 语句。
2. 字词。
3. 钩子。

可 號

字形演变

（字形演变图）

解字 甲骨文作可，西周金文作可。形声字，"口"为形，"丂"（kǎo）为声。本义是歌咏，后来表示歌咏之意的字又写作"呵"、"謌"和"歌"，"可"则借用来表示可以、能够。《庄子·秋水》："井蛙不可以语于海者，拘于虚也；夏虫不可以语于冰者，笃于时也。"

　　"号"字和"可"字都是由"口"和"丂"组成的，只是摆放的位置不一样，意思也就有一些不同。"号"字在战国的金文里写作，小篆写成号。"号"的本义是哭号。而在古文字里，还有一个字"號"，在西周金文作，小篆写作，本义呼喊，《诗经·硕鼠》："乐郊乐郊，谁之永號？"后来又引申为发号施令。后来这两字在古籍里基本上都写成"號"了。现在的简化字方案中，又把"号"作为"號"使用。

可 〔中〕 kě、kè

kě
1. 同意：～以｜许～｜认～。
2. 表推测：～见｜～能｜不～思议。
3. 值得：～憎｜～叹。
4. 合适：～心｜～意。
5. 表示转折：～是。

kè
[～汗（hán）] 中国古代鲜卑、突厥、回纥、蒙古等族君主的称号。

可 〔日〕 ka

1. 可以，许可。
2. 能够，可能

可 〔韩〕 ol eul ga

1. 正确。
2. 许诺。
3. 听见。
4. 大概。

號 〔中〕 hào、háo

hào
1. 名称：国～｜番～。
2. 除名、字外的别称：绰～｜别～。
3. 标记，符号：加～｜负～。
4. 排好的顺序或级别：标～｜对～入座。
5. 指示，命令：发～施令。

háo
1. 大声呼喊：怒～。
2. 大声哭：干～｜悲～。

号 〔日〕 gou

1. 叫喊，号叫。
2. 标记，信号。
3. 刊物期号。
4. 称号，别号。

號 〔韩〕 i rim ho

1. 名称。
2. 符号。
3. 命令。
4. 顺序。

口部

三国字 —— 中日韩常用汉字详解

合

字形演变

合 > 合 > 合 > 合

解字 甲骨文作合，字形下部代表器皿，上面的是盖子，"合"的本义即盖子和器皿相吻合。《老子》："天地相合以降甘露。""合"最初也可用来表示"盒子"，后来增加意符"皿"，分化出专门表示这一意义的"盒"字。

吉

字形演变

吉 > 吉 > 吉 > 吉 > 吉

解字 甲骨文作吉，上面是个没安装手柄的兵器，下面是个盛装兵器的容器。把兵器放在容器中，防止毁坏，所以"吉"的本义是保护坚实的意思。周代乐器中一件石磬上有铭文："择其吉石"，所谓"吉石"就是"结实耐用的石头"，以经得住击打。金文中常见"吉金"这个词，也表明"铸造青铜器的铜非常结实"。这些贵重的器物，结实耐用就意味质量好，"吉"字由此引申出"好"、"吉祥"的意思。

甲骨文还有字形作吉，进一步演变为西周金文吉、战国时期楚简吉，小篆吉、秦简吉等等。

合 中
hé

1. 相对重迭：重～｜一拍即～。
2. 聚到一处：～作｜汇～。
3. 相符：～理｜～规则。
4. 整个，全：～家欢乐。
5. 折合，共计：～多少钱。

合 日
gou、au、awasu、awaseru

1. 会合，交合。
2. 合适，相同。
3. 混合。

合 韩
hap hal hap

1. 合并。
2. 集合。
3. 对答。

吉 中
jí

1. 好，善，幸运：～星高照｜～日。
2. 中国吉林省的简称：～剧。

吉 日
kichi、kitsu

1. 吉，吉祥。

吉 韩
gil hal gil

1. 吉祥。
2. 幸福。
3. 婚姻。
4. 祭祀。
5. 正月初一。

字形演变

同 〉合 〉同 〉同 〉同

解字 甲骨文写作凬，从"凡"从"口"，凡为桌案类器具，一定要二人以上才能抬得动，加"口"以示同心协力之意。《易·系辞上》："二人同心，其利断金；同心之言，其臭（xiù）如兰。"

字形演变

名 〉召 〉名 〉名

解字 商代金文作名，上面是月亮，字形下部是"口"，会意，意思是人给月亮命名。字形用这一典型例子指代给自然界万事万物命名。《老子》："无名天地之始，有名万物之母。"由"命名"又引申出"名称"、"名誉"等字义。《礼记·中庸》："故大德，必得其位，必得其禄，必得其名，必得其寿。"

西周金文作名，小篆作名，字形中月亮演变为"夕"字。秦简作名，和现代汉字相近。

同 **中**
tóng、tòng

tóng
1.一样的：～理｜～时｜～班。
2.一起(从事)：一～｜～流合污。
3.和，跟：我～你一样。

tòng
胡～，小巷，街道。

同 **日**
dou、onaji
1.同，相同。
2.一同，一起。
3.同一。

同 **韩**
han ga ji dong
1.同样。
2.群体。
3.和合。

名 **中**
míng
1.名字，称谓：姓～｜地～｜书～。
2.称呼：不可～状。
3.声誉，众所周知的：～门｜～气｜～句｜～胜。
4.量词：三～工人。
5.占据：不～一文。

名 **日**
mei、myou、na
1.名字，姓名。
2.名称。
3.起名，命名。
4.著名，名声。

名 **韩**
i reum myeong
1.名字。
2.评判。
3.外观。
4.名分。
5.功绩。

口部

三国字—— 中日韩常用汉字详解

向

字形演变

解字 甲骨文写作 ，西周金文作 向，字形描绘的是房屋的墙壁上开了一扇窗。"向"字本义是朝北的窗户。《诗经·七月》："穹窒熏鼠，塞向墐户。"意思是秋后把老鼠洞完全堵住，然后熏杀老鼠，窗户漏风的地方都用泥浆涂抹严实。这是过冬前的准备。后来又引申出朝向的意思。

向 中

xiàng

1. 对着，朝着：～阳｜～南。
2. 方向，发展趋势：动～｜趋～。
3. 偏爱：什么事都～着他。
4. 介词，引进动作的方向：～后转｜～他人取经。

向 日

kou、muku、mukeru、mukau、mukou

1. 朝向，朝着。
2. 跟随，服从。
3. 对面。

向 韩

hyang hal hyang

1. 走向。
2. 向前。
3. 对待。
4. 劝告。

君

字形演变

解字 甲骨文作"⿱"，字形上面为手拿令牌形，也即"尹"字；字形下部分为"口"，表明君王用"口"来发号施令，也即"金口玉言"。《春秋繁露》："君也者，掌令者也。"

西周青铜器史颂簋上有"君"字作君，秦竹简上字形为"君"，进一步演变为"君"。

君 中

jūn

1. 一个国家的最高统治者：～臣｜～王｜～权。
2. 古时的封号：信陵～｜长安～。
3. 对他人的尊称：张～｜诸～。

君 日

kun、kimi

1. 君，敬称。
2. 君主，君王。
3. 出色的人，君子。

君 韩

im geum gun

1. 君王。
2. 夫君。
3. 父母。
4. 君子。
5. 封爵。

否

字形演变

㠪 〉 否 〉 否

解字 西周金文作㠪，战国金文作㠪，战国楚简作否，小篆作否。从"口"从"不"。"否"和"不"在古代的读音相同，意思也基本一样。本义是表示否定，"不是这样"的意思。如《孟子·梁惠王上》："王曰：'否，吾何快于是，将以求吾所大欲也。'""否"是通过在"不"的基础上增加"口"状符号分化出来的字，以适应语言发展变化后对于否定词更精细的分工的要求。

否 〔中〕
fǒu、pǐ

fǒu
1.不赞成：～认｜～决。
2.表示询问：可～｜准～。
3.不然：～则。
pǐ
1.不幸，有害：～极泰来｜未知善～。
2.贬斥：陟罚臧～。

否 〔日〕
hi、ina

1.否，否定。
2.是否。

否 〔韩〕
a nil bu

1.不是。
2.否定。
3.不可。

吹

字形演变

㫖 〉 吹

解字 甲骨文写作㫖，字形是人张嘴吹气的侧立形象。西周金文㫖和甲骨文一样，从"口"从"欠"。注意，在文字没有定形的上古时代，"口"和"欠"左右位置不是固定不变的。小篆作㫖。《庄子·逍遥游》："野马也，尘埃也，生物之以息相吹也。"

吹 〔中〕
chuī

1.嘴唇用力呼气，类似吹的动作：～灭｜～笛子｜风～雨打。
2.说不合实际的话：～牛｜～嘘。
3.(事情)未成功：这事～了。
4.鼓舞，提倡：鼓～｜～捧。

吹 〔日〕
sui、fuku

1.吹，吹奏。
2.宣传，鼓吹。

吹 〔韩〕
bul chul

1.吹哈气。
2.焚烧。
3.夸张。
4.管乐。

口部

三国字 —— 中日韩常用汉字详解

告

字形演变

凿 〉告 〉告

解字 甲骨文作凿，字形上部为"牛"，代表祭品，下部为"口"，代表向神祷告。本义指告祭，上古一种常见的祭祀活动，内容是向祖先或神诉说、祈祷。诸葛亮《出师表》："不效则治臣之罪，以告先帝之灵。"西周金文作凿。

味

字形演变

啡
〉
味
〉
味

解字 小篆作啡，形声字，"口"为形，"未"为声，本义是"滋味"。战国楚简有字形作凿，声符"未"在上，义符在下。古代五味指"酸、苦、甘、辛、咸"。《周礼·疾医》："以五味、五谷、五药养其病。"

告 中
gào

1.让他人知道：劝～｜～诫｜宣～。
2.揭发，提起诉讼：诬～｜～发。
3.表明，请求：～辞｜～老还乡。
4.书面的通知：～示｜公～。

告 日
koku、tsugeru

1.告诉，告知。
2.报告。

告 韩
go hal go

1.告知。
2.发表。
3.告发。

味 中
wèi

1.舌头、鼻子对外物的感觉、感受：～觉｜药～｜香～。
2.意趣：趣～｜韵～｜乏～。
3.深入体会、感受：品～｜玩～。
4.量词，指一种中草药：五～药。

味 日
mi、aji、ajiwau

1.味，味道。
2.旨趣，趣味。
3.用以数食品及其材料的量词。
4.同伙，伙伴。

味 韩
mat mi

1.味道。
2.气氛。
3.趣向。

呼

字形演变

呼 〉 呼 〉 呼

解字 小篆作呼，形声字，"口"表意，"乎"表声。本义为呼出气息，与"吸"相对。汉印有字形作呼。《尚书·大传》："阴盛则呼吸万物而藏之内也。"

和

字形演变

呼 〉 和

呼 〉 龢 〉 龢 〉 龢 〉 龢

解字 战国时期金文作呼，楚简作龢，形声字，"口"为形，"禾"为声。本义是声音相应和，或伴奏。有个成语叫"曲高和寡"，用的就是本义。

甲骨文中有个字写作龢，金文中写作龢，小篆写作龢，汉代的《乙瑛碑》隶书写作龢，现在楷书写作"龢"。也是个形声字，"龠"表义，"禾"表声。"龠"是一种乐器，所以"龢"是音调和谐。《国语·周语下》："夫政象乐，乐从龢，龢从平，声以龢乐，律以平声。"到了战国以后，"和""龢"意义渐渐混合，且主要使用"和"这个字形了。在《第一批异体字整理表》中，"龢"就作为"和"的异体字了。

呼 【中】
hū

1. 使劲将气体释放：～出｜～吸。
2. 大声叫：～号｜～救。
3. 唤，叫：招～｜～之欲出。
4. 象声词：风～～地刮着。

呼 【日】
ko、yobu

1. 呼叫，呼喊。
2. 呼吸。
3. 称呼，取名。

呼 【韩】
bu reul ho

1. 称呼。
2. 呼吸。
3. 呼叫。
4. 呼斥。

和 【中】
hé、hè、huó、hú

hé
1. 融洽；平静，不粗暴：～睦｜～温｜～～平。
2. 加法运算中加起来的数：二加二的～是四。
3. 介词，向：～老师请教。

hè
1. 协调地跟着唱：～弦｜应～。

huó
搅拌或揉弄使粘在一起：～面｜～泥。

hú
打麻将时某一家的牌达到规定的要求，取得胜利。

和 【日】
wa、yawaragu、yawarageru、nagomu、nagoyaka

1. 和睦，和好。
2. 日本，日语。
3. 温和，祥和。
4. 和平。

和 【韩】
hwa hal hwa

1. 和睦。
2. 和解。
3. 温和。

哀

字形演变

念 ＞ 㦖 ＞ 哀

解字 西周金文念，形声字，字形正中为意符"口"，其余部分是声符"衣"字。本义是"吊唁"。人死了，吊唁的人因悲伤而张口大声哭泣，所以字形中有"口"。战国时期楚简作念；也有"哀"字意符为"心"，如楚简㦖强调"哀"这一概念悲痛的心理感受。《老子》："故抗兵相若，哀者胜矣。"由"吊唁"引申出"可怜"的意思，如《孟子·离娄下》："舍正路而不由，哀哉！"

哀 中
āi

1.悲痛，伤心：～伤｜～号。
2.悼念：默～｜～辞。
3.怜悯，同情：～怜。

哀 日
ai、aware、awaremu

1.悲伤，悲痛。
2.怜悯，同情。

哀 韩
seul peul ae

1.悲哀。
2.可怜。
3.居丧。

品

字形演变

品 ＞ 品 ＞ 品

解字 商代甲骨文作品，由三个"廿"组成，古汉字以"三"表示多数，品象以祭物置于多个器皿中以献祭神，"品"的本义是"物品众多"的意思。商代人祭祀，对直系先王和旁系先王是有所差别的，体现在祭品上的不同，所以"品"字也引申出"等级"、"差别"的意思。西周金文作品，该时期金文中田地、玉、氏族等都用"品"来表示不同的等级，如穆公鼎铭文有"赐玉五品"的记载。《尚书·禹贡》："惟金三品。"

品 中
pǐn

1.东西：商～｜纪念～。
2.级别，类别：～级｜极～｜～种。
3.德行：人～｜～格｜～德。
4.评价，体味：～评｜～茶。

品 日
hin、shina

1.物品，东西。
2.品格，品质。
3.评价。
4.佛经的章节。

品 韩
mul gen pum

1.物件。
2.等级。
3.品格。
4.性质。

唱

字形演变

昌 ＞ 唱 ＞ 唱

解字 "唱"字初文是"昌",甲骨文作昌,字形上部是"日",下部为"口",由"日、口"会意。最初可能指日出时呼唤大家劳作的呼唤声,这呼唤声应该有一定的调子,是歌唱的一个源头。现在"昌"字下面是个"曰"字,是字形演变的结果。后来"昌"被借用表示"昌明、昌盛"的意思,原来表示歌唱的意义通过增加"口"部,变了成"唱"。小篆写唱。荀子《乐论》:"唱和有应,善恶相象,故君子慎其所去就也。"

唱 中
chàng

1.依照乐律发声:吟～｜～戏｜～歌。
2.高声喊:～名｜～票。

唱 日
shou、tonaeru

1.高喊,高呼。
2.歌唱。
3.提倡,倡导。

唱 韩
bu reul chang

1.唱歌。
2.歌曲。
3.主张。
4.引导。

商

字形演变

商 ＞ 商 ＞ 商 ＞ 商

解字 甲骨文字形作商、商字形下部是底座的形状,上部是用以祭祀的物体,放置在台架上。有的字形增加星形,如甲骨文商、商用以表示祭祀星辰。小篆字形作商。商族人居住的地方是"大邑商",后来就以"商"为国号。《左传·庄公三十二年》:"虞夏商周皆有之。"

商 中
shāng

1.中国历史上第二个朝代:～代｜夏～周。
2.买卖,交易:经～｜～人｜～场。
3.交换意见:～量｜～议。
4.除法的得数:～数。
5.中国五音之一,相当于现代乐谱中的"2":宫～角徵羽。

商 日
shou、akinau

1.商人,买卖人。
2.商量。
3.经商。

商 韩
jang sa sang

1.生意。
2.商人。
3.西边。
4.秋天。

口部

三国字——中日韩常用汉字详解

問

字形演变

朙 ﹀ 問 ﹀ 閊 ﹀ 问

解字 商代甲骨文作朙，形声字，"口"为形，"门"为声，本义为询问，与"答"相对。《礼记·中庸》："博学之，审问之，慎思之，明辨之，笃行之。"

小篆作問，秦简作閊。

問 中 wèn

1.向人请教：询～｜～路。
2.向人表示关心：～候｜嘘寒～暖。
3.审讯，追究：审～｜～责。

問 日 mon、tou、toi、ton

1.问，询问。
2.问题。
3.看望，探视。
4.日语"问屋"即批发店，批发商。

問 韩 mul eul mun

1.询问。
2.告知。
3.消息。

善

字形演变

譱 ﹀ 譱 ﹀ 善 ﹀ 善 ﹀ 善

解字 西周毛公鼎祖譱，字形下部为两个"言"，上部为"羊"，这个"羊"是"美"的省写。美言就是善，本义为两个说话的人相善的意思。引申为吉祥，美好。《老子》："善者吾善之，不善者吾亦善之，德善也。"

春秋金文作譱，小篆字形作譱，同时有省略写法譱，汉代朝侯残碑演变为善。

善 中 shàn

1.友好的、美好的品行：～良｜和～｜～行。
2.优异的，优于同类其他的：～本｜～书。
3.稳妥、恰当地做某事：～后｜～始～终。
4.擅于，长于：～于｜～战。
5.容易，习惯性地：～变｜～忘。

善 日 zen、yoi

1.善良，出色。
2.和睦，友好。
3.妥善，善于。

善 韩 chak han sen

1.善良。
2.良好。
3.出色。

喜

字形演变

（竖排字形演变）
> 喜 > 喜 > 喜 > 喜 > 喜

解字 商代甲骨文，字形上部象鼓形，下部是"口"字。字形描绘的是古人在祭祀或节日时听到鼓乐声传来，内心欢乐喜庆，张口而笑。也有甲骨文，字的上部除了鼓的形状之外，还用鼓四周的小点指代鼓声向周围传播。《诗经》："既见君子，云胡不喜？"

西周早期金文作、，小篆作喜，秦简演变为喜。

喜 **中**	喜 **日**	喜 **韩**
xǐ	ki、yorokobu	gi bbel hui
1.让人欢快的：欢~｜~怒哀乐｜~讯。	1.欢喜，高兴。	1.高兴。
2.偏爱：好大~功｜~新厌旧。		2.欢乐。
3.适于某种环境：~雨｜~温。		3.幸福。

喪

字形演变

（竖排字形演变）
> 喪 > 喪 > 喪 > 喪 > 喪 > 喪

解字 商代甲骨文作，字形中树的形状，是甲骨文"桑"字，"丧"是形声字，"叩"（xuān）为形，"桑"为声。本义为"死亡"，如《诗经·小雅》："丧乱既平，既安且宁。"引申出丧失、失去等义。

西周金文作、等，由于字义的关系，字形中桑树的根部渐渐演变出"亡"字的形状。进一步演变后，小篆作，秦简作。

喪 **中**	喪 **日**	喪 **韩**
sāng、sàng	sou、mo	il eul sang
sāng	1.丧，丧事。	1.丧失。
1.与死人有关的：~事｜~服。	2.死亡，失去。	2.丧服。
sàng		3.死亡。
1.丢失：~命｜~家之犬。		4.灭亡。
2.情绪低沉，抑郁：颓~｜懊~。		

口部

三国字——中日韩常用汉字详解

單

字形演变

解字 甲骨文作 𝑌、𝑌，象古代的一种武器，长柄的木杈上绑有石块，可击打，也可缠绕，用于狩猎或战争。《诗经》："其军三单。"现在这个意思已经消失了，只留下了借用的"单独"的意思。

西周金文作 𝑌、𝑌 等，春秋金文进一步演变为 𝑌，小篆作單。

單 中
dān、chán

dān
1. 奇数的；与"双"相对：～数 ｜～打。
2. 简单；少；无依靠：～纯 ｜～调。
3. 仅仅，只有。
4. 盖或铺在床上的布：被～ ｜床～。
5. 印刷有文字的纸张：名～ ｜传～。
chán
1. ～于，表示匈奴君主的称号。

単 日
tan

1. 单，单一。
2. 一个，单人。
3. 一层，单衣。

單 韩
hot dan

1. 只有。
2. 单独。
3. 单身。
4. 精诚。

嚴

字形演变

解字 西周金文作 𝑌，形声字，"吅"（xuān）表义，"厰"（yín）表声。本义为古代老师教学生时态度严厉。《诗经·六月》："有严有翼，共武之服。"

战国金文作 𝑌，小篆作 𝑌。

嚴 中
yán

1. 谨慎，紧密：谨～ ｜～紧。
2. 以高标准要求：～格 ｜～禁。
3. 表示程度深：～重 ｜～寒。
4. 指父亲：家～。

厳 日
gen、gon、ogosoka、kibishii

1. 严厉，严禁。
2. 威严。
3. 严格。

嚴 韩
eom hal eom

1. 严格。
2. 酷毒。
3. 至毒。

字形演变

字形演变

四

解字 商代甲骨文作三，古人在竹木上契刻记事，用来记录事物的数量。刻上四道横线或用四根算筹表示数量"四"。与"一、二、三"不同，这种刻划符号没有一直沿用，到了春秋时，金文里作卤，古币有字形作卯，本义是鼻孔中涕泗流出，后来这个字被借来表示数量"四"。小篆字形作四，秦简作凹。《尚书·尧典》："光被四表。"至于三这个写法，也一直用到了汉朝，后来再难得一见了。

回

解字 甲骨文回、金文回，象深渊中巨大的漩涡形。《荀子》："水深而回。"意思是水深的地方就容易产生漩涡。孔子最得意的弟子、七十二贤人之首颜回，字子渊，由于古人名和字意往往有联系，可见"回"字的本义。 一些方言把深渊中回转的水流叫"回水"。小篆字形回，仍具备漩涡的形状。旋涡状的字形在演变过程中趋于对称、规整，逐渐被书写成如小篆字形回、秦简字形回的样子。

四 **中**	四 **日**	四 **韩**
sì	shi、yo、yottsu、yottsu、yon	neok sa
1.数字,数目:~世同堂|~季如春。	1.四,四月。 2.四方,四周。	1.数字四。 2.四次。 3.四方。

回 **中**	回 **日**	回 **韩**
huí	kai、e、mawaru、mawasu	dol a ol hoe
1.曲折环绕:迂~|~环。 2.返回到开始的地方:~家|~头。 3.给以答复:~信|~复。 4.谢绝:~绝。 5.指动作行为的次数:去过两~。	1.回,次。 2.回,返回。 3.转,转动。	1.回来。 2.回数。 3.回顾。 4.回避。

字形演变

因 〉 因 〉 因 〉 因

解字 甲骨文字形，金文，象人躺在席子上或草垫上，所以"因"的本义是垫子。"因"字描绘的意象，人和大地之间有一层垫子作为凭借，因此又引申出"凭借、依靠"的意思。《孟子》："为高必因丘陵，为下必因川泽。"秦小篆作因。秦代古隶字形有因。而表示垫子意义的字，则在原字的基础上加草字头，写成"茵"，小篆茵，又有异体字写作"鞇"，小篆鞇，看来古代的垫子，草编的和皮革做的是很常见的。

因　**中**
yīn

1.根据，凭借：～材施教｜～地制宜。
2.沿袭：～循｜～袭。
3.缘由，原因：～果｜事出有～。

因　**日**
in、yoru

1.起因，原因。
2.因袭。
3.因果。

因　**韩**
in hal in

1.原因。
2.依赖。
3.依据。
4.缘故。

字形演变

困 〉 困 〉 困 〉 困

解字 甲骨文字形，会意字。从"囗"（wéi），象破败房屋的四壁，里边是生长的树木，本义是房屋中的树木为四墙所局限。引申为"窘迫"的意思。《荀子》："知之而不行，虽敦必困。"

秦小篆困，秦代竹简上的古隶字形有困。

困　**中**
kùn

1.难以摆脱：～守｜围～。
2.艰难的，恶劣的：～苦｜～境。
3.疲惫，乏累：～顿｜～倦。

困　**日**
kon、komaru

1.困难，困惑。
2.为难，难受。

困　**韩**
gon hal gon

1.困难。
2.危险。
3.尴尬。

三国字——中日韩常用汉字详解

國

字形演变

屮 > 或 > 或 > 或

或 > 或 > 國 > 国

國 > 國 > 國 > 国

域 > 域

解字 "国"最初并不是国家的概念，比如史书上记载，周朝的时候大国就有 70 多个，小国有上千个，这么多的国，基本上都在黄河流域，所以古代的一个"国"的范围，也许只是现在的几个村。早期的甲骨文字形作屮，圆圈部分就表示居住的城邦，边上是戈状的武器，整个字的意思是武力守卫的地方。后来甲骨文中又有写成或，西周早期金文写成或，在圆圈的周围加上几条横线，表示保护城邦的外围建筑。这个字楷书写作"或"，"或"字就有两层意思，一是城邦，二是区域、领域。所以"或"字原来跟"或者"的意思没有任何关系，只是被借用来表示"或者"的意思。"或"字外面再增加一道环形的围墙，西周中期金文中写成國，小篆写成國，也就是现在的"國"字了；"或"字边上加上"土"字旁，就是"域"字了。

國 **中**	国 **日**	國 **韩**
guó	koku、kuni	na ra guk
1.国家，国家的：～旗｜～有。 2.国内一流的：～色天香｜～手。 3.本国的，本土的：～产｜～宝。	1.国，国家。 2.地域。	1.国家。 2.都邑。 3.故乡。 4.地方。 5.世界。

園

字形演变

園 > 園 > 園 > 园

解字 小篆字形作園，秦简字形有園。用篱笆或墙围起来种果树的地方叫"园"。形声字，"囗"表形，"袁"表声。《墨子》："今有一人，入人园圃，窃其桃李。"

園 **中**	園 **日**	園 **韩**
yuán	en、sono	dong san won
1.种蔬菜、树木、花果的地方：花～｜～艺。 2.娱乐场所：公～｜动物～。	1.园地。 2.庭园。	1.公园。 2.陵园。 3.雕刻。 4.铭刻。

口部

字形演变

∨
∨
∨

解字 "圆"的概念在较早是用"员"字来表示。"员"字甲骨文字形作，描绘的是在圆圆的鼎口上画一个圈，指示出"圆形"的概念。"员"字在《说文解字》中籀（zhòu，战国时秦国的文字）文作，也表达了这一"员"字的造字本义。后来在"员"字的外面上增加形旁"囗"，如小篆字形，在表示圆形概念的同时，也引申出"完整"的意思，通常和"缺"相对。苏东坡《赤壁赋》："月有阴晴圆缺，人有悲欢离合。"战国楚简中"圆"字形则作。中国古人认为天圆地方，《庄子》："上法圆天，以顺三光；下法方地，以顺四时；中和民意，以安四乡。"

圆 中	円 日	圆 韩
yuán	en、marui	dung geul won
1.圆形，圆一周所围成的平面：～规｜～周。	1.圆形，圆周。	1.圆圆。
2.完美，使周全：～满｜～场。	2.圆满。	2.圆圈。
3.圆形货币，货币单位，也作"元"：银～｜铜～｜一～。	3.日元。	3.圆满。

字形演变

∨
图
∨
圖
∨
图

解字 西周早期金文如，西周著名青铜器《散氏盘》字形作，图是个会意字，由"囗"和"啚"组成。本义为描绘疆域范围的地图。"囗"表示疆域的范围；"啚"字像是仓廪的形状，表示边鄙军事驻扎的地方的粮仓，所以"啚"是边鄙的意思。战国时期荆轲曾借献燕国地图之名去刺杀秦王。《史记》："（荆轲）发图，图穷而匕见。"古代绘制地图很不容易，因此，"图"的引申义为"谋划"（一件较为难以实现的事情）。如《老子》："图难于其易，为大于其细。"

圖 中	図 日	圖 韩
tú	zu、to、hakaru	geu rim do
1.绘画形成的图像：地～｜～形。	1.图表，图画。	1.图画。
2.涂画，描绘：～解。	2.谋划，策划。	2.图章。
3.策划，谋求：力～｜～谋。		3.书籍。
4.贪图：唯利是～｜～你财物。		
5.计划：宏～。		

團

字形演变

團 > 圏 > 團 > 团

解字 甲骨文"专"字作 、 ，描绘的是古人用手转动"纺专"纺线。一些包含"专"字的字形都和这一意象有关。纺线时绕成圆球，因此有表示圆球形的"团"字；纺线时要不停地转动，因此有"转"字；《诗经》中用"沦"字用来形容早晨圆润晶莹的露珠："野有蔓草，零露沦兮。""团"字西周金文字形有 ，小篆作 。圆圆的球体有共同的圆心，引申出"团结、团圆"等意思。《文选·怨歌行》："裁为合欢扇，团团似明月。"

團 **中**	団 **日**	團 **韩**
tuán	dan、ton	duog geul dan
1.圆形的，球形的：纸~｜~子。 2.使成球形：~泥巴。 3.聚合成一个整体：~圆｜~结。 4.活动集体的总称：主席~｜代表~｜青年~｜少年~。 5.军队单位：~长。 6.量词，用于成团的事物：一~毛线｜一~糟。	1.团体，集团。 2.圆形。 3.集中，团结。	1.团圆。 2.团结。 3.统治。

土

字形演变

△ > 土 > 土 > 土 > 土

解字 甲骨文字形作 △，象地面上土堆的形状。西周金文字形作 。汉字字形演变的一个规律是团块状的字形逐渐线条化，因此，甲骨文、金文字形到战国后也线条化了，如楚帛书土，小篆字形土，秦代竹简上的古隶字形有土。古人认为，"土"字的读音，源于土地具有"吐生万物"的特点。《公羊传》"天子祭天，诸侯祭土"中，"土"是土地神的意思。

土 **中**	土 **日**	土 **韩**
tǔ	do、to、tsuchi	heuk to
1.泥土，土壤，土地：黄~｜~地｜领~。 2.地方的，本地的：~特产｜~生~长。 3.民间的：~方｜~法。 4.落后于时代潮流的: 老~｜~气。	1.土，土地。 2.星期六。	1.土壤。 2.国土。 3.地方。

在

字形演变

屮 > 坴 > 牡 > 左 > 在

解字 上古汉语中，"在"是用"才"字来记录，甲骨文中作 ↓。"才"是草木刚刚萌芽的意思。出现也即存在，"在"因此有开始出现、存在的意思。如《易·乾》："见龙在田，利见大人。"后为在"才"字的基础上增添"土"字而产生了"在"字，"才"和"在"两个字才分开。如西周大盂鼎"在"有字形写作 ↓，也有字形写作 坴，对比这两个字，就可以了解"在"字的产生过程。后来汉字演变中线条化，比如秦小篆 牡，秦简古隶字形 左，并最终演变成"在"字。

地

字形演变

坔 > 埅 > 地

解字 古人认为天地最早为一团元气，后来轻清的物质上浮为天，重浊的物质下沉为地。郭沫若先生曾经考证，相对早在甲骨文就频繁出现的"天"字而言，"地"字的出现较晚。较早的"地"字如战国时期郭店楚简的 坔、包山楚简的 坔。"地"是形声字，形旁为"土"，声旁为"它"，后来"它"字讹变为"也"，如小篆字形 埅、秦简字形 坔。本义为大地、土地。《易》："地势坤，君子以厚德载物。"

在 〔中〕
zài

1.存留，存在：青春常~｜永~。
2.引出位置、场所、时间、条件等：~家｜~职｜~昨天。
3.取决于：事~人为｜~于。
4.表示正在发生：风~吹｜妈妈~做饭。

在 〔日〕
zai、aru

1.在，存在。

在 〔韩〕
i eul jae

1.存在。
2.寻找。
3.场所。

地 〔中〕
dì、de

dì
1.陆地，地球：~表｜天~。
2.田土：田~｜下~干活。
3.地方，地点；地步：无~自容｜根据～｜置~之死~而后生。
de
助词，用于状语和中心语之间：夜色慢慢~变深。

地 〔日〕
chi、ji

1.地，大地，地球。
2.地方，地点。
3.地位，境地。
4.天生，质地。

地 〔韩〕
ttang ji

1.土地。
2.场所。
3.路程。
4.领土。

均

$$\text{均} \vee \text{均} \vee \text{均} \vee \text{均}$$

解字 本义和"土"、"匀"有关，会意兼形声字。西周金文有字形作 ，字形左边是土，右边是手，本义为制作陶器时将陶土调均匀。《周礼·地官》："以土均之法，均齐天下之政。"上海博物馆藏战国楚简"均"字作 ，从字形看，是古人利用转轮将陶土调均匀。因此，"均"也有"制作陶器的转轮"的意思，如《汉书·董仲舒传》："泥之在均，惟甄者（制陶的人）之所为。"小篆作 均，秦简古隶字形有 。《论语·季氏》："不患寡而患不均。"

均 中	均 日	均 韩
jūn	kin	go reul gyun
1.平分，匀称：～分｜～衡｜势～力敌。 2.全，都：各部门～已做好应对策略。	1.均匀，均等。 2.均衡。	1.均等。 2.调节。 3.比较。

城

$$\text{城} \vee \text{城} \vee \text{城} \vee \text{城}$$

解字 西周时期金文作 。是个会意字，字形左边 中的圆圈表示环形的城墙，字形中圆圈上下是城墙上相对的城楼。 还有个复杂的写法 ，就能很清楚地看出来，这个字形表示的是这座环形的城墙上有四面城楼。 字形右边是用来保卫城垣的武器。小篆把 这个偏旁换成土字旁，写成城，说明古代的城楼很多是用夯土制的，秦简古隶字形为 城 。

城 中	城 日	城 韩
chéng	jou、shiro	jae seong
1.城墙：～池｜长～。 2.城墙以内的：～区。 3.城市，城市的：～镇｜～管。	1.城，城郭。 2.城市。	1.城堡。 2.都邑。 3.墓地。 4.筑城。

執

字形演变

執 > 鞁 > 執 > 执

解字 甲骨文作 鞁、鞁、鞁 等形状，这三个字形所描绘的都是一个人双手被沉重的刑具铐住失去自由的样子。西周金文有字形作 鞁，字形中的人不但双手被铐，腿部也被绳子拴住，以防逃跑。这些字形可知，"执"的本义是抓捕俘虏或罪犯。如《左传·僖公五年》："遂袭虞，灭之，执虞公。"这个会意字在演变过程中，左边的刑具形和右边的人形都发生了改变，比如小篆 鞁，秦简古隶 鞁，最终演变为由"幸"、"丸"组成的"執"。汉字在演变的过程中，渐渐就丢失了原来所含有的信息。

執 中
zhí

1.抓住，拿着：～笔｜手～令牌。
2.担任，掌管：～政｜～事。
3.实施，实行：～行｜～法。
4.凭据：回～。
5.坚持,不变通:各～一词｜偏～。

執 日
shitsu、shuu、toru

1.执，握。
2.执着。
3.办理，处理。

執 韩
jap eul jip

1.拥有。
2.负责。
3.同志。

基

字形演变

山 > 萁 > 基

解字 "基"字较早的字形如商代甲骨文 山，字形上部为"土"，下为是"其"（箕字最早的写法），后来的字都写成上其下土，春秋金文作 萁，秦小篆 萁，在文字没有定形的古代，一个字的左右、上下的相对位置经常互换，意思不会改变，所以"基"就是一个"土"表形、"其"表声的形声字。基的本义是建筑物的根脚。《诗经·周颂·丝衣》："自堂徂基，自羊徂牛。"又泛指建筑物的底部，后来又引申为事物的根本、起始之义。

基 中
jī

1.建筑物的根脚：地～｜路～。
2.根本的，主要的：～层｜～础。

基 日
ki、moto、motoi

1.基础，根基。

基 韩
teo gi

1.基础。
2.土台。
3.根本。
4.事业。

堂

字形演变

矞 ＞ 尚 ＞ 堂 ＞ 堂

解字 西周金文字形作矞，字形上部为高大的建筑物，下部是"止"（即脚趾，指代人）站在建筑物宽广的大殿中。是个会意字，本义即大殿。战国时期金文有字形作尚，演变为从"土""尚"声的形声字，上面是"尚"字的省略写法。小篆字形作堂，秦简作堂。《诗经·豳风》："跻彼公堂。"

堂 中 táng	堂 日 dou	堂 韩 jap dang
1.正房：～屋。 2.用于某种活动的房屋：食～｜教～。 3.同宗而非嫡亲的：～兄｜～妹。 4.量词，指称课程、案件、场景等：一～课。	1.集会所，会堂。 2.神殿，佛堂。 3.庄严，堂堂。	1.明堂。 2.大厅。 3.近亲。 4.官衙。

堅

字形演变

堅 ＞ 堅 ＞ 堅 ＞ 坚

解字 形声字。"土"表形，"臤"（qiān）表声，本义为土块坚硬。秦小篆堅，秦简字形堅。《论语》："仰之弥高，钻之弥坚。"

坚 中 jiān	堅 日 ken、katai	堅 韩 gut eul gyeon
1.结实的，强固有力的：～硬｜～不可摧。 2.牢固的物品或地点：披～执锐｜攻～。 3.坚持：～守｜～信。	1.坚固，坚硬。	1.坚固。 2.坚强。 3.不变。

.91.

土部

三国字——中日韩常用汉字详解

土部

三国字 —— 中日韩常用汉字详解

報

字形演变

靾 > 報 > 報 > 報 > 报

解字 西周金文字形作靾，字形左边是类似于木制枷锁的刑具，中间是罪犯或俘虏，字形右边的手形表示罪犯身后的执法人员用手强制犯人跪下，听从判决。"报"的本义即判决。《韩非子·五蠹》："闻死刑之报，君为流涕。"判决罪犯需要通报上级，"报"又引申出"告知"义。《史记·高祖本纪》："至军中，具以沛公言报项王。"

秦小篆作靾，秦简報。

報 中
bào

1. 通知，告诉：~导｜~信。
2. 给予好的或坏的回应：~国｜~仇。
3. 报纸或刊物：晚~｜学~。
4. 以文字、图片等方式呈现的信息：黑板~｜海~。

報 日
hou、mukuiru

1. 报答，报应。
2. 报知，通知。

報 韩
gap eul bo

1. 报答。
2. 报时。
3. 对答。

場

字形演变

璗 > 場 > 場 > 场

解字 本义为开阔的平地。形声字，从"土"，"昜"（yáng）声。战国时楚简作璗，小篆作場。古人筑"场"用以曝晒粮食或开展祭祀活动。《诗经·豳风》："九月筑场圃。"

場 中
cháng、chǎng

cháng
1. 平坦宽敞的空地：打~｜~屋。
chǎng
1. 用于某种活动的空地：操~｜剧~。
2. 事情发生的地域，有时也指某一特定范围：现~｜在~｜官~｜名利~。
3. 量词：跳一~舞｜三~球赛。
4. 物质相互作用的范围：磁~｜电~。

場 日
jou、ba

1. 场，场所。
2. 场合。

場 韩
ma dang jang

1. 场所。
2. 区划。
3. 时机。

增

字形演变

增 ˘ 增 ˘ 增 ˘ 增

解字 战国时期楚简作增，本义为添加。形声字，从"土"，"曾"声。"积土成山"，从"土"有增多的意思。《孟子》："曾益其所不能。"在西周的时候，还没有"增"字，表示"增加"的意思时，就借用"曾"字来表示，到了战国时期，才出现了增加"土"旁的增，小篆作增，秦简增。

增 中	增 日	增 韩
zēng	zou、masu、fueru、fuyasu	deo hal jeung
1.变大，变多：～加｜～高。	1.增加。	1.增加。 2.增添。 3.重新。 4.更加。

士

字形演变

士 ˘ 士 ˘ 士

解字 本义是士兵。孔子曾解释"士"的意思说："推十合一为士。"意思是大道至简，一个人如果能将复杂的问题、现象归纳为简单的规律和原则，由博返约，一以贯之，就可以称为"士"。但从古文字字形看，孔子的这种解释是不符合造字本义的。西周早期金文作士，象斧钺形，用以指代拿小钺的士兵。西周晚期金文线条化为士，小篆作士。

士 中	士 日	士 韩
shì	shi	sen bi sa
1.未婚男子：～女。 2.古指卿大夫之下的阶层：～族｜～大夫。 3.古也指读书人：～人｜学～。 4.军人；军衔等级的一种，在尉之下：上～｜～兵｜～气。 5.从事某一工作的专业人员：护～｜医～。 6.对人的美称：烈～｜男～。	1.人士，男士。 2.军人。 3.具有特别资格、从事特别工作的人，学士。	1.士大夫。 2.官吏。 3.男子。 4.军士。

土部　士部

三国字——中日韩常用汉字详解

士部

三国字——中日韩常用汉字详解

壮

字形演变

壮 ＞ 壯 ＞ 壯 ＞ 壮

解字 战国时期中山国金文作 ，形声字，从"士"，"爿"（pán）声。"壮"形容男子身形高大魁梧，肌肉壮实。扬雄《方言》："秦晋之间凡人之大谓之奘，或谓之壮。"战国时楚简作 ，小篆字形作壯。

壮 中	壮 日	壮 韩
zhuàng	sou	jang hal jang
1. 有力，宏大，盛大：～士｜～志｜～美。	1. 壮年。	1. 雄壮。
2. 增强力量或胆识：～大｜～胆。	2. 雄壮，壮观。	2. 强壮。
3. 中国少数民族之一：～族。		3. 气象。
		4. 气势。

壽

字形演变

壽 ＞ 壽 ＞ 壽 ＞ 寿

解字 "寿"字较早的字形如西周金文 ，形声字，"耂"（老字的省略写法）表形， （畴字的古代写法）表声。本义为生命长久。战国楚简作 ，小篆 。《老子》："死而不亡者寿。"

壽 中	寿 日	壽 韩
shòu	ju、kotobuki	mok sum su
1. 生命，岁数：～命｜长～。	1. 寿命，长寿。	1. 生命。
2. 生日，诞辰：祝～｜～诞｜～星。	2. 祝寿。	2. 寿命。
3. 婉指死人用的东西：～衣｜～材。		3. 长寿。

字形演变

鼻 〉 夒 〉 曑 〉 夏

解字 西周金文写作鼻，是由"日"和复杂的人形组成的，这个复杂的人形据说是中国古代华夏族的首领的象形，而"日"似乎是表示夏季日光强烈的意思。所以"夏"的本义是华夏族的意思，但这个华夏族的起名，又与夏季有关。春秋时期秦公簋写成夒，则省略了"日"字，战国早期金文曑，依然有"日"，到了小篆的曑，就是和秦公簋一脉相承的了。秦简作夒，与楷书更接近了。《尚书·舜典》："蛮夷华夏。"

夏 **中**
xià

1.中国古朝代名：～朝｜～历。
2.年分四季，第二季称为"夏"：炎～｜～季。
3.指中国：华～。

夏 **日**
ka、ge、natsu

1.夏天，夏季。
2.华夏，中国。

夏 **韩**
yeo reum ha

1.夏天。
2.夏代。
3.安居。
4.彩色。

被认为是夏朝的二里头遗址的刻画符号

夕部（月部） 三国字——中日韩常用汉字详解

夕 月

字形演变

解字 "夕"在甲骨文中有 〲、〖、〗等多种写法。本义为"傍晚"。月亮出来了，是夜晚的开始。用新月如钩的意象来表示"夜晚开始"的意思，与"朝"相对。《周易·坤》："非一朝一夕之故。"成语有"朝夕相处"。西周金文〲、小篆〇，秦简作夕，就越来越不像了。

在甲骨文中，"夕"和"月"是两个很难分别的字。"月"的甲骨文写作〗、〲、〱等等，也是根据月亮的形状造的字。商代金文写作〲。五代李煜《相见欢》："无言独上西楼，月如钩。"后来在演变中逐渐变得不像月亮形，如战国楚简〱，小篆〇、秦简月。

"月"字在甲骨文中有一个字形演变的过程，就是先简单后复杂的过程；而"夕"字字形的繁简程度与时间则没有关系。所以在甲骨文中，"月"字大概可以根据年代和字形来辨认，而"夕"字只能通过上下文的意思来辨认了。

夕 中	夕 日	夕 韩
xī	seki、yuu	jeo nyeok seok
1.日落，日落的时候：～阳｜朝～。	1.夕，晚上。	1.夕阳。
2.泛指晚上：除～｜旦～。		2.年末。
		3.月末。
		4.过期。

月 中	月 日	月 韩
xī	tsuki、getsu	dal wol
1.月亮：～光｜望～。	1.月亮，月球。	1.月亮。
2.计时单位：一～｜～份。	2.月，月份。	2.岁月。
3.每月的：～刊｜～薪。	3.星期一。	3.月光。
4.形状像月亮的，圆的：～饼｜～琴。		4.月经。
5.妇女产后一个月以内的时间：～子。		

字形演变

卜 ＞ 𬻋 ＞ 𬻋 ＞ 𪨛 ＞ 外

解字 甲骨文写作卜，与"卜"字一样。有人认为是省略了"夕（月）"字，但是"外"字很可能就是与占卜有关的，所以用"卜"来表示"外"的意思。比如唐代的孔颖达在解释《左传》时说："筮之画卦从下而始，故以下为内，上为外。"说明古代的八卦占卜中是有内外之分的，所以甲骨占卜很可能也是有内外之分的，而我们现在已经无法确知具体如何区别内外了。西周金文有字形作𬻋，小篆作外，秦简字形作𪨛，增加了"月"字（月和外在古代的发音还是挺像的）变成了形声字了。《列子·仲尼篇》："远在八荒之外。"

字形演变

𠬝𠬝 ＞ 𠬝𠬝 ＞ 𠬝𠬝 ＞ 多

解字 与少相对。商代甲骨文作𠬝𠬝，字形是两块肉的形象。"二肉为多"和"双木成林"一样，是用"二"的观念表示"多"的意思。在古文字中，"夕"、"月"、"肉"几个字很相似，经常混在一起了。西周金文作多，战国楚简𠬝𠬝、小篆多、秦简多 等字形中，"多"逐渐演变为两个"夕"。《老子》："甚爱必大费，多藏必厚亡。"

外 [中]

wài

1. 与"内"、"里"相对而言：～边｜海～｜里应～合。
2. 外国，外国的：～国｜～地。
3. 称母亲、女儿、姐妹方面的亲戚：～孙｜～婆。
4. 关系稍远的：～人｜～姓。
5. 非官方的，不正式的：～号｜～史。

外 [日]

gai、ge、soto、hoka、hazusu、hazureru

1. 外侧，外部。
2. 另外。
3. 取下，掉下。

外 [韩]

ba kkat oe

1. 外面。
2. 表面。
3. 他人。
4. 外国。
5. 外家。

多 [中]

duō

1. 数目大于二的，与"少"、"寡"相对而言：～年｜～种。
2. 有余，大于所说的事物：～余｜一个～月。
3. 表程度或程度上的差别：有～少就给～少｜好～了。
4. 表感叹、诧异等：～开心｜～恐怖。
5. 表疑问：有～少？｜雨下～大？

多 [日]

ta、ooi

1. 多，繁多。

多 [韩]

man eul da

1. 丰富。
2. 良好。
3. 深厚。

字形演变

字形演变

解字 西周金文作，本义为"晚上"，与"昼"相对。"昼"字中有"日"，相应地，"夜"字中则有表示月亮的"夕"。形声字，"夕"为意符，"亦"为声符，但"亦"字右边一点在书写中逐渐被"夕"字挤占了。战国时期包山楚简有字形作参，"亦"在上，"夕"在下，"亦"字就是完整的。战国时期金文有写作的，则是会意字，用月亮、篝火这两个带来光明的事物来表示夜晚。小篆字形作，秦简字形。《诗经·氓》："夙兴夜寐，靡有朝矣。"

解字 与"小"相对。甲骨文、西周金文等字形，都是用一个高大、顶天立地的人，来表示"大"的概念。也有人认为"大"字是描绘人尽力伸展双手，用手势来描摹某事物之大。《老子》："域中有四大：道大，天大，地大，人亦大。"

夜 [中]
yè

1.天黑的时间，与"昼"相对而言：昼~｜~晚。

夜 [日]
ya、yo、yoru

1.夜，深夜，昨夜。

夜 [韩]
bam ya

1.晚上。
2.傍晚。
3.深夜。
4.凌晨。
5.休息。

大 [中]
dà

1.与"小"相对而言，位列第一的：偌~｜壮~｜老~。
2.整体的，重要的：~局｜~众。
3.强调两者在体积、数量上的对比：他~我几岁。
4.不确定：~约｜~概。
5.敬辞：~作｜久仰~名。

大 [日]
dai、tai、oo、
ookii、ooini

1.大，与"小"相对。
2.大笑，大雨。
3.大约，大概。

大 [韩]
keun dae

1.重大。
2.尊贵。
3.出色。
4.大概。

天

字形演变

天 〉天 〉頁 〉天 〉天

(解字) 商代晚期金文字形作，突出头部的位置，本义就是头顶、头颅的意思。人的头顶。《山海经·海外西经》："刑天与帝至此争神，帝断其首。""刑天"就是砍头的意思。

　　甲骨文就在"大"字头顶简略刻画一横，指示头顶部位，写作。西周时期的金文也是如此，如史颂簋作天。秦小篆字形为頁，秦代竹简上的古隶字形有天。

天 中 tiān	天 日 ten、ame、ama	天 韩 ha neul cheon
1.高空，与"地"相对：～空｜～地｜昊～。 2.上面：～头｜～庭饱满。 3.一日：一～｜今～。 4.气候，天气；时节：～冷｜春～。 5.自然的，与生俱来的：～籁｜～险｜～然。	1.天，天空。 2.天然。 3.天生。 4.天气。	1.天空。 2.帝王。 3.自然。 4.天体。 5.天性。

太

字形演变

处 〉宇 〉太 〉太

(解字) "太"和"大"在古代其实是同一个字。"太"字较晚出现，较早的古籍用"大"来表示，今天我们熟知的词比如"太极"，最早就写作"大极"，《老子》一书中"太上"写作"大上"。类似的还有"大初、大素、大室、大庙、大学"及官名"大师、大宰"等等。战国时期"太"字出现，如楚简作处，汉代《说文解字》中字形作宇。汉代《郭泰碑》演变为太。加上一点，就把"大"字分化成两个字了，这样就能做更细致的表达。《礼记·曲礼》："太上贵德。"

太 中 tài	太 日 tai、ta、futoi、futoru	太 韩 keul tae
1.过于：～大｜～多。 2.非常，很；趋于：不～冷｜～平。 3.高，大，远：～空｜～学。 4.辈分更高或更尊贵的：～爷爷｜～上皇。	1.大，极大。 2.极度。 3.最高，至尊。 4.肥，胖，粗。	1.重大。 2.严重。 3.首次。 4.第一。

夫

字形演变

耒 〉 夫 〉 市 〉 夫

解字 商代甲骨文耒，字形上面一横表示头上的发簪，本义为成年男子。古代男子20岁要举行冠礼，表示进入成年。所谓的冠礼就是戴上帽子，而戴帽之前要先束发，然后用发簪固定。杜甫《春望》中有"白头搔更短，浑欲不胜簪"的句子。"夫"字春秋时期金文作**夫**，秦小篆市，秦代竹简上的古隶字形夫，都是发簪的形状。

夫 中
fū

1. 旧指成年男子：征～｜万～不当之勇。
2. 服劳役的人：～役｜拉～。
3. 妻子的配偶：丈～｜～妇。
4. ～子：古时对老师或学者的称呼。

夫 日
fu、fuu、otto

1. 夫，丈夫。
2. 男子。

夫 韩
ji a bi bu

1. 丈夫。
2. 男子。
3. 军人。
4. 夫子。

央

字形演变

黑 〉 夫 〉 米 〉 𡗗 〉 央

解字 较早的字形如商代甲骨文黑，字形描绘的是枷锁铐在一个人颈脖中间，所以本义是一种器具，这个字后来写作"鞅"，主要指套在马脖子上的器具。"革"旁说明这种套子经常是用皮革制成的；人的脖子上套上了"央"，也说明这个人有麻烦了，所以"央"也是"灾殃"的意思，这个字后来写作"殃"。"正中"、"中央"之义大概是引申出来的。《诗经·蒹葭》："宛在水中央。"

西周青铜器虢季子白盘作夫，小篆米，秦简字形作𡗗。

央 中
yāng

1. 中心，中间部分：中～｜～视。
2. 恳求：～恳｜～告。
3. 尽，结束：夜未～。

央 日
ou

1. 中央，中心。

央 韩
ga un dae ang

1. 中央。
2. 灾殃。
3. 温和。
4. 要求。

字形演变

㫼 〉 失 〉 失

解字 小篆作㫼，《说文解字》认为是形声字，从"手"，"乙"声。字形左边是"手"字，手一松开，手中的东西就失去了。《史记·淮阴侯列传》："智者千虑，必有一失。"

秦简字形作㫼，手的形状已不明显，汉代衡方碑演变为**失**。

字形演变

㚿 〉 㴀 〉 奉

解字 西周青铜器散氏盘作㚿，字形描绘的是双手恭恭敬敬地捧上一串玉料，进贡给神或地位尊贵的人。《史记·蔺相如传》："奉璧西入秦。"战国时期楚简㚿，字形结构类似。小篆作㴀，在上述两字形的基础上，下部又加上意符"手"。"奉"字后来又加注意符"扌"分化出"捧"字。

失 ^中
shī

1.丢掉：～势｜～而复得｜迷～。
2.违背：～约｜～信。
3.没有控制好：～言｜～态｜惊慌～措。
4.没有实现：～算｜～望。
5.过错：过～｜～误。

失 ^日
sitsu、ushinau

1.失去，丢失。
2.失策，过失。

失 ^韩
il eul sil

1.丢失。
2.逃亡。
3.误认。

奉 ^中
fèng

1.用双手捧着：～上｜～献。
2.遵循，遵守：～旨｜～行。
3.敬辞，用于自己的行为涉及对方时：～陪｜～劝。
4.相信，信仰：信～。
5.供养，伺候：供～｜侍～。

奉 ^日
hou、bu、tatematsuru

1.奉，奉献。
2.侍奉。
3.奉行。

奉 ^韩
bat eul bong

1.供奉。
2.祭祀。
3.养育。

女

字形演变

解字 古代待字闺中的女子称为"女"，嫁人后就叫做"妇"。"女"字商代甲骨文作 ，象形字，一个女子双手交叉送于身前，身体微屈，较为简洁生动地刻画出了上古时期女子温柔恭顺的形象。商代著名的后母戊鼎上的"女"字" "以前释读为"母"。秦小篆字形为 ，秦代竹简上的古隶字形 将这个字婉曲的笔画平直化、方折化，并进一步演变为"女"。《诗经·周南》："窈窕淑女，君子好逑。"

女 中	女 日	女 韩
nǚ	jo、nyo、nyou、onna、me	yeo ja nyeo (yeo)
1.女性，女子；旧时未婚称"女"：~士丨~流。 2.星名，二十八宿之一，又称"婺女"、"须女"。	1.女，女性。 2.女儿。	1.女子。 2.女儿。 3.处女。 4.嫁女。

好

字形演变

解字 "好"字较早的字形如商代甲骨文 ，字形左边是"子"，右边是"女"，"女"字在甲骨文中也用来记录当时语言中的"母"。这个字形反映了上古人观念中，女子生小孩做母亲了，家族壮大兴旺，就是"好"。又引申出"美好"的意思。西周金文作 ，"女"在左，"子"字在右，结构和甲骨文不同。小篆字形作 ，秦简字形作 。《诗经·郑风》："琴瑟在御，莫不静好。"

好 中	好 日	好 韩
hǎo、hào	kou、konomu、suku	joh eul ho
hǎo 1.指女子貌美：姣~。 2.性质优异，令人满意：~人丨~事丨完~丨美~。 3.容易：~懂丨~办。 4.表示应允：~，我答应你。 5.程度副词：~饿丨~漂亮。 hào 1.喜爱，爱好：喜~丨~色。	1.良好，友好。 2.爱好，喜欢。	1.真好。 2.喜爱。 3.美好。

如

字形演变

〔解字〕较早的字形如商代甲骨文 𤔔，字形左边为"女"，右上为"口"。口指代发号施令，女子则听从、跟随。本义为"顺从，依照"。《春秋公羊传·桓公元年》："继弑君不言即位，此其言即位何，如其意也。"

如 中
rú

1. 去，往：～厕。
2. 按照，顺从：～愿｜～意。
3. 逮，及，比得上：自叹不～｜生不～死。
4. 像，似：～故｜～鱼得水。
5. 假若，假设：～果｜假～。

如 日
jo、nyo

1. 如同。
2. 如果。
3. 用来表示状态，突如。

如 韩
hat eul yeo

1. 相同。
2. 如何。
3. 涉及。
4. 对抗。

妙

字形演变

妙 〉 妙 〉 妙

〔解字〕"妙"字目前看到的最早的字形是汉代的，比如《郭有道碑》写作 妙，唐代颜真卿楷书作 妙。"妙"的意思和意符"少"有关，"少"有"小"义（如"少年"即年纪小），引申出细微、微妙、不可捉摸的意思。《老子》："玄之又玄，众妙之门。"既然春秋时期的《老子》里都有"妙"字了，那不是说明"妙"字至少在春秋时就出现了吗？那倒不一定，《老子》里用的应该是"妙"的异体字"眇"字。比如北京大学藏西汉竹书《老子》，写作 眇，即为"眇"字。

妙 中
miào

1. 好，美：～境｜～言。
2. 神奇，精彩：～手回春｜～笔生花。
3. 青春年少：～龄。

妙 日
myou

1. 奇妙，美妙。
2. 年少。

妙 韩
myo hal myo

1. 奇妙。
2. 奥妙。
3. 微妙。

妹

字形演变

解字 "妹"字是个形声字，"女"表形，"未"表声。"妹"字较早的字形如商代甲骨文"𡢏"，春秋时期的金文作"𡛷"，秦代小篆作"𡡞"。本义和现在的意思一样，是同父母中年龄小的女子。《诗经》："东宫之妹。"

妹 中	妹 日	妹 韩
mèi	mai、imouto	nu i mae
1.指同父母而比自己年龄小的女性：胞~丨兄~。 2.对比自己小的同辈女性的称呼：师~丨表~。	1.妹妹。	1.妹妹。 2.女子。 3.愚昧。

妻

字形演变

解字 "妻"字较早的字形如商代甲骨文𡚽、西周早期的冉父丁罍作𡚿，字形描绘的是一个女子在给自己梳理头发，这选取了女子嫁为人妻后典型的一个生活场景。据《礼记·曲礼下》载："天子之妃曰后，诸侯曰夫人，大夫曰孺人，庶人曰妻。"可见，那时平民的配偶叫才做"妻"，后来"妻"逐渐成为男人配偶的通称。

妻 中	妻 日	妻 韩
qī	sai、tsuma	a nae cheo
1.男子的配偶：~子丨爱~。	1.妻，妻子。	1.妻子。 2.出嫁。 3.奸淫。

姉

字形演变

姉 > 姉 > 姉

解字 西周金文作姉，小篆作姉。形声字，"女"表形，"巿"表声。同胞子女中，先出生的为姉，后出生的为妹。《乐府诗集·木兰诗》："阿姉闻妹来。"

始

字形演变

帅 > 姤 > 姲 > 始

解字 本义是起初，开端。形声字，"女"表形。"开端"的意思和"女"有何联系呢？大概古人认为生育是女性的一大特征，而生育则是生命的开端吧。"始"在古文字中有的以"司"为声旁，如商代金文姲；有的以"㠯"（"以"的异体字）为声旁，如西周金文帅；秦以后则固定以"台"（yí）为声旁，如《说文》小篆姤。秦代竹简上的古隶字形有姲。《老子》："天下有始，以为天下母。"

姉 〔中〕
zǐ

1.姐姐：～妹
2.姐姐和妹妹。

姉 〔日〕
shi、ane

1.姐姐。
2.姐，对妇女的敬称。

姉 〔韩〕
wi nu i ja

1.大姐。
2.母亲。

始 〔中〕
shǐ

1.开头：起～｜～末。
2.才，刚才：～料未及。

始 〔日〕
shi、hajimeru、hajimaru

1.开始，起始。
2.开头。
3.初次，最初。

始 〔韩〕
bi ro so si

1.开始。
2.根本。
3.根源。

女部

三国字——中日韩常用汉字详解

姓

字形演变

墲 ＞ 𤯔 ＞ 姓 ＞ 姓

解字 商代甲骨文作墲，由"女"和"生"构成的形声字。"生"象一棵苗壮生长的树苗，既表示"生出，生长"的意思，又提示"姓"字的发音。"女"字表意，在古代母系氏族社会中，人只知其母，不知其父，姓氏依据母系确定。一些较早的姓氏多为"女"字旁。如黄帝的母亲姓姬，神农的母亲姓姜，舜的母亲姓姚。

"姓"字在西周青铜器兮甲盘省略作𤯔，秦小篆𤯔，秦代竹简上的古隶字形有姓。《史记·项羽本纪》："项氏世世为楚将，封于项，故姓项氏。"

姓 **中**	姓 **日**	姓 **韩**
xìng	sei、shou	seong ssi seong
1.表明家族的字：～氏。	1.姓，姓氏。	1.姓名。 2.姓氏。 3.百姓。 4.氏族。

威

字形演变

� ＞ 威 ＞ 威 ＞ 威

解字 西周金文作𢴃，字形右边为一个巨大的戈，左下"女"字字形相对偏小，意思是军士用戈行杀伐，威风凛凛，女子见而害怕畏缩。因此古汉语中"威"和"畏"也常常通用。战国时期楚简作威，小篆作威，秦简作威，"女"字在整个字形中都比例较小。《周礼·天官》："刑赏以驭其威。"

威 **中**	威 **日**	威 **韩**
wēi	i	wi eom wi
1.能使人义从和归顺的力量或气势：～严｜～风凛凛｜权～。 2.借助于气势：～胁｜～慑。	1.威严，威势。 2.威胁。 3.权威。	1.威严。 2.权威。 3.举动。 4.刑法。

婚

字形演变

昏 ＞ 婚 ＞ 婚

解字 在西周时期的金文中，"婚"字都是借用"闻"字来表示的，因为古代这两个字是同音的；在古代典籍中，"婚"则写作"昏"。比如《诗经·邶风·谷风》："宴尔新昏，不我屑以。"古人结婚的时辰在黄昏，甚至有人认为古代的抢婚是发生在黄昏的。直到战国后期，著名的秦国刻石《诅楚文》中才写作婚，小篆写作婚，由"昏"和"女"组成，明确了婚嫁的意思。"女"表义，"昏"表声。"昏"也是"婚"最初的写法。《汉书·晁错传》："男女有婚，生死相恤。"

婚 中	婚 日	婚 韩
hūn	kon	hon il hal hon
1.结婚：～礼｜～期。 2.婚姻关系：～约｜～书。	1.婚姻，结婚。	1.结婚。 2.岳家。 3.亲家。

婦

字形演变

帚 ＞ 婦 ＞ 婦 ＞ 妇

解字 商代晚期金文字形有婦，象一女子拿着扫帚之形。女子出嫁后洒扫庭除，将家里收拾得干净整齐、一尘不染。古代有一些雅士谦虚地称自己的妻子为"执帚"。《礼记·昏义》："妇人先嫁，三月教以妇德、妇言、妇容、妇功。"小篆写作婦。

婦 中	婦 日	婦 韩
fù	fu	myeo neu ri bu
1.已婚的女子：少（shào）～｜弃～。 2.成年女性：农～｜～幼。	1.女性，妇女。 2.男子的配偶。	1.儿媳妇。 2.妇女。 3.美丽。 4.贤淑。

女部

三国字——中日韩常用汉字详解

子

字形演变

字

字形演变

解字 "子"字一向有两个意思，一个是天干地支里地支的第一位，另一个是"子孙"的"子"。这两个意思在古代写法是不同的。比如地支的"子"在甲骨文中有等写法，至于字形的意思，目前还没有定论。《仪礼·士丧礼》："朝夕哭，不辟子卯。"意思是先人过世，家里的亲人早和晚都要哭丧一次，就算碰到子日、卯日这两个不好的日子也不忌讳。

子孙的"子"，甲骨文写作等，象一个小儿的形状。《老子》："含德之厚，比于赤子。"在甲骨文中，又同时借用来表示地支"巳"。

解字 商代金文字形有，西周晚期的金文字形，上部为"宀"（miǎn），象房屋形状，房子里面的"子"是一个新生儿的形象，表示家里有婴儿出生了。"字"的本义也即"生小孩"。如《周易·屯卦》："女子贞不字，十年乃字。"

那么"字"又如何与现在最常见的"文字"这个意思联系在一起呢？原来，"文"和"字"的意思是不同的。"文"指的是独体的象形字，"字"则是由两个以上的"文"或者"文"加上一些符号组合而生成的新"文字"，所以，"文"是母，"字"是由"文"所生的。以人的繁衍来和文字的繁衍做类比，也是很有意思是想法。

小篆写作，秦代竹简上有，进一步演变接近现在的"字"了。

子	中 zǐ	子	日 shi、su、ko	子	韩 a deul ja

1.古指儿女，现专指儿子：母~｜妻离~散｜~嗣。
2.卵：鸡~｜蚕~。
3.植物的果实：树~｜去~儿。
4.对人的称呼：女~｜学~｜才~。
5.用于计时：~时（夜十一点至一点）｜~夜（深夜）。
6.名词、动词、形容词后缀，读作轻声：盖~｜嚼~｜瘦~。

1.儿女，孩子。
2.男子的敬称，孔子。
3.种子。

1.儿子。
2.子女。
3.男子。

字	中 zì	字	日 ji、aza	字	韩 geul ja ja

1.记录语言的符号：~形｜~迹｜~义。
2.字体：草~｜颜~。
3.书法作品：~画。
4.语词：脏~｜吐~清晰。
5.字的读音：念~。

1.文字，汉字。
2.字（日本町、村内的区域名）。
3.别名，别号。

1.文字。
2.雌的。
3.养育。
4.爱情。

字形演变

扗 > 存 > 存

解字 小篆作扗，形声字，"子"为形，"才"为声，本义为"恤问（孤儿），使生存下去"。如《礼记·月令》："养幼少，存诸孤。"引申为"问候"，如曹操《短歌行》："越陌度阡，枉用相存。"

存 中
cún

1.在，未消失：～在｜幸～。
2.收下，怀有：惠～｜～疑；～心。
3.储放：寄～｜～钱。
4.盛：～水。

存 日
son、zon

1.存在，生存。
2.想，考虑。

存 韩
i eul jon

1.存在。
2.活着。
3.安慰。
4.存问。

字形演变

孝 > 孝 > 孝

解字 西周金文作孝，字形上部是"老"字的省写，象伛偻拄着拐杖的老人，字形下部为"子"，孝描绘的是"孩子搀扶老人"这一意象，表达"孝顺"的概念。《论语·学而》："其为人也孝弟，而好犯上者鲜矣。"

孝 中
xiào

1.尊敬父母、祖父母等长辈的：～心｜～顺｜～子。
2.守丧穿的衣服：披麻戴～｜～服。

孝 日
kou

1.孝，孝行，孝顺。

孝 韩
hyo do hyo

1.孝道。
2.丧服。
3.祭祀。

子部

三国字——中日韩常用汉字详解

字形演变

牽 > 牽 > 季 > 季

解字 甲骨文写作 牽，会意字，上为禾苗，下为子，本义是幼小的。又引申为最晚出生、排行最小的意思。《明史·太祖本纪》："生四子，太祖其季也。"西周金文作 牽，战国楚简作 牽，小篆作 季。

字形演变

孫 > 孫 > 孫 > 孙

解字 甲骨文作 孫，西周金文作 孫，会意，字形从子从"幺"或"纟"，"幺、纟"象蚕丝形，有子子孙孙如蚕丝一般连绵不绝的意思。"孙"字的本义为儿子的儿子，又泛指子孙后代。《列子·汤问》："子子孙孙无穷匮（kuì）也，而山不加增，何苦而不平？"

战国楚简作 孫，后来意符"纟"演变为"系"，如小篆作 孫，秦简 孫。

季 **中** jì	季 **日** ki	季 **韩** gye jeol gye
1.在排行或月份等顺序中处于末位的：伯仲叔~｜~春｜~冬。 2.幼稚未成熟的：~女。 3.一个固定的时期：花~｜雨~。	1.季节。	1.季节。 2.末尾。 3.老小。 4.末年。

孫 **中** sūn	孫 **日** son、mago	孫 **韩** son ja son
1.下一代人的儿女：~媳妇｜~女。 2.孙子以后的各代，或泛指后代：曾（zēng）~（孙子的子女）｜子~。	1.孙，孙子。 2.隔一代，徒孙。	1.孙子。 2.子孙。 3.脉络。 4.谦虚。

學

字形演变

艸ﾁ〉閔〉闠〉學〉學〉学

解字 甲骨文作闠，字形上部是两手摆弄算筹，字形下部为"宀"，表示房子，"学"的本义是给孩子传授算数。又泛指各种知识技能的学习。《礼记·王制》："小学在公宫南之左，大学在郊。"

到了西周的时候，艸ﾁ的下面就多了一个"子"字写作闠，表意就更明确了，表示是小孩子在学习算数。小篆写作學，秦简写作學。

宅

字形演变

乇〉乇〉宅〉宅

解字 甲骨文写作乇，西周金文作乇，形声字，"宀"为形，"乇"（zhé）为声。本义是居住。西周何尊铭文："唯武王既克大邑商，则廷告于天曰：'余其宅兹中国，自兹乂民。'"意思是：周武王打败了商朝，向上天报告：我就在这中央之国定居下来，从此让百姓安定下来。

.111.

子部 宀部

三国字——中日韩常用汉字详解

學 **中**
xué

1.探究知识，获得新知：～生｜～游泳｜～习。
2.传播知识的地方：～校｜大～。
3.知识，知识体系：～问｜～术｜哲～｜数～｜化～。

学 **日**
gaku、manabu

1.学习。
2.学问。
3.学校。

學 **韩**
bae ul hak

1.学习。
2.学校。
3.学问。
4.学者。
5.学派。

宅 **中**
zhái

1.住的居所：住～｜～第。
2.墓地：～兆（坟墓的四界）。
3.怀着：～心仁厚。

宅 **日**
taku

1.家，住宅。

宅 **韩**
daek daek

1.住宅。
2.墓地。
3.任用。

宇

字形演变

解字 西周金文作 𤇾，形声字，"宀"为形，"于"为声，本义是房屋。王充《论衡》："知屋漏者在宇下，知政失者在草野。"小篆写作 𪨊，秦简作 𡧍。

宇 中
yǔ

1. 房檐，泛指房子：屋～｜庙～。
2. 外在空间的总称：～宙｜～航。
3. 表情，神态：眉～｜器～不凡。

宇 日
u

1. 宇宙，世界。
2. 房屋，屋檐。
3. 人品，气度。

宇 韩
jip u

1. 房屋。
2. 天空。
3. 国土。
4. 天下。

守

字形演变

解字 商代金文作 𡨄，会意字，洞穴中有一手形，表示防御、守望。西周金文作 𡨄，手形变换为寸。小篆作 𡨄。《老子》："多言数穷，不如守中。"

守 中
shǒu

1. 保卫，照看，保持某种状态：～御｜～护｜～节｜～恒。
2. 顺从：遵～｜～法｜～时。

守 日
shu、su、mamoru、mori

1. 守护，保卫。
2. 看守，太守。
3. 守卫，值班人。

守 韩
ji kil su

1. 守护。
2. 停留。
3. 要求。
4. 任务。

安

字形演变

完

字形演变

解字 甲骨文作 ，会意，"女"在"宀（房屋）"中，表示没有危险。在蛮荒时代，女子是弱者，在野外容易受到野兽袭击，在室内则相对安全。《左传·襄公十一年》："居安思危，思则有备，有备无患。"

西周金文作 ，小篆作 。

解字 小篆作 ，形声字，"宀"为形，"元"为声。本义指完好无损。《史记·廉颇蔺相如列传》："城入赵而璧留秦；城不入，臣请完璧归赵。"秦简作 。

安

安 中
ān

1.平定，安静：～定｜～逸｜心～。
2.使镇定，使平定：～民｜～慰｜～抚。
3.置办：～置｜～家立业。
4.怀有（多指不好的）：你～的什么心?

安 日
an、yasui

1.安宁，平安。
2.便宜，低廉。
3.容易。

安 韩
pyeon an hal an

1.平安。
2.舒服。
3.享受。
4.如何。

完

完 中
wán

1.无缺的，完全的：～备｜～好。
2.没有了：干～｜吃～。
3.使结束：～成｜～结｜写～。
4.交纳：～粮｜～税。

完 日
kan

1.完全。
2.终了，完结。

完 韩
wan jeon hal wan

1.完整。
2.完全。
3.修缮。

宗

字形演变

解字 甲骨文作𩫖，西周金文作𩫖，会意字，"宀"表示房屋，"示"代表祭台。"宗"的本义为祭祀祖先的祖庙，由祖庙又引申出源头、祖先的意思。《老子》："渊兮似万物之宗。"

宗 **中**	宗 **日**	宗 **韩**
zōng	shuu、sou	ma ru jong
1.家族，祖先：～祠｜～族｜祖～。	1.宗派。	1.第一。
2.门派，派系：～派｜正～｜～师。	2.宗族。	2.根源。
3.最主要意思：～旨。	3.宗旨。	3.祭祀。
4.量词，指件或批：大～货物。		4.尊崇。

官

字形演变

解字 甲骨文作𥤑，会意字，"宀"表示房屋，房屋下是𠂤，𠂤本义现在依然不清楚，但是在甲骨文是作"师"理解，"师"也是众人的意思，所以"官"字表示臣吏治事的场所，是"馆"的本字，本义即官府。《礼记·王藻》注："官，谓朝廷治事之处也。"《论语》："夫子之墙数仞，不得其门而入，不见宗庙之美，百官之富。"用的就是"官"的造字本义。后来引申出官职、官员等义。西周金文作𥤑，小篆写作𥤑，秦简演变为𥤑。

官 **中**	官 **日**	官 **韩**
guān	kan	byeo seul gwan
1.在政府任职的人：清～｜当～。	1.官员，官职。	1.官职。
2.国家的或公家的：～家｜～方。	2.政府机关，政府。	2.官厅。
3.机体上有特定机能的部分：～能｜器～。	3.器官。	3.职务。

宙

字形演变

⌂ > 宙 > 宙

解字 甲骨文作⌂，形声字，"宀"为形，"由"为声，本义为从古到今的所有时光。《淮南子·齐俗》："往古来今谓之宙，四方上下谓之宇。"

宙 **中**	宙 **日**	宙 **韩**
zhòu	chuu	jip ju
1.从古至今的整段时间：宇~。	1.空中。 2.背诵。	1.房屋。 2.天空 3.无限。 4.支柱。

定

字形演变

⌂ > 定 > 定 > 定

解字 甲骨文作⌂，西周金文作⌂，形声字，"宀"为形，"正"为声，本义是停止、安定。小篆作⌂，秦简作⌂。比较特别的是，这里的"正"字在演变过程中，标新立异地写成了"疋"。《吕氏春秋·仲冬纪》："事欲静，以待阴阳之所定。"

定 **中**	定 **日**	定 **韩**
dìng	tei、jou、sadameru、sadamaru、sadaka	jeong hal jeong
1.专一，安稳：心神不~｜稳~｜镇~。 2.不变的：~论｜~型｜~稿。 3.确立：~罪｜~夺｜平~。 4.必然：~会｜一~。	1.决定，规定。 2.安定，稳定。 3.一定。	1.决定。 2.平定。 3.平安。 4.治理。

客

字形演变

客 > 客 > 窩 > 客

（解字）西周金文作客，"宀"为形，"各"为声，"各"的本义是来（参看"各"字条），所以"各"又有表义的功能。"客"的本义是到家里来的人。《老子》："用兵有言，吾不敢为主而为客，不敢进寸而退尺。"

客 [中] kè

1.外来的（人）：远~｜稀~｜来~。
2.寄居在外的（人）：游~｜~车。
3.生意的对象：~商｜~户。
4.从事某些特殊活动的人：说~｜侠~。
5.独立于个体主观之外的：~观｜~体。

客 [日] kyaku、kaku

1.客人。
2.顾客。
3.旅客。
4.上一个，过去的。

客 [韩] son gaek

1.客人。
2.过去。
3.外界。
4.客地。

室

字形演变

室 > 室 > 室 > 室

（解字）甲骨文作室，形声字，"宀"为形，"至"为声，本义是房间。《老子》："凿户牖以为室，当其无，有室之用。"意思是：凿了门窗建成居室，正因它是空的，才有了居住的功能。

室 [中] shì

1.房子，家：~外｜暗~。
2.家庭，家族：宜其~家｜皇~。
3.古指妻子：妻~｜家~。
4.工作地点：工作~｜办公~。

室 [日] shitsu、muro

1.房屋，房间。
2.家族。
3.妻，夫人。
4.温室。

室 [韩] jip sil

1.房屋。
2.房间。
3.家族。
4.身体。
5.家财。

害

字形演变

書 ＞ 害 ＞ 害 ＞ 害

解字 西周金文作書，字形象被刀割开的型范，用以取出中间的铸件。后由割开引申出"破坏"、"伤害"义。《论语·卫灵公》："志士仁人，无求生以害仁，有杀身以成仁。"秦简作害。

害 中 hài	害 日 gai	害 韩 hae hal hae
1.使受损，使受伤：侵~｜残~｜暗~。	1.害，损害。	1.伤害。
2.破坏人类利益的：~虫｜~鸟。	2.灾害，灾难。	2.损害。
3.祸患：风~｜冻~｜洪~。	3.妨害，要害。	3.灾殃。
4.指身体或心理上的不安：~羞｜~怕。		4.妨害。
5.杀死：被~｜戕~。		

家

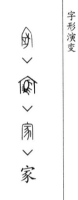

字形演变

㝱 ＞ 㝲 ＞ 家 ＞ 家

解字 甲骨文中写作㝱，又有写作㝲的，不同之处就在于下面是豕和豭，豭现在写作"豭"（jiā），是公猪的意思，从字形中拖着的生殖器就能看出；豕现在写作"豕"，只是猪的意思，而不强调性别。因为"家"和"豭"的读音相同，所以我们相信，"家"最先是由"宀"和"豭"两部分组成的，由"豭"到"豕"是后来的省略写法。至于"家"为什么要强调公猪，这是一个现在还讲不清楚的问题；而为什么有房有猪就是家，而不是有房有牛、有房有羊呢？同样也不好说清楚。但不妨猜测：牛和羊经常作为贵族的祭品，不是一般人家所能拥有的。

商代金文作㝱，小篆作家。《墨子·尚同下》："治天下之国若治一家。"

家 中 jiā	家 日 ka、ke、ie、ya	家 韩 jip ga
1.家庭，家庭住所：四海为~｜老~。	1.家，家庭。	1.房屋。
2.对人称自己的亲人：~父｜~翁｜~母。	2.专家。	2.家族。
3.驯养的，非野生的：~畜｜~禽。		3.门阀。
4.具有某种技能或身份的人：专~｜作~｜艺术~。		4.都城。

容

字形演变

谷〉圙〉窗〉容〉容

解字 战国金文里写作 ，《说文解字》里的古文写作圙，都是由"宀"和"公"组成的形声字。因为"公"和"谷"的古文字字形很相似，所以到了小篆时，"公"演变成了"谷"写作窗了。"容"的本义是容纳的意思。《尚书·君陈》："必有忍，其乃有济；有容，德乃大。"

容 中
róng

1.装，包含，准许：库~｜~身｜~让。
2.景象，状态：笑~｜校~。
3.可能，也许：~或。

容 日
you

1.容纳，容量。
2.宽容，容许。
3.相貌，容貌。
4.从容。

容 韩
eol gul yong

1.面容，容貌。
2.容纳。
3.宽恕。

宿

字形演变

𠁥〉𪧀〉𪧀〉宿〉宿

解字 甲骨文字形作𠁥𠁥等，字形描绘的是房屋中有一个人、一张可用来睡觉的草席，本义指住宿。《论语·微子》："止子路宿，杀鸡为黍而食之。""宿"字下面的𠁥，楷书写作"𠁥"（tiàn），是席子的意思，到了西周的时候就演化成这样𠁥，到了小篆写成这样𠁥，演变到了汉代隶书，就变成了"百"字。汉字中所包含的意义就是在书写的历史中慢慢消失的。

宿 中
sù、xiǔ、xiù

sù
1.住，可供过夜的：归~｜借~。
2.以往的，固有的：~仇｜~嫌。
xiǔ
1.夜：两~。
xiù
1.星座：星~。

宿 日
shuku、yado、yadoru、
yadosu

1.住宿，宿舍。
2.宿驿，驿站。
3.寄生。
4.旧有的，以前的。

宿 韩
jar suk

1.睡觉。
2.住宿。
3.年长。

密

字形演变

宓 > 闇 > 密

解字 西周金文作宓，形声字，"山"为形，"宓"（mì）为声。本义是山林稠密。《易·小畜》："密云不雨。"意思是：满天乌云但还没下雨。比喻事物正在酝酿，一时还没有发作。

密 中
mì

1.隐蔽的，不公开的：私~｜机~。
2.多的，距离近的：繁~｜浓~。
3.感情深厚的：~友｜闺~。
4.精细，细致：致~｜~实（细密结实）。

密 日
mitsu

1.秘密，隐秘。
2.紧密，周密。
3.密切，亲密。

密 韩
ppaek ppaek hal mil

1.密密麻麻。
2.细密。
3.隐密。
4.秘密。

富

字形演变

畐 > 畗 > 富 > 富

解字 西周金文作畐，金文畐（bì）象器具形，"畐"在"宀"下，表示家中财物充裕。《论语·学而》："子贡曰：'贫而无谄，富而无骄，何如？'子曰：'可也，未若贫而乐，富而好礼者也。'"孔子的得意学生子贡问："穷但不巴结奉承人，富却不骄狂，这样的人怎么样？"孔子说："嗯，不错。不过还是比不上那种穷得快乐、富还识礼仪的。"

小篆作畐，秦简作富。

富 中
fù

1.财物多：~饶｜~人｜~商。
2.充足，饱满：~态｜~裕。

富 日
fu、fuu、tomu、tomi

1.富，财富，丰富。
2.富强，富豪。

富 韩
bu yu hal bu

1.富裕。
2.旺盛。
3.丰盛。
4.幸福。

宀部

三国字
——中日韩常用汉字详解

字形演变

宀 > 寒 > 寒 > 寒

解字 西周金文写作，字形中间为人形，上为"宀"，"宀"下为"茻"（mǎng，象草堆）。描绘一个人躺在屋里的干草上，以抵御寒冷的场景，表示天气寒冷。西周金文有另一字形作宀，"人"字下面增加了脚掌的形象，更加象形；最下方又增加两横，是表意符号"仌"（也即冰字），更强化了寒冷的程度。《易·系辞上》："日月之行，一寒一暑。"

小篆作寒，秦简作寒，进一步演变为"寒"。"

寒 中 hán

1.冷，与"暑"相对：～意｜～气｜饥～交迫。
2.恐惧：～心｜胆～。
3.贫苦，微贱：～舍｜～门。

寒 日 kan、samui

1.寒冷。
2.贫寒。
3.毛骨悚然，胆怯。

寒 韩 chal han

1.寒冷。
2.贫穷。
3.沉默。
4.中止。

察

字形演变

宀 > 察 > 察

解字 小篆作察，形声字，"宀"为形，"祭"为声。"祭"和"察"的读音现在虽然已经完全不同，但在战国时期还是相同的。"察"的本义是观察。《论语·卫灵公》："众好之，必察焉；众恶之，必察焉。"

察 中 chá

1.认真看，钻研：～访｜～验｜考～。

察 日 satsu

1.观察，察看。
2.推测，考察。
3.察明，追究。
4.明察，洞察。

察 韩 sar pil chal

1.监察。
2.详考。
3.仔细。
4.调察。

實

字形演变

〉實〉實〉實〉实

解字 西周金文作，会意字，字形由"宀""田""贝"组合而成，表示这个家庭拥有田产和财物，所以"实"的本义也即富有、家财殷实。《三国志·杜畿传》："百姓劝农，家家丰实。"汉代马王堆帛书作。

實 中
shí

1.填满：~心｜夯~｜扎~。
2.事实，客观：务~｜~情。
3.真，实在：~话｜~在。
4.植物结的果：籽~｜结~。
5.财富多：殷~。

実 日
jitsu、mi、minoru

1.真实，实际。
2.果实，籽粒。
3.结果，成熟。
4.真诚，诚实。

實 韩
yeol mae sil

1.果实，种子。
2.公物。
3.财物。
4.内容。
5.本质。

寫

字形演变

〉寫〉寫〉写

解字 小篆作，形声字，"宀"为形，"舄"（xì）为声，本义是将物品搬另一个房间。后来引申为传抄、抄写。如葛洪《抱朴子·遐览》："书三写，鱼成鲁，虚成虎。"
睡虎地秦简里写作。

寫 中
xiě

1.书写：书~｜抄~。
2.描绘：~生｜轻描淡~｜~真。
3.创作：~书｜~歌｜~文章。

写 日
sha、utsusu、utsuru

1.写，抄写。
2.照片，照相。

寫 韩
bae kkil sa

1.抄写。
2.模仿。
3.描写。
4.铸造。

三国字——中日韩常用汉字详解

寸部

三国字——中日韩常用汉字详解

字形演变

彐〉彐〉寸〉寸

解字 小篆作彐，指事字，字形中一横是指示符号，指出手腕上寸口（桡骨脉搏处）的位置。中医把脉时用三个手指，分别按着寸、关、尺三个位置。《淮南子·主术训》："圣人不贵尺之璧而重寸之阴，时难得而易失也。"

　　古代的许多长度单位都是以人体为参照的。比如古人用一指的宽度表示一寸，"尺"是手指张开后大拇指到中指指尖的距离，双臂张开臂展的长度叫"寻"。

寸 **中**	寸 **日**	寸 **韩**
cùn	sun	ma di chon
1.中国市制长度单位，一尺的十分之一：尺~。 2.形容小，短：~功丨~步不离。	1.（长度单位）寸。 2.尺寸。 3.少许，一点点。	1.尺寸。 2.辈分。 3.心思。 4.若干。

字形演变

屮〉屮〉屮〉寺

解字 西周金文作屮，字形下部为手的形状（又），"又"为形，"止"为声。本义是治理国事的官署。汉明帝时，摄摩腾自西域用白马驼佛经来长安，暂时安顿在鸿胪寺，后来为这批佛经建立专门庙宇，命名为白马寺。"寺"于是引申为佛教庙宇的名称。

　　春秋金文屮、战国楚简屮等字形下部仍然是"又"，小篆以后演变为"寸"，如屮、秦简屮。

寺 **中**	寺 **日**	寺 **韩**
sì	ji、tera	jeol sa
1.一些宗教场所的名称：~庙丨清真~。 2.古代官署名：大理~（古时掌管刑狱的官署）。	1.寺庙。	1.寺庙。 2.村庄。 3.官厅。 4.宦官。

射

字形演变

解字 甲骨文作 ⟨图⟩，像"箭在弦上、正要发射"的样子，本义即射箭。《礼记·射义》："古者，天子以射选诸侯卿大夫士。"西周金文在字形中添加了拉弓射箭的手形，如 ⟨图⟩，后来手的形状在演变中变为"寸"，字形左边弓箭部分也演变为"身"，如小篆 ⟨图⟩、秦简 ⟨图⟩。

射 中
shè、yì

shè
1. 借助外力发出：～手｜弹～｜连～。
2. 液体受压力而流出：喷～｜～水。
3. 放出（光、热、电波等）：折～｜～线。
4. 有所指：暗～｜隐～。
yì
无～，a. 中国古代音乐十二律之一；b. 中国春秋时景王所铸钟名。

射 日
sha、iru

1. 射击，射中。
2. 照射。

射 韩
ssol sa

1. 射击。
2. 射弓。
3. 射手。
4. 追求。

將

字形演变

解字 甲骨文作 ⟨图⟩、⟨图⟩，由双手和 ⟨图⟩（pán）组成，⟨图⟩ 是带脚的小桌，字形描绘的是两人抬祭祀时摆放祭品用的桌子。因此，将有"扶助、辅佐"的意思。如《诗经·樛木》："乐只君子，福履将之。"战国金文 ⟨图⟩、⟨图⟩ 祭桌上摆的是酒尊。小篆作 ⟨图⟩，由 ⟨图⟩、月（肉）、寸（手）会意。"将"即手持祭肉供奉在祭桌上。《诗·我将》："我将我享，维羊维牛。"军队出征，首先要祭祀祈祷，主持祭祀的人通常由军队指挥官担任。带领部队的人，因此称为"将军"。

将 中
jiāng、jiàng

jiāng
1. 带，领：～军。
2. 介词，把：～事做好。
3. 临近：～要｜～来｜即～。
4. 趁：～就（迁就，凑合）｜～错就错。
jiàng
1. 军衔的一级，在校以上，泛指高级军官：～领｜大～。
2. 率领，指挥：～百万之众。

将 日
shou

1. 将，将军。
2. 将要。

將 韩
jang su jang

1. 将帅。
2. 大抵。
3. 大部分。
4. 万一。

寸部

三国字 —— 中日韩常用汉字详解

尊

字形演变

亄 〉 酋 〉 酋 〉 酋 〉 尊

解字 甲骨文作亄，象双手捧着酒尊，进献给神或祖先。"尊"的本义为盛酒的礼器，"尊"后来又有一些异体字："樽、鐏、墫"等，反映了这个器物的多种材质。《周礼·小宗伯》："辨六尊之名物，以待祭祀宾客。"凡用"尊"给祭祀祖先、神灵、给宾客敬酒时，内心虔诚恭敬，因此"尊"又引申出"尊敬"的意思。西周金文亄、小篆酋的字形上部添加了两点饰笔。小篆另一字形作酋，字形中双手形替换为"寸"，也就是现在通用的字形了。

對

字形演变

對 〉 對 〉 對 〉 對 〉 对

解字 甲骨文對、西周金文對，象将帅手持特制的长柄武器，与敌首对峙。本义即敌对。《三国志·诸葛亮传》："据武功五丈原，与司马宣王对于渭南。"西周金文又有作對，单手亦为双手，这是古文字里常见的繁简变化，不影响字的意思。小篆作對，手形演变为"寸"。

尊 **中**	尊 **日**	尊 **韩**
zūn	son、tattoi、toutoi、tattobu、toutobu	nop eul jon
1.恭谨，敬重：～崇｜～师重道。		1.尊敬。
2.身份、地位高：～上｜唯我独～。	1.尊贵，珍贵。	2.恭敬。
3.敬辞，对与对方有关的人或事物的称呼：～容｜～亲。	2.尊敬，恭敬。	3.尊重。
4.量词：一～大炮。	3.骄傲，妄自尊大。	4.官吏。
	4.高贵的神佛或人。	

對 **中**	对 **日**	對 **韩**
duì	tai、tsui	dae hal dae
1.应答：～唱｜～白。	1.相对，对立。	1.对待。
2.二者相互：～抗｜～调。	2.对，双。	2.对答。
3.指向，对付：应～｜～策。	3.反面，对立面。	3.对照。
4.量词，双：一～花瓶。		4.对象。

小 少

字形演变

解字 "小"的甲骨文作 ''' ，用三个小点表示细微的意思。甲骨文中也有四个"小"点的小字，如 ''' 。《易·升》："君子以顺德，积小以高大。"西周金文作 '''、''' 等。中间小点变长。小篆作 '''，秦简作 **小**。

　　"小"和"少"在甲骨文时是由一个字来表示的，后来"少"字由四个小点的 ''' 演变，并且逐渐和"小"字区分开来。如春秋时期金文 '''、'''，战国金文 '''、战国楚简 **少** 等等。"少"的本义为数量小，引申为年纪小，如《孟子·万章上》："人少则慕父母，知好色则慕少艾。"小时候依赖崇拜父母，长大了就倾慕年轻美貌的女子。孟子说得太一针见血了。

三国字——中日韩常用汉字详解

小 〔中〕
xiǎo

1. 与"大"相对。面积、体积等方面不及：～树｜～事。
2. 暂时的：～坐｜～住。
3. 谦辞，指代自己或相关的事物：～店｜～生。
4. 年龄小或在末的：～妹｜～姨。

小 〔日〕
shou、chiisai、ko、o

1. 小、细。
2. 少许。
3. 接在其他词前面用来谦逊地表示自己一方。

小 〔韩〕
jak eul so

1. 微微。
2. 稀少。
3. 狭小。
4. 小人。

少 〔中〕
shǎo、shào

shǎo
1. 数目小：稀～｜僧多粥～。
2. 短缺：短～｜不～你的。
3. 次数不多或时间短暂：～陪｜～说多做｜～歇。
4. 失掉：柜子里～了东西。

shào
1. 岁数小：～不更事｜～妇。
2. 级别低的：～尉｜～将（jiàng）。

少 〔日〕
shou、sukunai、sukoshi

1. 少，一点。
2. 年少。
3. 片刻，不久。

少 〔韩〕
jeok eul so

1. 微微。
2. 稀少。
2. 年少。
3. 轻蔑。

九部 尸部

三国字 —— 中日韩常用汉字详解

就

字形演变

>
>
> 就

解字 甲骨文写作 ，西周金文写作 、 等，由"高"和"京"组成。"高"和"京"都是高大建筑物的意思。 表示两个高大建筑紧紧挨着，有集中、靠近的意思。孟浩然《过故人庄》："待到重阳日，还来就菊花。"到了战国时，也就是《说文解字》里的籀文，写作 ，在原字的基础上加"尤"字，标注读音，变成了一个形声字。小篆进一步省略，写作 ，秦简作 ，与现在的"就"字就长得差不多了。

就 〔中〕
jiù

1. 接近，趋近：避难～易｜～要。
2. 凭借：～近｜～地｜～势。
3. 开始进行：～诊｜～餐。
4. 被，遭受：～范｜～擒。
5. 成功，完成：功成名～。

就 〔日〕
shuu、ju、tsuku、tsukeru

1. 就，从。
2. 从事，就业。
3. 即是，就是。

就 〔韩〕
na a gal chi

1. 前进。
2. 成就。
3. 追求。
4. 美好。
5. 万一。

尺

字形演变

>
>
> 尺

解字 较早的"尺"字如战国金文作 ，象测量用的工具。小篆作 ，现在无法确切知道这个字的造字本义，马王堆帛书演变为 。"尺"的本义即长度单位。较早时测量长度常用自身身体为准，以大拇指和中指之间的最大距离为一尺，一尺为十寸。《诗经·闷宫》："是断是度，是寻是尺。"意思是砍伐木材，丈量尺寸。是在准备建房子呢。

尺 〔中〕
chǐ

1. 长度单位：～寸｜三～长。
2. 测量长短的工具：卷～｜米～。

尺 〔日〕
shaku

1. 长度单位。
2. 尺寸，长度。

尺 〔韩〕
cha chog

1. 尺子。
2. 尺寸。
3. 法律。
4. 证明书。

尾

字形演变

〉尾 〉尾

解字 甲骨文写作 ，看上去像一条尾巴长在人身后，字形是用容易书写的"人"字指代动物， 意指动物的尾巴。《易·履》："履虎尾，不咥（dié）人，亨。"意思是：踩老虎的尾巴，老虎都不来咬你，这肯定是吉兆啊。

　　小篆作 ，人形演变为"尸"，字形中的"尾巴"后来进一步演变为意符"毛"。

尾 **中**	尾 **日**	尾 **韩**
wěi	bi、o	kko li mi

wěi
1. 尾巴：鱼~｜莺~。
2. 最后的部分，最末的：车~｜~页｜收~。
3. 紧跟：~随｜~追。
4. 量词，指鱼：两~鱼。

1. 尾，尾巴。
2. 尾部，后面。

1. 尾巴。
2. 末尾。
3. 美丽。

局

字形演变

局 〉同 〉局 〉局

解字 秦简作 局，由"尸"和"句"组成。"尸"表示人体，"句"表示弯曲的意思（参"句"字条），人佝偻着身体，本义为局促。"句"同时还有表音的功能，所以这也是一个形声兼会意字。杜甫《梦李白》："告归常局促，苦道来不易。"小篆写作局，汉代马王堆帛书作局。

局 **中**	局 **日**	局 **韩**
jú	kyoku	pan guk

1. 部分：~部。
2. 场面，形势：全~｜布~。
3. 机关单位或店铺名字：文化~｜书~。
4. 陷阱：骗~。
5. 受限制：~促｜~限。

1. 局势，局面。
2. 局部。
3. 棋盘。

1. 象棋。
2. 官厅。
3. 村庄。
4. 区分。

居

字形演变

佁 〉居 〉居 〉居

解字 战国金文作佁，形声字，"尸"代表人形，"古"为声。本义为蹲，后来另造"踞"字表示"蹲"，而"居"字的常用义为"居住、住所"。《易·系辞下》："上古穴居而野处。"

居 中 jū	居 日 kyo、iru	居 韩 sal ge
1. 住：独~。	1. 居住。	1. 居住。
2. 住所：民~｜新~。	2. 有，在。	2. 占据。
3. 存：~心（有某种坏念头）。	3. 放置。	3. 坐落。
4. 保存：囤积~奇。	4. 居然。	4. 积累。
		5. 居处。

屋

字形演变

屋 〉屋 〉屋

解字 小篆作屋，"屋"是"幄"的古字。本义即帷幄、帐幕。《说文解字》古文写作屋，更有象形的效果。《史记·项羽本纪》："纪信乘黄屋车，傅左纛（dào）。"后来另造"幄"字表示这个意思。"屋"则多表示"房屋"。

屋 中 wū	屋 日 oku、ya	屋 韩 jip ok
1. 房子：里~｜木~。	1. 屋，房屋。	1. 住屋。
	2. 屋顶。	2. 盖子。
		3. 屋顶。
		4. 帐篷。

展

字形演变

厵
∨
展
∨
展

解字 小篆作厵,形声字,"尸"表形,"裛"(zhàn)表声,"尸"字旁的字一般都与人体有关,所以"展"的本义即人转身、翻身。曹丕《杂诗》:"展转不能寐,披衣起彷徨。"汉代《礼器碑》演变为展,字形了有比较大的变化。

山

字形演变

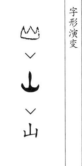

凵
∨
屵
∨
山

解字 商代金文作凵,甲骨文作凹,象连绵起伏的山脉。 西周金文作屵、山等。小篆线条化为屵,秦简作山。杜甫《望岳》:"会当凌绝顶,一览众山小。"

展 **中**	展 **日**	展 **韩**
zhǎn	ten	pyeol jeon
1.摊开,放开:舒~丨扩~。	1.展开,延伸。	1.展开。
2.陈列:画~丨车~丨~出。	2.祭拜。	2.增加。
3.施行:发~丨施~。	3.展览会。	3.滚动
		4.记录。

山 **中**	山 **日**	山 **韩**
shān	san、yama	me san
1.地面隆起而高耸的部分:~坡丨~脉丨~头。	1.山,山脉。	1.山。
2.像山的:人~人海。	2.堆积,山坡。	2.山神。
3.形容大声:~响。	3.(数量)多,人山。	3.坟墓。
		4.寺庙。

字形演变

鳥 ＞ 島 ＞ 島 ＞ 島

解字 小篆作鳥，形声字，"山"表形，"鸟"表声，表示海中有山，上面有鸟栖息。曹操《观沧海》："水何澹澹，山岛竦峙。"

颜真卿楷书作島。字形中鸟字四点的位置被"山"所挤占，这是因为书写空间有限。

島 中	島 日	島 韩
dǎo	tou、shima	sem do
1.江河湖海中被水围绕的陆地：～屿｜群～。	1.岛，岛屿。	1.岛屿。

字形演变

崇 ＞ 崇 ＞ 崇

解字 小篆作崇，形声字，"山"为形，"宗"为声。本义指山高大，泛指高大、令人起敬。王羲之《兰亭序》："此地有崇山峻岭，茂林修竹。"

汉代《西狭颂碑》作崇。

崇 中	崇 日	崇 韩
chóng	suu	nop eul sung
1.高：～高｜～山峻岭。 2.尊重，仰慕：推～｜～洋媚外。	1.高，高尚。 2.崇敬，尊崇。	1.提高。 2.尊重。 3.集合。

字形演变

〴
∨
〴〴
∨
川

解字 甲骨文作〴，象弯曲的两岸之间有河水流过，本义即河流。如《论语·子罕》："子在川上曰：逝者如斯夫！不舍昼夜。"后来中间象水流的小点连成一线，如甲骨文〴〴、西周金文〴〴、战国楚帛书〴〴、小篆〴〴等等。

川 中	川 日	川 韩
chuān	sen、kawa	nae cheon
1.河流：山~│~流不息。	1.川，河。	1.河流。
2.平地：一马平~│米粮~。		2.水妖。
3.四川省的简称。		3.平原。
		4.继续。

字形演变

𠮷
∨
工
∨
工

解字 甲骨文作𠮷，象古人用来打土墙或土坯的夯。夯的下部是结实、沉重的石锤，上部装有木把。上古房屋或城池的墙多由黄土夯筑而成，打夯是十分常见的活动，𠮷这一意象，产生了"工"字"工作、工人、工具"等字义。西周金文作工，之后逐渐线条化，如西周金文工，秦简工。《论语·卫灵公》："子贡问为仁。子曰：'工欲善其事，必先利其器。居是邦也，事其大夫之贤者，友其士之仁者。'"

工 中	工 日	工 韩
gōng	kou、ku	jang in gong
1.工人：木~│民~。	1.工作。	1.匠人。
2.生产劳动的：~具│~业。	2.工人，工匠。	2.技巧。
3.工业：化~│~商界。	3.工业。	3.技能。
4.工作量：记~。		4.工业。
5.擅长：~于书法│~于心计。		

左

字形演变

𠂇 〉 𠂤 〉 左

解字 甲骨文作 𠂇，象左手形，本义即左手。苏东坡《江城子·密州出猎》："老夫聊发少年狂，左牵黄，右擎苍。"又引申为佐助的意思，西周金文字形中，有的表示以言相助，如𦥯；有的表示以口相助，如𠂤；有的以工具相助，如𠂤、小篆𠂤、秦简𠂤。后来添加"亻"分化出后起字"佐"，专门表示佐助的意思，"左"则主要表示方位。

左 中	左 日	左 韩
zuǒ	sa、hidari	oen jwa
1.与"右"相对：~方丨~邻右舍丨河~。	1.左，左边。	1.左边。
2.降低官职：~迁丨~降。	2.遭贬，降职。	2.证据。
3.超过现实可能性的政治思想或行为：~派丨~翼。	3.证据。	3.附近。
		4.倾向。

巨

字形演变

 〉 巨 〉 巨

解字 西周金文作 𢀛，象人手拿矩尺。有的省略人形，如春秋金文巨、小篆巨、秦简巨等。本义是工匠用来画直角或方形的尺子，如《周牌算经》："圆出于方，方出于巨。"后来假借为表示大，这个意义也写作"钜"。

巨 中	巨 日	巨 韩
jù	kyo	keul ge
1.大，非常大：~型丨~人。	1.巨，巨大，多。	1.巨大。
	2.伟大。	2.毛糙。
		3.抗拒。

字形演变

己 〉 己 〉 己 〉 己

解字 甲骨文作己，西周金文作己，象形字，本义是系在箭上的丝线。后来被假借为表示自己。《孙子·谋攻》："知己知彼，百战不殆。"

解字 "己"和"巳"源头相同，西周金文作𧘇，像腹中的胎儿。后来以"巳"字左上角的缺口作为区别特征，分化出后起字"已"，这个字常用义为"停止"。《说文解字》漏收了"已"字。如《诗经·风雨》："风雨如晦，鸡鸣不已。"汉代马王堆帛书作己。

字形演变

𧘇 〉 己 〉 已

己 **中** jǐ
1. 自身：知~ | 推~及人。
2. 天干第六位，也可代称第六。

己 **日** ko、ki、onore
1. 自己。

己 **韩** mom gi
1. 身体
2. 自我。
3. 私欲。
4. 治理。

已 **中** yǐ
1. 停，罢了：惊叹不~ | 仅此而~。
2. 过去：~往 | ~经。
3. 过，过分：不为~甚。

已 **日** i、yamu、yameru
1. 已，已经。
2. 止，停止。

已 **韩** i mi i
1. 已经。
2. 过于。
3. 十分。
4. 一定。

市

字形演变

解字 甲骨文作，字形上部为“之”，表示人前往买卖的场所，众多小点代表地上足印杂乱，“之”下部的构形还不清楚具体的意思。“市”的本义是集市。《战国策·秦策》：“臣闻争名者于朝，争利者于市。”

西周金文演变为，小篆作，秦简作。汉《曹全碑》演变为。

市 中 shì	市 日 shi、ichi	市 韩 jeo ja si
1. 交易的场所：~场丨~井。 2. 买：~恩丨~义。 3. 经济发达、人口集中的地带：都~丨~区。 4. 度量衡单位：~尺丨~制。 5. 指行政区划：南京~丨上海~。	1. 市，城市。 2. 集市，市场。	1. 市场。 2. 街市。 3. 买卖。 4. 价格。

布

字形演变

解字 西周金文作，形声字，“巾”为形，“父”为声。本义是麻布。《诗经·氓》：“氓之蚩蚩，抱布贸丝。”

小篆作，马王堆帛书作，汉代《曹全碑》演变为。

布 中 bù	布 日 fu、nuno	布 韩 bae po
1. 由棉、麻等加工而成的纺织品：丝~丨帆~。 2. 分散，使分散；陈述：散~丨环~丨宣~丨公~。 3. 散播，传播：~施丨~道。 4. 安排，置办：~局丨~置。	1. 布，布匹。 2. 宣布。 3. 布置，遍布。	1. 麻布。 2. 钱。 3. 租税。 4. 传播。

希

字形演变

希 〉 爷 〉 希

解字 西周金文作 希，上部的"爻"象经纬交错，下部的"巾"表示布帛。本义是经纬交织、丝线稀疏的薄纱。泛指稀疏、稀少。《老子》："知我者希，则我者贵。"

師

字形演变

〉 師 〉 師 〉 師 〉 师

解字 甲骨文用 𠂤（duī）来表示"师"的意思，它的本义目前还不清楚；到了西周以后，又出现了 于（shī），也用来表示"师"的意思，构形的意义现在也搞不清。同时，又出现了把上面两种字形合在一起的写法 師，这样，西周时"师"字就同时有三种写法。后来第三种写法占了主流，小篆作師、秦简作 師，一路演变过来，就是现在的"师"了。"师"是商周时期最大的军事单位，共二千五百人，因此，"师"也泛指军队。杜甫《蜀相》诗："出师未捷身先死，长使英雄泪满襟。"后转指军队首领和官职名称，又引申为老师。

希 **中**	希 **日**	希 **韩**
xī	ki、ke	ba ral hui
1. 少：~有｜~言。	1. 希少。	1. 希望。
2. 盼望：~望｜~冀。	2. 希望。	2. 憧憬。
		3. 爱慕。
		4. 稀少。

師 **中**	師 **日**	師 **韩**
shī	shi	se seng sa
1. 传授知识、技能的人：~徒｜~兄。	1. 军队。	1. 老师。
2. 以……为榜样，仿效：~范｜~法自然。	2. 老师，先生。	2. 军师。
3. 熟练掌握某种技艺的人：画~。	3. 技师。	3. 官吏。
4. 军队：出~｜会~。		4. 神灵。
5. 对和尚或道士的尊称：道~｜禅~。		5. 乐官。
6. 军队的编制单位。		

字形演变

厎 ＞ 席 ＞ 席 ＞ 席

解字 《说文解字》古文有"席"字作囿，描绘的是房子中有一长方形席垫。西周金文有"席"字作厎，字形中"席垫"被替换为意符"巾"，会意字。战国楚简作簧，房子下仍有席垫形，字形上部增加意符"竹"，代表席子的材质。小篆席、秦简席，形声字，"巾"为形，"庶"（省略灬）为声。贾谊《过秦论》："有席卷天下，包举宇内，囊括四海之意，并吞八荒之心。"

字形演变

常 ＞ 常 ＞ 常

解字 小篆作常，战国楚简作常，形声字，下部分为意符"巾"，上部分为声符"尚"。本义是裙子。后来表示这一意义的字被意符为"衣"的字形如小篆裳、战国楚简裳所取代。"常"字则借作表示"恒常、经常"的意义。如《老子》："道可道，非常道。"

席 中 xí
1.由草、苇等做成的片状东西：草～｜凉～。
2.座位：～位｜出～。
3.酒宴：酒～｜筵～。
4.职位：主～｜西～。

席 日 seki
1.席位，座位。
2.酒席。
3.坐垫。
4.地位，主席。

席 韩 ja ri seok
1.座位。
2.位置。
3.凉席。
4.依赖。

常 中 cháng
1.恒定不变的：～规｜～在｜天行有～。
2.指频率多：时～｜经～。
3.平时，一般的：～日｜～态｜反～。

常 日 jou、tsune、toko
1.经常，平常。
2.普通，一般。
3.常事，理所当然的事。

常 韩 hang sang sang
1.堂堂正正。
2.恒久。
3.平凡。
4.崇尚。

字形演变

乎 ＞ 平 ＞ 平

（解字）战国金文作乎，有人说象古代天平形，本义为平坦。晋陶渊明《桃花源记》："土地平旷，屋舍俨然。"汉代《曹全碑》作平。

字形演变

（解字）甲骨文作，会意字，上为"禾"，绘有沉甸甸的禾穗形；下为"人"，表示谷物丰收，人来收获。"年"字在商代一直表示"谷熟"这一本义，如《穀梁传·桓公三年》："五谷皆熟为有年也。"由于上古时期黄河流域谷物一年成熟一次，到周代以后，这个字引申出表示年岁的意思。

下部分的"人"后来多发生讹变，比如西周金文，人形已经不明显；有的甚至讹变为禾的根的形状，如西周金文、春秋金文；有的演变为"千"字，如战国楚简、小篆、秦简。汉代《曹全碑》演变为秊。

.137.

干部

三国字——中日韩常用汉字详解

平 **中**

píng

1. 表面光滑的：～原｜～展。
2. 均等的，公正的：公～｜～辈｜～手。
3. 安定，安静：～安｜太～｜～静。
4. 镇压，抑制：～定｜～心静气。
5. 普通的，一般的：～民｜～价。
6. 汉语声调的一种：阳～｜～上去入。

平 **日**

hei、byou、taira、hira

1. 平坦。
2. 平稳，平衡。
3. 平定。
4. 平常，普通。

平 **韩**

pyeong pyeong hal pyeong

1. 平平。
2. 整理。
3. 平定。

年 **中**

nián

1. 地球绕太阳运行一周所需的时间：周～｜三～五载。
2. 一年一次的：～会｜～祭。
3. 一年之初，与过年有关的：新～｜过～｜～货｜～画。
4. 时期：～龄｜～轮｜～代｜往～。
5. 收成：荒～｜～成。

年 **日**

nen、toshi

1. 年。
2. 年龄。
3. 年限。

年 **韩**

hae nyeon (yeon)

1. 年龄。
2. 新年。
3. 时代。
4. 五谷。

幸

字形演变

舝〉夆〉夅〉夆〉夆〉夆〉幸

解字 大家所熟知的"幸"（xìng），小篆作夆，会意字，由"屰"和"夭"组成。"夭"代表死亡，"屰"（逆）则表示逆反，合起来就表示逆转死亡，逢凶化吉，表示"幸运"。又引申为庆幸等义。《公羊传·宣公十五年》："小人见人之厄则幸之。"汉代《曹全碑》作夆。

另一个"幸"（niè），作为单独的字已经废弃不用了，但还作为许多字的部首存在着，比如"執""圉"等。甲骨文里写作夆，象一种限制人身自由的刑具，小篆写作夆，睡虎地秦简夆。

幼

字形演变

夅〉夅〉幼〉幼

解字 甲骨文作夅，由"力"和"幺"（yāo）组面，"幺"表示细微，会意字，表示力量小，又引申到指年龄小。战国楚简夅、小篆夅、秦简夅等字形中，"幺"、"力"的位置和甲骨文相反。战国有金文作夅，是个形声字，"子"为形，"幽"为声。《孟子·梁惠王上》："幼吾幼，以及人之幼。"

幸 中	幸 日	幸 韩
xìng	kou、saiwai、sachi、shiawase	da haeng haeng
1.意料之外的运气：～运｜～免于难。	1.幸运，幸福。	1.幸福。
2.福气，有福气：～福｜～有。	2.幸好，恰好。	2.幸运。
3.宠爱：得～｜宠～。	3.宠幸。	3.恩宠。
		4.希望。

幼 中	幼 日	幼 韩
yòu	you、osanai	eo ril yu
1.稚嫩的，年小的：年～无知｜～儿｜～芽。	1.年幼，幼小，小孩。	1.幼弱。
2.孩童：～师｜扶老携～。	2.幼稚的，不够成熟的。	2.小孩儿。
3.关爱，抚养：～吾幼。		3.亲爱。

序

字形演变

庌 ˅ 序 ˅ 序

解字 小篆作庌，形声字，"广"（yǎn）为形，"予"为声。"广"是屋脊的意思，所以广字头的字一般都和建筑有关系。"序"的本义指堂屋东面和西面的墙壁，后指厢房，又引申为次序。屈原《离骚》："春与秋其代序。"汉代《辟雍碑》作序。

序 中
xù

1. 次第：时～｜程～｜～列｜秩～井然。
2. 开头的，正文之前的：～言｜～论。
3. 古代的学校：谨庠～之教。

序 日
jyo

1. 秩序，顺序。
2. 序文，序幕。
3. 叙述。

序 韩
cha rye seo

1. 次序。
2. 学校。
3. 序文。
4. 叙述。

店

字形演变

坫 ˅ 坫 ˅ 店

解字 商店的"店"最早写作坫（坫），原来的意思是古代摆摊用的土台子，后来土台子升级了，上面加盖了屋顶，于是就造了新字"店"，更准确表现"店"的含义。"店"字大约在南北朝时才出现，颜真卿楷书作店，形声字，"广"（yǎn）为形，"占"为声，本义指客店，后泛指各种商店。岑参《汉川山行》："山店云迎客，江村犬吠船。"

店 中
diàn

1. 商铺：商～｜～面。
2. 旅馆：旅～｜住～。

店 日
ten、mise

1. 商店。

店 韩
ga ge jeom

1. 商店。
2. 旅店。

三国字——中日韩常用汉字详解

广部

三国字——中日韩常用汉字详解

度

字形演变

度 ＞ 度 ＞ 度

解字 小篆作度，形声字，"又"为形，"庶"（省略灬）为声。"又"表示右手（参"又"字条），所以含"又"的字一般都和动作有关系。"度"本义指丈量。《左传·隐公十一年》："山有木，工则度之。"后引申为程度、法度等。秦简作度。

度 中
dù、duó

dù
1. 计量长短的标准或工具：～量衡｜～尺｜刻～。
2. 形容事物的水平：长～｜程～｜。
3. 按一定标准划分的单位：温～｜硬～。
4. 过，经历：～假｜～日如年。
duó
1. 推测，计算：揣～｜审时～势

度 日
do、to、taku、tabi

1. 次，次数。
2. 尺度，程度。
3. 推测，估量。
4. 规则，规定。
5. 气度，气量。
6. 度数。
7. 态度，样子。

度 韩
beop do do

1. 法度。
2. 法制。
3. 法律。
4. 用具。
5. 回数。

庭

字形演变

团 ＞ 团 ＞ 廳 ＞ 庭

解字 "廷"西周早期的金文作团，晚期的毛公鼎里写作团，像一个人在庭中散步。"庭"是"廷"加上"广"分化出来的后起字，小篆作廳，本义指大厅的中央，后来引申为房屋前面的庭院。《诗经·伐檀》："不狩不猎，胡瞻尔庭有悬貆兮？"

庭 中
tíng

1. 堂前院子：户～｜～院。
2. 厅堂：家～｜～宇。
3. 审案之地：法～｜～决。

庭 日
tei、niwa

1. 庭院。
2. 家庭。

廳 韩
tteul jeong

1. 庭院。
2. 朝廷。
3. 官中。
4. 官厅。

廣

字形演变

廣〉廣〉廣〉广

解字 西周金文作廣，形声字，"广"为形，"黄"为声。本义指官殿建筑群中宽广的大房子，引申为宽阔义。如《诗经·汉广》："汉之广矣，不可泳思。"

廣 中
guǎng

1.面积大，区域宽，相对于"狭"而言：~阔丨~场丨~义相对论。
2.形容人多：大庭~众。
3.扩大：~开言路丨推~。

広 日
kou、hiroi、hiromaru

1.广，广大，广阔。
2.扩大，扩展。

廣 韩
jip eom

1.家。
2.脊檩。
3.广阔。
4.空虚。

建

字形演变

建〉建〉建

解字 战国金文有字形作建，由"阜"、"土"、"聿"组成，会意字，"聿"为手拿毛笔，表示规划设计；"阜"和"土"表示填土筑城等工程，"建"字本义指建造、建筑。《逸周书》："乃建大社于国中。"战国楚简作建，小篆作建，"阜"字演变成了廴字底了。

建 中
jiàn

1.设置，成立：~立丨~设丨~国。
2.造成，修筑：~筑丨兴~。
3.提倡，陈述：~议丨~言。

建 日
ken、kon、tateru、tatsu

1.建立，修建。
2.建言，陈述。

建 韩
se ul gen

1.建立。
2.建议。

弋部 弓部

三国字 —— 中日韩常用汉字详解

式

字形演变

解字 战国楚简作 ，形声字，"工"为形，"弋"为声。本义指法式、榜样。韩愈《子产不毁乡校颂》："唯是子产，执政之式。"

式 中
shì

1. 外观：样~｜款~。
2. 规则或标准：格~｜模~。
3. 典礼或大型活动：闭幕~｜升旗仪~。
4. 表示事物原理或规律的符号：不等~｜方程~。

式 日
shiki

1. 方式，做法。
2. 仪式。
3. 格式，样式。
4. 算式，公式。

式 韩
beop sik

1. 法律。
2. 制度。
3. 仪式。
4. 形状。

弓

字形演变

解字 古文字"弓"，有的象安上了弦的弓形，如甲骨文 、商代金文 等，字形上部一短横为弓梢末端的饰件，用以缠绕多出的弦；有些则是不带弦的弓，如商代甲骨文 、西周青铜器师汤父鼎 、秦代小篆 、汉印弓等等。《老子》："天之道，其犹张弓者，高者抑之，下者举之。"安上并拉紧弦在古人的语言中谓之"张"，松开弦谓之"弛"，《周礼》："一张一弛，文武之道也。"

弓 中
gōng

1. 用来射箭的器具：~弩｜挥~｜引~。
2. 弓形的：~鞋｜~靴。
3. 弯，曲：~身。

弓 日
kyuu、yumi

1. 弓，弓箭，弓形。
2. 射箭术。

弓 韩
hwal gung

1. 弓矢。
2. 弓箭。
3. 弓术。

引

字形演变

引 > 引 > 引 > 引 > 引

解字 手勾拉弦，使弓张满，叫做"引"；松开手，使箭射出，叫做"发"。成语"引而不发"就是指拉弓持满而箭未射出的状态。甲骨文引，"弓"形上一小撇用以指示拉弓的意思。西周金文引和甲骨文相似。弓上的这一笔逐渐和"弓"分离，如秦简字形引，小篆引。

唐代卢纶《和张仆射塞下曲》："林暗草惊风，将军夜引弓。平明寻白羽，没在石棱中。"

| 引 | 中 | 引 | 日 | 引 | 韩 |

引　**中**
yǐn

1. 拉长：～弓｜～吭高歌。
2. 靠近；领，使来：吸～｜～导｜～荐｜～蛇出洞。
3. 借用表达观点：～文｜～用。
4. 退却：～退｜～却。

引　**日**
in、hiku、hikeru

1. 拉，牵引。
2. 引导。
3. 撤，引退。
4. 引用。
5. 吸引，招引。

引　**韩**
kkel in

1. 拉车。
2. 援。
3. 引导。
4. 延长。

弟

字形演变

弟 > 弟 > 弟 > 弟

解字 甲骨文写作弟、弟、弟等，像长长的绳子按顺序螺旋状缠绕于"柲"（bì）之上，"柲"是武器的柄，所以"弟"的本义应该是可投击以杀伤鸟兽的武器。绳子按顺序缠绕，是为次序；由次序又引申为兄弟的弟。《尔雅·释亲》："男子先生为兄，后生为弟。"至于上述字形的造字本义"次序、顺序"，由后来另造出的"第"字来承担。

西周金文作弟、弟；春秋金文作弟小篆演变为弟，秦简作弟。

| 弟 | 中 | 弟 | 日 | 弟 | 韩 |

弟　**中**
dì

1. 对同父母（或同父、或同母）年龄比自己小的男性的称呼：小～｜胞～。
2. 称或同辈亲戚中辈分相同但年龄比自己小的男性：堂～｜表～。
3. 学生对老师自称：徒～｜～子。

弟　**日**
tei、dai、de、otouto

1. 弟，弟弟。
2. 弟子，徒弟。

弟　**韩**
a u je

1. 弟弟。
2. 弟子。
3. 顺序
4. 只是。

弓部

三国字——中日韩常用汉字详解

弱

字形演变

弱 ＞ 弱 ＞ 弱

解字 小篆作弱，字形由两把弓、两个"彡"（shān）会意。弓弯曲有弹性、不硬挺，彡为装饰用的毛羽，合起来表示柔弱的字义。《老子》："人之生也柔弱，其死也坚强；草木之生也柔脆，其死也枯槁；故坚强者死之徒，柔弱者生之徒。"

强

字形演变

彊 ＞ 强 ＞ 彊 ＞ 强 ＞ 彊 ＞ 强 ＞ 强

解字 秦小篆字形作强，本义是一种虫名。古书《尔雅》中说："强，虫名也。"晋代大学者郭璞说这种昆虫常做抚摩、捋顺的动作。"强劲"的概念原来是用"弓有力"的形声字彊（彊）来表示。后来多借"强"字来表示这个概念，这大概也是劣币驱逐良币的一个例子。《礼记·中庸》："人一能之，己百之；人十能之，己千之。果能此道矣，虽愚必明，虽柔必强。"

弱 〔中〕
ruò

1.力气或势力小，相对于"强"而言：～势｜～寡｜薄～。
2.年龄小：～冠。
3.差，不足：～于｜～点。

弱 〔日〕
jaku、yowai、yowaru、yowamaru、yowameru

1.弱小，衰弱。
2.年轻。
3.不足。

弱 〔韩〕
yak hal yak

1.软弱。
2.消弱。
3.衰弱。

强 〔中〕
qiáng、qiǎng、jiàng

qiáng
1.健壮；相对于"弱"而言：～壮。
2.程度或水平高；优胜：～烈。
3.暴力地，硬性地：～攻｜～加。

qiǎng
硬要，强制：～迫｜～词夺理。

jiàng
固执，不屈服：倔～｜～脾气。

强 〔日〕
kyou、gou、tsuyoi、tsuyomaru、tsuyomeru、shiiru

1.强大，有劲，增强。
2.努力，勤勉。
3.强迫，强迫。
4.有余。

强 〔韩〕
gang hal gang

1.坚强。
2.强制。
3.强盛。
4.势力。

形

字形演变

形 ＞ 形 ＞ 形

解字 小篆作形，形声字，"彡"（shān）为形，"开"（jiān）为声。本义指形状、形象。《孙子·虚实》："故兵无常势，水无常形。"后来声符"开"在传抄中被写作"开"，如颜真卿楷书形。

彼

字形演变

彼 ＞ 很 ＞ 彼

解字 小篆作彼，形声字，"彳"（chì）为形，"皮"为声。"彳"是"行"的一半，"行"本意是十字路口，与道路、行走有关。"彳"的本义是小步走；所以"彳"旁的字一般与行走意义有关。"彼"字的本义现在还不能确知，在典籍中常用作指示代词，与"此"相对，也用作第三人称代词，如《孟子·滕文公下》："彼丈夫也，我丈夫也，吾何畏彼哉。"汉帛书作很。

形 **中**

xíng

1.外观，样子：～体｜象～｜～态｜～状。
2.表现：喜～于色。
3.比较：相～见绌。
4.情况：～势｜情～。

形 **日**

kei、gyou、kata、katachi

1.形态，形式。
2.成形，形成。
3.抵押。
4.姿态，容貌。

形 **韩**

mo yang mo

1.样子。
2.形状。
3.形容。
4.模范。

彼 **中**

bǐ

1.那，那个：非此即～｜～岸。
2.对方：知己知～｜～我。

彼 **日**

hi、kare、kano

1.他，那个人。
2.男朋友。

彼 **韩**

jeo pi

1.那个。
2.那边。
3.覆盖。
4.不是。

彳部

三国字——中日韩常用汉字详解

往

字形演变

∨ 徃 ∨ 徃 ∨ 往

解字 甲骨文作 ，上部是"止"表形符，下部是"王"，为声符。本义指前往。后来在甲骨文字形的基础上加注表示"小步行走"的意符"彳"强调这一意思，如春秋时期金文徃。《老子》："鸡犬之声相闻，老死不相往来。"

往 中
wǎng

1.去，到：来~｜~复｜一~无前。
2.过去：~年｜以~｜~常。

往 日
ou、yuku、iku

1.来往，去。
2.以往，过去。
3.时常，往往。

往 韩
gal wang

1.前往。
2.送交。
3.过去。
4.往往。

待

字形演变

∨ 待 ∨ 待

解字 西周金文作 ，形声字，"彳"为形，"寺"为声。本义指等待。《左传·隐公元年》："多行不义必自毙，子姑待之。"

待 中
dài、dāi

dài
1.等，等到：时不我~｜~字闺中。
2.对人的方式：招~｜亏~｜~人接物。
dāi
1.停留，逗留：难得来一次，多~会儿吧。

待 日
tai、matsu

1.款待，对待。
2.等待。

待 韩
gi da ril dae

1.等待。
2.接待。
3.依赖。
4.期待。

律

字形演变

牀 ＞ 牀 ＞ 律

解字 甲骨文作牀，形声字，"彳"为意符，"聿"为声符。"律"的本义指调节、约束。这一字义源自古人制乐器，用竹管的长短来调节音律，如蔡邕《月令》章句："声之清浊，以律管长短可制也。"又《千字文》："寒来暑往，秋收冬藏；闰余成岁，律吕调阳。"

律 中
lǜ

1.章程，规则：～法｜纪～｜规～。
2.约束：严于～己。
3.古时体裁的一种：～诗｜七～。

律 日
ritsu、richi

1.法律，规律。
2.音律，律诗。

律 韩
beop chik ryul (yul)

1.法则。
2.规则。
3.法令。
4.等级。

後

字形演变

彳 ＞ 後 ＞ 後 ＞ 后

解字 甲骨文作彳，是"后"的初文，上为幺，有"幼小"义；下为"夊（zhǐ）"，象脚趾形。会意字，表示因为幼小而走在后面。"后"是加注意符"彳"的后起字，如西周金文後。在汉字演变过程中，一个字经常会加上"彳"或"辶"变成一个新的字，"彳"和"辵（辶）"有时候可能是为了强化字的动作性，大部分时候并没有很实际的意义，就好像是一种潮流，不加都显得落伍了。《老子》："是以圣人后其身而身先，外其身而身存，以其无私，故能成其私。"

後 中
hòu

1.次序上较后的，与"先"相对：靠～站｜～座。
2.背面的，反面的，与"前"相对而言：～面｜背～。
3.时间上比较晚的，与"先"相对而言：～起｜日～。
4.子孙：～代｜～辈。

後 日
go、kou、nochi、ushiro、ato、okureru

1.后，之后，以后。
2.后面。
3.子孙。

後 韩
dwi hu

1.后面。
2.下人。
3.落后。

徒

字形演变

𢔳 ＞ 徒 ＞ 徒 ＞ 徒

解字 甲骨文作𢔳，是"徒"的初文，会意字，字形上部象土块形，三个小点表示道路泥泞不平；下为止，象足形；本义是徒步行走，但往往和乘车、骑马相对而说。《易·贲》："贲其趾，舍车而徒。"又如《礼记·王制》："君子耆老不徒行。""徒"是加注意符"彳"的后起字，如西周金文徒、战国楚简徒、秦简徒等等。

徒 中

tú

1. 步行：～步｜～行。
2. 子弟，同派或有共同信仰的人：～弟｜信～教～。
3. 空，白白地：～手｜～有其名｜～劳无功。
4. 只有，仅仅：家～四壁。
5. 剥夺犯人自由的一种刑罚：有期～刑｜无期～刑。

徒 日

to

1. 人，一伙，囚徒。
2. 步行。
3. 赤手空拳，徒手。
4. 徒然，白白。
5. 徒刑。
6. 徒弟。

徒 韩

mu ri do

1. 群体。
2. 同类。
3. 徒弟。
4. 下人。

得

字形演变

𠭤 ＞ 得 ＞ 得 ＞ 得

解字 商代金文作𠭤，商代甲骨文作𠭤，是"得"的初文，会意字，从"又"和"贝"，"又"表示手，"贝"表示货币。本义指获得财物。《礼记·曲礼》："临财勿苟得。""得"是加注"彳"而产生的后起字，如甲骨文得；一些字形中的"贝"讹变为"见"，"又"演变为"寸"，如小篆𢔶，秦简得。

得 中

dé、děi、de

dé
1. 收获，受益：～失｜心～。
2. 合乎标准：～当｜～体。
3. 满意：洋洋自～。
děi
1. 必须，一定。
de
1. 用在动词后，表示可能性：吃不～｜去不～。
2. 用于动词或形容词后，表程度：睡～好｜玩～开心。

得 日

toku、eru、uru

1. 得，获得。
2. 获利。
3. 领悟，理解。
4. 能夠。

得 韩

eot eul deok

1. 获得。
2. 满足。
3. 觉醒。
4. 分明。

從

字形演变

ᵻᵻ ＞ ⋀⋀ ＞ 從 ＞ 從 ＞ 从

解字 甲骨文作ᵻᵻ、西周金文作⋀⋀，会意字，表示一个人紧紧跟随在另一人身后。《老子》："孔德之容，惟道是从。"后为出现了意符"辵"（chuò），如西周金文從，是"从"的后起字。"辵"大部分演变成"辶"，"从"字的"辵"演变中上下分开，现在看来"從"似乎是彳旁的。在简化字中，又恢复了最初的写法。

從 中	從 日	從 韩
cóng	juu、shou、ju、shitagau、shitagaeru	jo eul jong
1.跟随、伺候的人：跟~｜侍~｜仆~。	1.次要。	1.遵从。
2.顺应，听任：听~｜屈~。	2.从前。	2.前进。
3.按照：~简｜坦白~宽。	3.服从，使尊从。	3.伺候。
4.参与：~宦｜~军。		
5.以往：~前｜~未。		
6.非主要的，关系较远的：~犯｜~兄｜~叔。		

德

字形演变

御 ＞ 德 ＞ 德 ＞ 德

解字 甲骨文德，西周金文御都是"德"的初文。会意字，由"彳"（或"行"，古文字里"行""彳""辵"做偏旁时经常混用，没有区别）和"直"组成，像眼睛注视悬锤以取直线，引申为仔细看、省察。"德"的本义即巡行视察、教化境内百姓。西周青铜器有铭文："师雝父德道，至于獣。"到了西周的时候，出现了增加"心"的"德"字，如西周金文德，强调"德行"和"心"所代表的心灵、智慧有关。《易·坤》："地势坤，君子以厚德载物。"小篆写作德。

德 中	德 日	德 韩
dé	toku	keun deok
1.高尚的人具有的质量：~行｜公~｜~师~。	1.道德，品德。	1.道德。
2.恩惠：阳春布~泽｜厚~。	2.恩德，恩惠。	2.恩德。
	3.利益，好处。	3.恩惠。
		4.善行。

心

字形演变

必

字形演变

解字 商代甲骨文作 ♡，象心脏之形。可能古人在解剖动物时，观察到动物死后心脏仍然会跳动，人在开心、悲伤、惊恐的时候，也意识到有强烈的心跳变化，因此认为心脏是灵魂的居所，是与人的思维、意识联系密切的器官，所以以"心"为意符的字常表示"思维、情感"有关的概念。《诗经·巧言》："他人有心，予忖（cǔn）度之。"

西周金文作 ♡、战国楚简作 ♡，汉代帛书作 ♡，汉代《曹全碑》演变为 心。

解字 甲骨文作 ⇃，象形字，字形像戈、矛等兵器的长柄，"必"即"柲（bì，字意为长柄）"的初文。西周金文作 ⇃，加註两点为指事，表示在长柄的这个地方连接矛头或戈头。"必"字后来被借用为表示"一定"的意思，《易·文言》："积善之家，必有余庆；积不善之家，必有余殃。""必"和"心"没有任何关系，只是字形演变的过程中一种巧合。

心 中	心 日	心 韩
xīn	shin、kokoro	ma eum sim
1.人和高等动物体内主管血液循环的器官：~脏｜~愿｜~志。 2.中间的，重要的：轴~｜中~。 3.思想或情感：~地｜~境｜~神不定。	1.心情，信心。 2.中心，核心。 3.心脏。	1.心里。 2.意志。 3.心脏。 4.本性。 5.中心。

必 中	必 日	必 韩
bì	hitsu、kanarazu	ban deo si pil
1.一定，肯定：~定｜~然｜~不可少。 2.固执：毋意，毋~。	1.必定，一定。	1.必须。 2.只管。 3.疏忽。

忍

字形演变

〉 〉 忍

解字 战国时期金文作 ，形声字，"心"为形，"刃"为声，本意指忍耐、克制。《荀子·儒效》："行忍情性，然后能条。"

志

字形演变

〉 〉 〉 志

解字 战国金文 ，会意字，上半部分为"之"，"之"字商代甲骨文写作 ，其下部一横为目的地，脚越过这一横表示到达了目标。下部分为"心"，用来表示人的内心、意念。"志"的本义指人的内心有了明确的目标和志向。《后汉书·耿弇传》："有志者事竟成也。"

秦代小篆字形为 ，同时期的竹简上有字形 ，仍然保持"下部为心，上部为之"的组合，后来字形演变的关键的一个步骤是上部的"之"演变为"士"，成为"志"。

忍 **中**	忍 **日**	忍 **韩**
rěn	nin、shinobu、shinobaseru	cham eul in
1.控制感情，不使外现：强～｜～让。 2.残酷：残～｜强～。	1.忍耐。 2.残酷。 3.悄悄，偷偷。	1.忍耐。 2.残忍。 3.容忍。

志 **中**	志 **日**	志 **韩**
zhì	shi、kokorozasu、kokorozashi	tteus ji
1.心愿，意向：心～｜意～。 2.记住：永～不忘。 3.记号：标～。 4.记事抒情的文字或文体：《荡寇～》｜～异。	1.志向，志愿。 2.记载，纪事。	1.心意。 2.本心。 3.感情。 4.记录。 5.标志。

心部

三国字——中日韩常用汉字详解

字形演变

亡 ＞ 㤀 ＞ 忘

解字 春秋金文作㤀，形声字，"心"为形符，"亡"为声符，兼表意，可以理解为记忆丢失了，本义指不记得、忘记。陆游《示儿》："王师北定中原日，家祭无忘告乃翁。"

字形演变

忙 ＞ 忙

解字 汉《曹全碑》作忙，形声字，"心"为形符，"亡"为声符。本义指内心慌忙。"忄"和"心"是同一个字，因为在合体字中位置不同，就渐渐演变成不同的形体。同样由"心"和"亡"构成的"忘"，因为位置关系，意思和"忙"完全不同，这也是很有意思的。《乐府诗集·木兰诗》："出门看火伴，火伴皆惊忙。同行十二年，不知木兰是女郎。"后引申为事情多。

忘 【中】
wàng

1.不记得，想不起；漏掉：～却｜难～｜备～录。

忘 【日】
bou、wasureru

1.忘，忘记。

忘 【韩】
i eul mang

1.忘记。
2.抛弃。
3.疏忽。
4.丧失。
5.健忘症。

忙 【中】
máng

1.没空：～乱｜手～脚乱。
2.着急，快速完成：匆～｜不慌不～。

忙 【日】
bou、isogashii

1.忙，匆忙。

忙 【韩】
ba ppeul mang

1.忙碌。
2.奔走。
3.急忙。

字形演变

慧 ＞ 悪 ＞ 忠

解字 战国金文作慧，形声字，"心"为形符，"中"为声符。"忠"的本义指持心中正平和，为人正直。所以"中"同时也有表义功能。后引申为忠诚。《论语·学而》："为人谋而不忠乎？"

字形演变

㦬 ＞ 快 ＞ 快

解字 小篆作㦬，形声字，"心"为形，"夬"（guài）为声。本义指畅快、欢喜。苏辙《黄州快哉亭记》："昔楚襄王从宋玉、景差于兰台之宫，有风飒然至者，王披襟当之，曰：'快哉，此风！'"

楼兰汉简作快。

三国字——中日韩常用汉字详解

忠 中 zhōng	忠 日 chuu	忠 韩 chung seong chung
1.诚实，忠实：～孝｜进～｜～正。	1.忠，忠实，忠诚。 2.诚心，诚意。	1.忠诚。 2.公平。 3.精诚。

快 中 kuài	快 日 kai、kokoroyoi	快 韩 kwae hal kwae
1.急速，与"慢"相对：～速｜说时迟，那时～。 2.抓紧：赶～。 3.即将，马上：我们～到家了。 4.锋利：～刀斩乱麻。 5.直截了当；舒服：～言～语｜畅～｜不吐不～。	1.愉快。 2.快速。	1.愉快。 2.爽快。 3.快乐。

心部

三国字——中日韩常用汉字详解

字形演变

念 > 🅐 > 🅑 > 念

解字 甲骨文作🅐，会意字，字形上部为一个倒立的口，即"今"字，下为"心"字，表示内心思念一个人，但又没开口说出来。本义即怀念、思念。《诗经·小戎》："言念君子，温其如玉。"

西周金文作🅑，小篆写作念。

念 中 niàn

1.惦记，想到：挂～｜～～不忘｜悼～。
2.想法，心意：～想｜～头｜信～。
3.说，诵读：～叨｜～经。

念 日 nen

1.念头，思念。
2.心愿，宿愿。
3.（佛教上指）极短时间，一念。

念 韩 saeng gak nyeom

1.观念。
2.暂时。
3.记忆。
4.背诵。

字形演变

怒 > 🅒 > 怒

解字 小篆作🅒，形声字，"心"为形，"奴"为声。本义指生气、愤怒。杜甫《石壕吏》："吏呼一何怒，妇啼一何苦！"睡虎地秦简写作🅓。

怒 中 nù

1.生气，心中郁结的火气：恼羞成～｜～不可遏｜息～。
2.形容气势旺：心花～放｜～吼。

怒 日 do、ikaru、okoru

1.怒，愤怒，发怒。
2.气势很盛。

怒 韩 seong nael no (ro)

1.发怒。
2.责怪。
3.气势。

思

字形演变

〉 〉 思

解字 战国时期楚简作 ，形声字，"心"表形，"囟（xīn）"表声。《孟子·告子上》："心之官则思，思则得之，不思则不得也。"到了清代，人们仍然抱持这种想法。如蒲松龄《聊斋志异》里，妙手神医陆判官给书生朱尔旦换了一个心脏，令其文思大进，考中举人。"思"字上部的"囟"后来讹变为"田"。

思　**中**

sī

1. 想，考虑：～考｜～维｜～索。
2. 牵挂，想念：～念｜～恋｜朝～暮想。
3. 想法：构～｜～路｜集～广益。

思　**日**

shi、omou

1. 思，想，认为。

思　**韩**

saeng gak sa

1. 思维。
2. 心情，情绪。
3. 意思。
4. 意志。
5. 思想。

急

字形演变

〉 〉 急

解字 小篆字形作 ，是由"及"字加注意符"心"而产生的后起字。"及"字本义为逃跑的人被抓住（参看"及"字条），"急"字表示逃跑但即将被抓住时内心的焦急感受。秦简作 。《韩非子·观行》："西门豹之性急，故佩韦以自缓。"说西门豹性急，就身佩熟牛皮，提醒自己要像熟牛皮那样柔韧。

急　**中**

jí

1. 焦虑：焦～｜心～如焚。
2. 匆促：～促｜～中生智。
3. 速度快，程度强：～进｜～流勇退。
4. 紧迫的：～切｜～诊｜～事。
5. 对大家或别人的困难尽快帮助：～公好义。

急　**日**

kyuu、isogu

1. 急，着急，紧急的。
2. 危急，急迫。
3. 急剧，突然，激烈的。

急　**韩**

geup hal geup

1. 着急。
2. 重要，紧要。

三国字——中日韩常用汉字详解

心部（生部）

三国字——中日韩常用汉字详解

生性

字形演变

甲骨文 ↲

金文 ↲

篆 ↲

↲

生

性

（解字）甲骨文作 ↲，象形字，字形下方的一条横线，代表大地，横线上方的分叉，代表草木萌生后破土而出的枝叶。"生"的本义即萌生、生长。西周金文有字形作 ↲，加上一圆点，强调长出的脆嫩枝叶；小篆里就线条化了。《孟子·告子下》："然后知生于忧患，而死于安乐也。"

早期的古文字中，都用"生"来表示"性格"这个意思，如西周金文 ↲。古人认为，人的性格是与生俱来的，西汉的董仲舒说："性者，生之质也。质朴之谓性。"我们现在不还有个词叫"生性"么？后来在"生"的基础上加注"心"分化出后起字"性"，如小篆 ↲，专门用以表达性格、性质这一类的意义。晋陶渊明《归园田居》："少无适俗韵，性本爱丘山。"

生 中
shēng
1.出生，生长：诞~｜~育｜寸草不~。
2.有生命的：众~｜丧~｜卫~。
3.发生，发起：~病｜~气。
4.未烧煮熟的：~饭｜~水。
5.不熟悉的：~疏｜~字｜陌~。

生 日
sei、shou、ikiru、umareru、umu、ou、haeru、hayasu、nama
1.生，生长。
2.生的，未成熟的。
3.诞生，生产。
4.生命。
5.学生。

生 韩
nal saeng
1.生育。
2.生活。
3.养育。
4.百姓。

性 中
xìng
1.人与生俱来的能力、脾气：~格｜~命｜~个｜~秉~。
2.事物的特征：碱~｜典型~。
3.性别：男~｜女~｜雌~。
4.有关生物生殖或性欲的：~交｜~欲｜~激素。

性 日
sei、shou
1.性别。
2.性欲。
3.本性。
4.性质，属性。

性 韩
seong pum、seong
1.品性，天性。
2.性质。
3.本质。
4.生命。

怨

字形演变

怨 ＞ 怨 ＞ 怨

解字 小篆作，形声字，"心"表意，"夗"（yuàn）表声。本义为对苛刻要求表示不满。《史记·封禅书》："百姓怨其法。"

怨 [中]
yuàn

1.仇恨：～恨｜宿～｜恩～｜～声载道。
2.责怪：抱～｜～言｜任劳任～。

怨 [日]
en、on、uramu、urami

1.怨，恨。
2.遗憾，悔恨。

怨 [韩]
won mang hal won

1.抱怨。
2.责怪。
3.怨恨。

恨

字形演变

恨 ＞ 恨 ＞ 恨

解字 小篆作恨，形声字，"心"表义，"艮"（gèn）表声。本义为痛恨、怨恨。诸葛亮《前出师表》："先帝在时，每与臣论此事，未尝不叹息痛恨于桓、灵也。"

恨 [中]
hèn

1.仇视：怨～｜仇～｜愤～。
2.遗憾：悔～｜～事｜引以为～。

恨 [日]
kon、uramu、urameshii

1.怨，恨。
2.遗憾，悔恨。

恨 [韩]
han han

1.屈枉。
2.遗憾。
3.怨恨。

恩

字形演变

 ﹀ 恩 ﹀ 恩

解字 小篆作 ⿱因心，形声字，"心"表义，"因"表声。本义为恩惠。汉《樊敏碑》作恩。《易林》："鸟鹊食谷，张口受哺，蒙被恩德，长大成就。"

恩 中	恩 日	恩 韩
ēn	on	eun hye eun
1.施与或受到的好处：～赐｜～惠｜感～｜忘～负义。	1.恩，恩情。	1.恩惠。 2.温情。 3.感谢。

悟

字形演变

⿰忄吾 ﹀ 悟 ﹀ 悟

解字 小篆作 ⿰忄吾，形声字，"心"表义，"吾"表声，本义为觉悟。罗钦顺《困知记》："无所觉之谓迷，有所觉之谓悟。"

悟 中	悟 日	悟 韩
wù	go、satoru	kkae dal eul o
1.明白，觉醒：领～｜觉～｜顿～｜大彻大～。	1.领悟，觉悟。	1.觉悟。 2.聪明。 3.智慧。

患

字形演变

悪 > 患 > 患

解字 郭店楚简作**悪**，形声字，"心"表义，"串"表声，本义为担忧、忧虑。《论语》："不患人之不己知，患不知人也。""串"又写作"毌"（guàn），本义是串起来的作为钱币的贝壳，因此《说文解字》"患"字古文作**患**，似乎更象形一些。小篆作**患**。

患 中
huàn

1.担忧：～得～失｜忧～。
2.灾祸：～难｜祸～｜内忧外～。
3.生病：病～｜～者。

患 日
kan、wazurau

1.患病，疾病。
2.烦恼，担心，内忧外患。

患 韩
geun sim hwan

1.发愁。
2.疾病。
3.灾殃。

悲

字形演变

悲 > 悲 > 悲

解字 战国时期包山楚简作**悲**，小篆作**悲**，形声字，"心"表义，"非"表声。本义为哀痛、伤心。《诗·草虫》："行道迟迟，载渴载饥。我心伤悲，莫知我哀！""非"声母 f，古代的学者称为"轻唇音"，"悲"声母 b，称为"重唇音"。清代学者钱大昕认为，上古时期没有轻唇音。所以"非"和"悲"在古代的发音是一样的。这种语音上的变化在英语中也存在着，比如 photo 和 physics。

悲 中
bēi

1.伤心：～哀｜～观｜～剧｜～愤｜乐极生～。
2.怜悯，慈悲｜～天悯人。

悲 日
hi、kanashii、kanashimu

1.悲伤，悲哀。
2.慈悲。

悲 韩
seul peul bi

1.悲伤。
2.同情。

心部

三国字——中日韩常用汉字详解

心部

三国字 —— 中日韩常用汉字详解

情

字形演变

學 ＞ 情 ＞ 情

解字 战国时期楚简作學，上为"青"，下为"心"。《说文》小篆作情。形声字，"心"表义，"青"表声，本义为感情。《礼记》："何谓人情？喜怒哀惧爱恶欲，七者弗学而能。"

情 中

qíng

1. 由外界引起的心理感应：感～｜性～｜～投意合｜～景交融。
2. 专指男女相爱的感情：爱～｜～人。
3. 情欲：发～。
4. 私意：～面｜说～。
5. 状况：实～｜国～｜～节。

情 日

jou、sei、nasake

1. 感情，心情。
2. 情况，样子。
3. 真情，真心。

情 韩

tteu jeong

1. 心意。
2. 爱情。
3. 本性。
4. 欲望。

惜

字形演变

惜 ＞ 惜 ＞ 惜

解字 小篆作惜，形声字，"心"表义，"昔"表声，本义为爱惜。《晋书·陶侃传》："大禹圣人，乃惜寸阴；至众人，当惜分阴。"

惜 中

xī

1. 怜爱：爱～｜怜～｜珍～。
2. 舍不得：吝～｜别～力｜～墨如金。
3. 感到遗憾：可～｜惋～。

惜 日

seki、oshii、oshimu

1. 可惜，舍不得。
2. 遗憾的。

惜 韩

a kkil seok

1. 珍惜。
2. 惋惜。
3. 探索。

惠

字形演变

惠 〉 惠 〉 惠

解字 西周金文作惠，形声字，"心"为形，"叀"（huì）为声。本义是仁慈、恩惠。《孟子·滕文公上》："分人以财谓之惠，教人以善谓之忠。"

惠 中
huì

1.给予或受到的好处：恩~｜实~｜~政｜施~于人｜互~互利。
2.敬辞，用于对方对待自己的行动：~赠｜~顾｜~存。

惠 日
kei、e、megumu

1.恩惠。
2.施恩惠，救济，施舍。
3.聪明，智慧。

惠 韩
eun hye hye

1.恩惠。
2.慈爱。
3.关爱。

恶

字形演变

恶 〉 恶 〉 恶 〉 恶

解字 小篆作恶，形声字，"心"表义，"亚"表声。本义为罪恶，与"善"相对。《易·象传》："君子之遏恶扬善。"

恶 中
è、wù、ě

è
1.坏的，丑的：~果｜丑~｜~贯满盈。
2.凶狠：~霸｜~棍｜凶~。
wù
1.讨厌，憎恨，与"好（hào）"相对：可~｜厌~。
ě
1.~心，要呕吐的感觉；亦指对人和事的厌恶态度。

恶 日
aku、o、warui

1.恶，坏。
2.粗糙的。
3.厌恶，憎恨。
4.丑陋。

恶 韩
ak hal ak

1.恶毒。
2.有害。
3.鄙陋。
4.凶年。

心部

三国字 —— 中日韩常用汉字详解

字形演变

想 > 想 > 想

解字 春秋金文作想，小篆作想，形声字，"心"表义，"相"表声，本义为想象。苏轼《念奴娇》："遥想公瑾当年，小乔初嫁了，雄姿英发。"

字形演变

愁 > 愁

解字 小篆作愁，形声字，"心"为形，"秋"为声，本义指忧虑，发愁。辛弃疾《菩萨蛮》："江晚正愁余，山深闻鹧鸪。"

想 **中**
xiǎng

1.思考：感～｜思～｜～象｜～入非非｜异～天开。
2.揣测：～必｜～见｜设～。
3.希望，打算：理～｜妄～。
4.怀念，惦记：～念｜朝思暮～。

想 **日**
sou、so

1.想，思想。

想 **韩**
saeng gak sang

1.想念。
2.思索。
3.想像。

愁 **中**
chóu

1.忧虑：忧～｜～闷｜多～善感。

愁 **日**
shuu、ureeru、urei

1.悲伤，忧虑。

愁 **韩**
geum sim su

1.发愁。
2.伤心。
3.怨望。

三国字——中日韩常用汉字详解

意

字形演变

意 〉 意 〉 意

(解字) 小篆作意，形声字，"心"表义，"音"表声。等等！"音"和"意"发音不一样啊。原来这里有个有趣的语音现象，叫"阴阳对转"。"音"是鼻音韵母，古代叫"阳声韵"；"意"不带鼻音，古代叫"阴声韵"。鼻音和非鼻音在语音演变中可以相互转化，称为"阴阳对转"。比如广东话"五"发音和普通话"嗯"一样，是鼻音韵母，但是普通话里的"五"就不带鼻音。"意"的本义为心意、内在的感受。晋陶渊明《饮酒》："此中有真意，欲辨已忘言。"

"音"在这里还有表义功能，因为我们理解"意"是"言为心声"，是发自内心的声音。所以"意"就是一个形声兼表义的字了。

意 中 yì

1. 念头，心愿：～思｜～见｜愿～｜好～｜～在笔先。
2. 人或事物流露的情态：春～｜诗～｜惬～。
3. 推测，猜想：～想｜～外｜出其不～。

意 日 i

1. 意义，意思。
2. 心意，心情。
3. 意愿，意图。

意 韩 tteu ui

1. 意志。
2. 思维。
3. 私欲。

愛

字形演变

愛 〉 忥 〉 愛 〉 愛

(解字) "爱"在战国金文里写作愛，小篆写作忥，形声字，"心"表义，"旡"表声。楷化以后写作"忥"，本义是仁爱。《孟子》："仁者爱人。"

小篆里还有一个字愛（爱），是在"忥"下方加上"夂"字，"夂"是倒写的"止"字，所以愛本来的意思和行走有关。但是不知道是何原因，后来表示仁爱意思的字，就借用了愛来表示，而"忥"则废弃不用了。睡虎地秦简里写作愛，就和楷书"爱"很接近了。

愛 中 ài

1. 对人或事真挚的情感：喜～｜～情｜～戴｜～宠。
2. 喜欢：～好(hào)｜～唱歌。
3. 易于发生：～笑｜～打闹。
4. 珍视：～护｜～惜。

愛 日 ai

1. 疼爱，慈爱。
2. 恋爱。
3. 爱好，爱护。
4. 可爱，可怜。

愛 韩 sa rang eae

1. 爱情。
2. 慈爱。
3. 人情。
4. 思慕。

心部

三国字——中日韩常用汉字详解

字形演变

字形演变

解字 战国金文作🔲，小篆作感，形声字，"心"为形，"咸"为声，本义指打动人心，使人心产生感应、共鸣。《易·系辞》："《易》无思也，无为也，寂然不动，感而遂通天下之故。"

解字 战国时期郭店楚简作🔲，小篆作慈，形声字，"心"为形，"兹"为声，本义指上对下的慈爱。《老子》："我有三宝，持而保之，一曰慈，二曰俭，三曰不敢为天下先。"

感 中 gǎn	感 日 kan	感 韩 neu kkil gam
1.觉得：～触｜～觉｜～官。 2.对外界事物在意识、情绪上起反应：～动｜好～｜自豪～｜百～交集。 3.对别人的帮助表示谢意：～谢｜～恩｜～激。	1.感受，感觉。 2.深有感触，感动。 3.接触，感染。	1.感觉。 2.感应。 3.感动。 4.恩惠。

慈 中 cí	慈 日 ji、itsukushimu	慈 韩 sa rang ja
1.仁爱，和善：～爱｜～善｜～悲｜～眉善目。 2.特指"慈母"：家～｜～命。	1.慈爱，怜爱。	1.慈爱。 2.母亲。 3.慈悲。 4.人情。 5.同情。

字形演变

𪊽
∨
𢞶
∨
𢅼
∨
慶
∨
庆

解字 商代甲骨文作𪊽，就由"鹿"和"心"组成的会意字。先秦贵族在一些吉庆的活动中，常以鹿皮为赘礼，如汉代郑玄注《礼记·聘礼》说："凡君于臣，臣于君，麇鹿皮可也。"这是庆字字形从"鹿"的渊源；"心"则表示内心欢喜，"庆"的本义即庆贺、欢庆。《尚书·吕刑》："一人有庆，兆民赖之。"

西周金文作𪊽小篆演变为慶。

三国字——中日韩常用汉字详解

慶 **中**	慶 **日**	慶 **韩**
qìng	kei	gyeong sa gyeong
1.祝贺：～贺｜～祝｜～幸｜～典｜～功。 2.值得祝贺的事；吉祥：国～｜大～｜喜～。	1.庆祝，庆贺。	1.喜庆。 2.善行。 3.祝贺。 4.高兴。

字形演变

𢠵
∨
𢝊
∨
𢝊
∨
憂
∨
憂
∨
忧

解字 战国金文作𢠵，秦简作𢝊，会意字。上为"页"，下为"心"。心中有了忧愁，往往在脸上（"页"表示头部）反映出来。𢠵字的本义指发愁、担心。后来常常假借和𢝊同音字"憂"（憂的本义是步态优雅）来表示，如汉代《华山神庙碑》憂，欧阳询楷书憂。《诗经·草虫》："未见君子，忧心忡忡。"

"憂"字还有一类异体字形"忧"，则用的是形声的方法造字，如战国楚简𢠵，小篆忧，"心"为形，"尤"为声。

憂 **中**	憂 **日**	憂 **韩**
yōu	yuu、ureeru、urei、ui	geun sim u
1.愁闷，发愁：忧～｜～思。 2.使人发愁的事：～患｜高枕无～。 3.担心：～国～民｜杞人～天。	1.担忧，忧愁。	1.忧愁。 2.疾病。 3.痛苦。 4.居丧。

心部

三国字——中日韩常用汉字详解

憶

字形演变

憶〉憶〉忆

解字 汉代《曹全碑》作憶，形声字，"心"为形，"意"为声。本义指思念、想念。唐代贾岛《寄山中王参》："别来千余日，日日忆不歇。"

柳公权楷书作憶，同时有声符替换为笔画简洁的"乙"的字形，如唐代的颜真卿楷书忆。

憶 中
yì

1.回想，想念：回~｜追~｜
~江南。
2.记得：记~犹新。

憶 日
oku

1.回想，想起。
2.揣测。
3.记住，记忆。

憶 韩
saeng gak hal eok

1.记忆。
2.回忆。
3.忧郁。

應

字形演变

應〉應〉應〉应

解字 小篆作應，形声字，"心"为形，"雁"（yīng）为声。本义指应当，应该。杜甫《赠花卿诗》："此曲只应天上有，人间能得几回闻？"

應 中
yīng、yìng

yīng
1.该，当：~当｜~该。
2.本期的（用于毕业生）：~届生。
yìng
1.回答：~答｜喊他不~｜~承。
2.接受，允许，答应要求：~邀｜~聘
｜~考。
3.适合：顺~｜适~｜~景｜。
4.对待：~付｜~战｜~酬。

応 日
ou、kotaeru

1.答应，同意。
2.应对，相应。
3.应当，应该。

應 韩
eung hal eung

1.答应。
2.承诺。
3.应当。

成

解字 甲骨文作 ![img], 字形由戌（长柄的阔斧）和左下方的"丁"□字组成，"戌"为形符，"丁"为声符。戌作为古时候的大件兵器，劈砍有时摧枯拉朽之势，是威力和克服困难的象征；"成"字的本义指一件重大的事情办圆满了。如《左传·成公十一年》："秦晋为成。"指秦国和晋国盟约达成。

甲骨文中"丁"还有实心的写法，这个写法后来线条化了，如西周金文写作 ![img]，小篆写作 ![img]，就看不出"丁"的原形了；到了楷书阶段，"戌"字的中间一横与线条化的"口"相连，于是"戌"也讹变成"戊"了。

字形演变

![img] > ![img] > ![img] > 成

成 **中**
chéng

1. 办好了，做完了：～功｜完～｜～人之美。
2. 变为：～形｜～性｜蔚然～风。
3. 可以，能行：～，就这么办。
4. 已定的，定形的：～规｜～例｜～竹在胸。
5. 十分之一：八～。

成 **日**
sei、naru

1. 完成，变成。
2. 组成，组成。
3. 成长，成人。

成 **韩**
i rul seong

1. 成功。
2. 具备。
3. 茂盛。

我

解字 甲骨文作 ![img]，象形字。本义是类似于戈的一种长柄兵器，功用和戈类似，用于砍伐敌人，不同的地方在于 ![img] 有齿状的锋刃。

西周金文作 ![img]，战国金文有字形作 ![img]。早在先秦时期，"我"已经被借用来记录语言中的第一人称代词，而"兵器"的本义却废弃不用了。李白《将进酒》："天生我材必有用，千金散尽还复来。"

字形演变

![img] > ![img] > ![img] > 我

我 **中**
wǒ

1. 自称，自己，亦指自己一方：～们｜～辈｜自～｜不分你～。

我 **日**
ga、ware、wa

1. 我，我们。

我 **韩**
na a

1. 我。
2. 我们。
3. 饥饿。

戈部 户部

三国字 —— 中日韩常用汉字详解

戰

字形演变

戰 ﹀ 戰 ﹀ 战

解字 战国金文作 戰，形声字，"戈"为形，"单"为声，"单"也是一种砍砸类的武器，所以"单"同时还有表义的功能。"战"的本义指战斗、战争。《孙子》："故善战者，立于不败之地。"

户

字形演变

戶 ﹀ 尸 ﹀ 户

解字 象形字，甲骨文 戶 象单扇门的样子。本义即门。《木兰诗》："唧唧复唧唧，木兰当户织。"

戰 〔中〕 zhàn

1. 与敌人或对手斗争、打仗：
~争丨~术丨论~丨争~。
2. 发抖：寒~丨胆~心惊。

戦 〔日〕 sen、ikusa、tatakau

1. 战争，打仗。
2. 竞争，对抗。
3. 发抖，哆嗦。

戰 〔韩〕 ssa ul jeon

1. 吵架。
2. 战争。
3. 比赛。
4. 竞争。

户 〔中〕 hù

1. 单扇的门，泛指门：门~丨窗~。
2. 人家，从事某职业的人家：~口丨猎~丨家喻~晓。
3. 用户：~头丨开~。
4. 门第：门当~对。

戶 〔日〕 ko、to

1. 门，门户。
2. 户，家。
3. 酒量。

戶 〔韩〕 jip ho

1. 家。
2. 出入口。
3. 主管。

所

字形演变

所 ＞ 所 ＞ 所

解字 春秋金文作 所，形声字，"斤"为形，"户"为声。本义是砍伐树木的声音。《诗经》："伐木所所。"后来借用来表示"处所"的意思。

所 【中】 suǒ

1. 地方：处~｜场~｜各得其~。
2. 机构的名称：研究~｜派出~。
3. 量词，用于房屋等：一~小学。
4. 代表接受动作的事物：~见｜~闻｜各尽~能。
5. 表被动：为人~恨。

所 【日】 sho、tokoro

1. 地点，住所。
2. 办公和进行研究的地方。
3. 表示被动。

所 【韩】 ba so

1. 处所。
2. 官府。
3. 地位。
4. 位置。

手

字形演变

手 ＞ 手 ＞ 手

解字 象形字。西周金文作 手，象人的手掌。《诗经》："执子之手，与子偕老。"

手 【中】 shǒu

1. 人的上肢前端能拿东西的部位：~心｜~舞足蹈。
2. 作者亲自写的：~稿｜~迹｜~令。
3. 精通某种技能的人：国~｜高~｜鼓~。
4. 技能、本领：~段｜留一~。
5. 便于手拿的：~枪｜把~。

手 【日】 shu、te、ta

1. 手，手指。
2. 做法，手法。
3. 从事技艺的人，选手。
4. 自己干，亲手。

手 【韩】 son su

1. 手。
2. 手艺。
3. 手段。
4. 方法。
5. 纪略。

手部

三国字 —— 中日韩常用汉字详解

才

字形演变

丫 > ✝ > 丰 > 才

解字 甲骨文作 ✝、✝、✝ 等形状，西周的金文写作 ✝，象小草钻出地面的样子，本义是小草初生。"才"字很早就被借用来表示人才、才能等意思。《论语·泰伯》："才难，不其然乎？"因为有初生之意，所以又引申为"刚刚"的意思。《晋书·谢混传》："才小富贵，便豫人家事。"

才 〔中〕 cái

1.知识和能力：～能｜口～｜德～兼备。
2.具有知识和技能的人：奇～｜全～。
3.刚刚，仅仅：昨天～来｜去了～两天。

才 〔日〕 sai

1.才能，才干。
2.有能力的人，奇才，秀才。

才 〔韩〕 jae ju jae

1.才能。
2.根本。
3.基本。

打

字形演变

扚 > 打

解字 "打"是形声字，小篆作扚，"手"为形，"丁"为声，本义指敲击、撞击。金昌绪《春怨》："打起黄莺儿，莫教枝上啼。啼时惊妾梦，不得到辽西。"

打 〔中〕 dǎ、dá

dǎ
1.敲击，攻打：～鼓｜殴～。
2.与某些动词结合并保留原动词词义：～扫｜～扮｜～赌。
3.进行某种活动，表示某种动作：～工｜～交道｜～鱼｜～水。
4.自，从：～这时起。
dá
1.量词（十二个为一打）：一～毛巾。

打 〔日〕 da、utsu

1.打，打开。
2.（棒球）击，打球。
3.十二个为一打。

打 〔韩〕 chil ta

1.打击。
2.说话。
3.增加。

扶

字形演变

材 ＞ 枦 ＞ 扶

（解字）商代金文作材，左边是一个站立的人"夫"，右边是一只有力的大手，搀扶着人。本义是"搀扶"。"手"表义，"夫"表声，"夫"同时也表示实在的意义，所以这是一个形声兼会意字。《论语·季氏》："危而不持，颠而不扶，则将焉用彼相矣？"

扶 中 fú	扶 日 fu	扶 韩 do ul bu
1.用手支持，使不倒：搀~｜~起｜~老携幼。 2.帮助，援助：~养｜~植｜救死~伤。 3.支撑身体的：~栏｜椅子~手。	1.扶助。 2.倚，靠。	1.扶助。 2.援助。 3.搀扶。

承

字形演变

材 ＞ 島 ＞ 爾 ＞ 承

（解字）甲骨文作材，字形上部为一个跪着的人形，下面是两只手抬着这个人。西周金文島，字形相近，所以"承"字有承受、承接等义。《后汉书·张衡传》："外有八龙，首衔铜丸，下有蟾蜍，张口承之。"

承 中 chéng	承 日 shou、uketamawaru	承 韩 i eul seung
1.在下面扛着，托着：~载｜~受。 2.担当，接受：~担｜~包｜~认。 3.受到：~蒙｜~情。 4.继续，接连：一脉相~｜上启下。	1.继承，接受。 2.听从，遵从。	1.继承。 2.承受。 3.成家。

技

字形演变

�〉技

解字 小篆写作�，形声字，"手"为形，"支"为声。本义是技巧、技能。《书·秦誓》："人之有技，若己有之。"

技 中
jì

1.本领，手艺：～术｜～工｜雕虫小～。

技 日
gi、waza

1.本领，技能。
2.(相扑、柔道等的)招数。

技 韩
jae ju gi

1.才能，才干。
2.能力。
3.匠人。

投

字形演变

𢫾〉投

解字 小篆作𢫾，会意字，由"手"和"殳"构成，"殳"是古代一种兵器。本义是用力地掷出去。《诗经·木瓜》："投我以木桃，报之以琼瑶。"

投 中
tóu

1.掷，扔：～篮｜空～｜～桃报李。
2.跳进去：～河｜～入｜自～｜罗网。
3.趋向，迎合：～靠｜～降｜～其所好。
4.光线射到：～影｜～射。

投 日
tou、nageru

1.投，掷，抛。
2.放弃，不认真从事。
3.投入，投票。
4.寄送，投稿。

投 韩
deon jil tu

1.投掷。
2.投身。
3.依托。

抱

字形演变

棚 > 抱

解字 小篆作棚，会意兼形声字。字形左边是"手"，右边是"包"，表示用张开双手像包裹一样包住某个人或某件东西。《琵琶行》："千呼万唤始出来，犹抱琵琶半遮面。"

抱 [中]
bào

1. 用手臂围住：拥~｜合~｜~薪救火。
2. 心里始终存有：~怨｜~恨。
3. 围绕，环绕：山环水~。
4. 孵卵：~窝｜~小鸡。

抱 [日]
hou、daku、idaku、kakaeru

1. 抱，搂，夹。
2. 心怀，怀有，抱负。

抱 [韩]
an eul po

1. 拥抱。
2. 包围。
3. 拥有。

招

字形演变

招 > 招

解字 小篆作招，形声兼会意字，字形由"手"和"召"组成，本义即借助手势召唤人过来。《荀子·劝学》："登高而招，臂非加长也，而见者远。"引申为招来，导致。《尚书·大禹谟》："满招损，谦受益。"

招 [中]
zhāo

1. 打手势示意或叫人来：~手｜~呼。
2. 用公开的方式使人来：~聘｜~纳｜~兵买马。
3. 引来，引起注意：~惹｜~致｜花枝~展。
4. 承认过错：~供｜不打自~。

招 [日]
shou、maneku

1. 招，招来。
2. 聘请。
3. 招待。

招 [韩]
bu reul cho

1. 招手。
2. 束缚。
3. 招聘。

手部

三国字——中日韩常用汉字详解

拜

字形演变

> ∨ 拜 ∨ 拜

解字 西周金文作 ，左边象禾麦形，右为手，象手拿小麦敬献给祖先、神灵之意，又引申为一种表示敬意的礼节。西周金文也有字形作 ，象一个人献上禾麦之后，恭敬行礼的样子。朱庆馀《近试上张水部》："洞房昨夜停红烛，待晓堂前拜舅姑。"

拜 【中】 bài
1.表示敬意的礼节：～堂｜跪～｜八～之交。
2.恭敬地：崇～｜～别｜～读。
3.祝贺：～寿｜～年。

拝 【日】 hai、ogamu
1.拜，叩拜，崇拜。
2.欣然接受。
3.领受，被授予。

拜 【韩】 jeoi bae
1.鞠躬。
2.恭敬。
3.访问。

拾

字形演变

> ∨ 拾

解字 小篆作 ，形声字，"手"为形，"合"为声。本义是拾起，拾取。《韩非子·安危》："故周之夺殷也，拾遗于庭。"

拾 【中】 shí
1.捡起来：～稻穗｜～金不昧。
2.收，整理：收～｜～掇。
3."十"的大写。

拾 【日】 shuu、juu、hirou
1.拾，捡。
2.十。

拾 【韩】 ju ul seup
1.捡拾。
2.收拾。

持

字形演变

持 ＞ 持

解字 小篆作持，形声字，“手”为形，“寺”为声，本义是拿着。引申为保持。如《后汉书·列女传》：“持久者，知止足也。”

持 中

chí

1. 手拿着：～笔丨～枪。
2. 恒定地保持着：～久丨坚～丨～之以恒。
3. 掌管：主～丨勤谨～家。
4. 扶助：支～。

持 日

ji、jisuru、motsu

1. 持，拿。
2. 保持，坚持。

持 韩

ga jil ji

1. 保持。
2. 保全。
3. 保存。
4. 守护。

指

字形演变

指 ＞ 指 ＞ 指

解字 小篆作指，形声字，“手”为形，“旨”为声，本义是手指。《仪礼·大射礼》：“右巨指钩弦。”

指 中

zhǐ

1. 手指头：～甲丨～纹丨屈～可数。
2. 对着，向着：～南针丨～桑骂槐。
3. 引导，告知：～导丨～引。
4. 意向针对：～标丨～定。
5. 竖起：令人发（fà）～。

指 日

shi、yubi、sasu

1. 手指。
2. 指，指示。

指 韩

ga ri kil ji

1. 指出。
2. 指示。
3. 手指。
4. 脚趾。

手部

三国字——中日韩常用汉字详解

字形演变

禰 > 授

解字 小篆作禰,授是由初文"受"加注意符"手"而产生(参看"受"字条)。本义是交给、付与。《诗经·七月》:"七月流火,九月授衣。"

字形演变

> > > 采 > 採

解字 甲骨文作 ,会意字,字形描绘的是用手采摘树上的叶子,本义即采摘。《诗经》:"彼采葛兮,一日不见,如三月兮!"后来又借用来表示彩色的意思。如《尚书·益稷》:"以五采彰施于五色,作服。"后来表示采摘意思的加上"扌"写作"採"。

西周金文作 ,小篆演变为 。

授 中 shòu	授 日 ju、sazukeru、sazukaru	授 韩 jul su
1.给传递知识或技艺:~予|~权|~人以鱼,不如~人以渔。	1.授予,给予。2.领受,接受。	1.授予。2.传授。3.接纳。

採 中 cǎi	採 日 toru、sai	採 韩 pung chae chae
1.摘取:~花|~蜜|~制。2.搜集,利用:~购|~写|~风。	1.采,摘。2.选择,选取。	1.樵夫。

探

字形演变

懞 ∨ 窬 ∨ 霥 ∨ 探

解字 小篆写作懞，由"手"和"罙"组成，"罙"西周金文作，小篆作窬，表示人在幽深的洞穴中，也就是后世的"深"字。所以"探"的意思是用手探索幽深的洞穴，本义即碰触、探寻。"手"表义，"罙"表音又同时表义。《论语·季氏》："见善如不及，见不善如探汤。"

接

字形演变

懞 ∨ 接

解字 小篆作懞，形声字，"手"为形，"妾"为声，本义会合、交接。《孟子·梁惠王上》："填然鼓之，兵刃既接，弃甲曳兵而走。"

探 【中】
tàn

1.寻访，寻找：~求｜～索｜勘～。
2.打听；做侦察工作的人：～听｜～察｜密～。
3.访问，看望：～望｜～亲｜～监。
4.头或上体伸出，手伸入：～身｜～囊取物。

探 【日】
tan、saguru、sagasu

1.探寻，探索，侦察。

探 【韩】
cha eul tam

1.探索。
2.研究。
3.拥有。

接 【中】
jiē

1.连成一体：～骨｜衔～｜～壤。
2.接触，挨上：～吻｜～近｜短兵相～。
3.继续，连续：～班｜～力｜二连三。
4.拿住对方给的，收取：～受｜～住｜～管。
5.迎：～风｜迎～。

接 【日】
setsu、tsugu

1.接续，连接。
2.接受。
3.接近，接触。
4.会面，招待。

接 【韩】
i eul jeop

1.连接。
2.接触。
3.见闻。
4.接待。

手部

三国字——中日韩常用汉字详解

推

字形演变

雕 ∨ 推

解字 小篆作雕，形声字，"手"为形，"隹"为声，本义指向外使物体移动。《庄子·渔父》："孔子推琴而起。"

秦国的石鼓文是现存最古老的石刻文字

推 中
tuī

1. 用力使物体移动：～车｜～磨｜顺水～舟。
2. 使事情开展：～动｜～销｜～广。
3. 由已知判断未知：～测｜～究｜～导。
4. 辞让，脱卸：～让｜～辞。
5. 举荐：～许｜～选｜～崇。

推 日
sui、osu

1. 推进。
2. 推测，推量。
3. 推举。

推 韩
mil chu

1. 推开。
2. 变迁。
3. 推荐。
4. 推测。

揚 陽

字形演变

早 〉 昜 〉

💥 〉

💥 〉

💥 〉 🈴 〉

揚 〉 陽 〉

揚 〉 陽 〉

扬 〉 阳

解字 "扬"和"阳"在甲骨文时期都写作早，上方是"日"，下方是啥东西目前并不确定，有种说法认为这是云开见日的意思，和"阴"相对，也就是"阳"。因为诞生汉字的黄河流域在北回归线以北，太阳始终在南面，所以山的南面就是"阳面"，后来就在早字基础上加"阜"（也就是左耳旁，表示与山地有关的意思），如甲骨文写作🈴、西周金文写作🈴、🈴等，更明确地指示了"阳"的意思。《诗经·七月》："春日载阳，有鸣仓庚。"又因为早有"开"的意思，就引申出了"称扬、颂扬"的意思。《尚书·说命下》："敢对扬天子之休命。"后来为了更精确表达这个意思，就加上釓（jǐ）🈴这个符号，强调了动作性。如西周早期的金文🈴，又有省略后写作🈴的。是个形声字。西周金文中还有字形作🈴，说明"称扬、颂扬"不仅是动嘴，更是有物质基础的。🈴字就描绘了双手高捧玉器的贡献场景。是个会意字。还有更复杂的写法，"昜、釓、玉"一起上，写成🈴、🈴等形，于是形声、会意又都强调了一遍。到了小篆的时候，字形终于简化了，"釓"类化成"手"，"玉"消失了，演变为"手"表形、"昜"表声的形声字揚。真是复杂曲折的文字演变之路。

揚 **中** yáng

1.高举，向上：～手｜～帆｜～鞭｜～眉吐气。
2.簸起，播散：～水｜～汤止沸。
3.称颂，传播：～言｜颂～｜～名。
4.在空中飘动：飘～。

揚 **日** you、ageru、agaru

1.高举，向上。
2.表扬，称扬。
3.说大话。

揚 **韩** nal ril yang

1.飘扬。
2.飞扬。
3.表扬。

陽 **中** yáng

1.矛盾的一方，与"阴"相对：阴～｜阴盛～衰。
2.指太阳：残～｜斜～｜～历。
3.山的南面，水的北面：洛～｜衡～。
4.与活人有关的：～间｜～寿｜～世。
5.男性生殖器：～痿｜壮～。

陽 **日** you

1.太阳。
2.向阳，朝阳。
3.表面，公开。
4.阳，正。

陽 **韩** byeot yang

1.太阳。
2.阳气。
3.男性。
4.正午。

支部 攴部

三国字——中日韩常用汉字详解

支

字形演变

栈 > 栈 > 枝

家 > 令 > 支

解字《说文解字》古文作𣏐，象手拿竹枝形，本义为竹枝。《诗经·芃兰》："芃兰之支，童子佩觿。""支"加注意符"木"分化出"枝"字，小篆写作𣏐，表示从主干上侧分出的茎条这个意思。周敦颐《爱莲说》："中通外直，不蔓不枝，香远益清，亭亭净植。"又加注意符"肉"分化出"肢"字，表示从躯干分出的四肢。《管子·君臣下》："四肢六道，身之体也。" 从支条的"分支"意义又引申出"支应"的意思，保留了"支"的原来写法。《左传·定公元年》："天之所坏，不可支也；众之所为，不可奸也。"

支 [中]
zhī

1.撑住，支持：～撑｜～援｜体力不～。
2.领款或付款：～取｜～付宝。
3.调度，指派：～使｜～配。
4.受得住：乐不可～。
5.总体的一部分：总～｜～离｜～流。

支 [日]
shi、sasaeru

1.支撑，支持。
2.分支。
3.支付。
4.阻碍，障碍。

支 [韩]
ji taeng hal ji

1.支撑。
2.分支。
3.维持。
4.保全。
5.计算。

收

字形演变

攴 > 𢼜 > 收

解字战国楚简作𢼜，小篆作𢼜，形声字，"攴"（pū）为形，"丩"（jiū）为声。"攴"是击打的意思，很多动词性质的字都以"攴"为形旁。收的本义指抓捕，引申为收拢、聚集。《史记·秦始皇本纪》："收天下之兵，聚之咸阳。"

收 [中]
shōu

1.聚拢：～集｜～藏。
2.接到，接受：～发｜～信｜～支。
3.割取农作物：～割｜～麦～。
4.约束：～束｜～心。
5.逮捕：～监｜～押。
6.结束：～尾｜～工。

收 [日]
shuu、osameru、osamaru

1.收受，收纳。
2.收入，收取。

收 [韩]
geo dul su

1.收获。
2.回收。
3.起用。

改

字形演变

改 ＞ 改

解字 小篆作改，会意字，"己"有人认为表示一个跪着的小孩，"攴"表示手拿木棍或皮鞭，意思是对犯错的人进行惩罚，使之改正。改的本义即更改、变更。《易·益卦》："有过则改。"

改 中
gǎi

1.变更：～变｜～革｜～造｜朝令夕～。

改 日
kai、aratameru、aratamaru

1.改，改革，更新。
2.调查，盘查。

改 韩
go chil gae

1.改正。
2.改变。
3.改造。

放

字形演变

我 ＞ 𣂪 ＞ 𣃚 ＞ 放

解字 西周金文作𣂪，战国金文作𣃚，形声字，"攴"为形，"方"为声。本义指驱逐、流放。如《渔父》："屈原既放，游于江潭，行吟泽畔。"

放 中
fàng

1.驱逐到远方去：～逐｜流～。
2.不加约束，搁置不管：～任｜豪～｜～弃｜～置。
3.发出：～光｜～电｜发～。
4.扩展，展开：～大｜～宽。

放 日
hou、hanasu、hanatsu、hanareru、houru

1.放开，放出。
2.脱离，脱开。
3.放纵，不加约束。

放 韩
noh eul bang

1.放下。
2.解放。
3.揭示。
4.放肆。

政

字形演变

政 ＞ 政 ＞ 政

解字 "正"是"政"的初文，"政"是"正"加注意符"攵"分化而产生的后起字，如甲骨文 𝌆，西周金文 政 等，字形右边的"攵"象手拿棍棒形，"政"字的本义是使更改、改正。《论语》马融注："政者，有所改更匡正。"《墨子·天志上》："无从下之政上，必从上之政下。"泛指治理，并引申为政策、政治。《论语·学而》："夫子至于是邦也，必闻其政。"

政 中
zhèng

1.国家公务：～治｜～府｜参～。
2.国家某一部门主管的业务：民～｜财～｜邮～。

政 日
sei、shou、matsurigoto

1.政治。
2.政务，事务。

政 韩
jeong sa jeong

1.政事。
2.法律。
3.租税。
4.官吏。
5.征伐。

故

字形演变

故 ＞ 故 ＞ 故

解字 西周金文作 故，形声字，"攵"为形，"古"为声，且兼表意。本义指陈旧的、过去的事物。《论语·学而》："温故而知新，可以为师矣。"

故 中
gù

1.古老的，原来的：～事｜～乡｜～居。
2.意外的事情：事～｜～障。
3.原因：原～｜缘～。
4.有心，存心：～意｜明知～犯。
5.老朋友，亲情：亲～｜沾亲带～。
6.死亡：病～｜～去。
7.所以，因此：～此｜～而。

故 日
ko、yue

1.陈旧，从前。
2.原来，熟识的。
3.特意，有意。
4.故去，死去。
5.原因。

故 韩
yeon go go

1.缘故。
2.事由。
3.道理。
4.习惯。

效

字形演变

> 曳 > 鼓 > 效

解字 甲骨文作鼓，西周金文作鼓，形声字，"攴"为形，"交"为声。本义是效法、仿照。如班固《白虎通·三教》："教者，效也，上为之，下效之。"这句话也是成语"上行下效"的出处。

效 （中）
xiào

1. 致力于：～力｜～命。
2. 功用，成果：～能｜～果｜成～｜有～。
3. 摹仿：～法｜仿～｜上行下～。

効 （日）
kou、kiku

1. 功效，效果。
2. 效法。
3. 效力，致力。

效 （韩）
bon bat eul hyo

1. 效仿。
2. 学习。
3. 功劳。
4. 授予。

救

字形演变

> 救 > 救

解字 春秋金文作救，形声字，"攴"为形，"求"为声。本义指制止、阻止，如《孟子·离娄下》："今有同室之人斗者，救之，虽被发缨冠而救之，可也。"引申为援助、使解脱，如《武王盘铭》："溺于渊，尚可游也。溺于人，不可救也。"

救 （中）
jiù

1. 使停止：～火｜～驾。
2. 使解脱困难，脱离危险：～命｜～济｜～死扶伤。

救 （日）
kyuu、sukuu

1. 救，救援，救助。

救 （韩）
gu won hal gu

1. 救援。
2. 帮助。
3. 治疗。
4. 禁止。

攴部

三国字 —— 中日韩常用汉字详解

败

字形演变

败 > 败 > 败 > 败 > 败

解字 甲骨文作败，会意字，左为"贝"，右为"攴"，意思是手拿棍棒敲碎用作货币的贝壳。败的本义指击破。又指战争中击破对方的阵型，使之溃不成军。《孙子兵法·形篇》："故善战者，立于不败之地。"字形败还表示贝壳珍贵但脆弱易碎，轻轻敲打后就毁坏、破败，因此，"败"又引申出毁坏、败坏义，如司马光《训俭示康》："小人多欲则多求妄用，败家丧身。"

败 中
bài

1.毁坏：～坏｜～露。
2.战胜，使失败：挫～｜击～。
3.输，失利，与"胜"相对：～退｜～诉｜～北。
4.使消散：～火｜～毒。
5.破旧，凋谢：～絮｜腐～｜残花～柳。

败 日
hai、yabureru

1.输，败北。
2.腐败，坏。
3.损坏，失败。

败 韩
pae hal pae

1.失败。
2.打破。
3.伤害。
4.灾难。
5.凶年。

教

字形演变

教 > 教 > 教 > 教

解字 甲骨文字形作教，会意字，字形右边为"攴"，表示手拿棍棒授课；左边由"子"、"爻"组成，表示小孩在学算术。"教"的本义指传授、教育。《论语》："子以四教：'文行忠信'。"

甲骨文教、西周金文教、战国楚简教都省略了"子"。小篆作教，秦简作教。字形左边后来演变为声符"孝"，如汉代《郭有道碑》隶书教，就成了形声字了。

教 中
jiào、jiāo

jiào
1.指导，培养：～师｜请～｜因材施～。
2.指"宗教"：～主｜～皇｜佛～。
jiāo
1.传授：～课｜～学相长。

教 日
kyou、oshieru、osowaru

1.教，教授。
2.宗教。

教 韩
ga reu chil gyo

1.教授。
2.效仿。
3.教令。
4.宗教。

敢

字形演变

解字 甲骨文作 ，字形描绘的是一人手持猎叉，猛刺野猪（豕），表示勇敢。《史记·平原君虞卿列传》："于是平原君从之，得敢死之士三千人。"西周金文 、 等字形中，猎叉只保留了叉头形，"豕"字字形也发生了讹变。此后字形进一步演变，如战国楚简 、小篆 、秦简 等等。

敢 　中

gǎn

1.有勇气，有胆量：勇～｜果～｜～作～当。
2.谦辞，"不敢"的简称，冒昧的意思：～问｜～烦。

敢 　日

kan

1.勇敢。
2.果敢。

敢 　韩

gam hi gam

1.竟敢。
2.勇猛。
3.坚强。

散

字形演变

解字 甲骨文写作 ，会意字，由林（麻）和"攴"组成，意思是剥取麻树皮，用以制作衣物。由"剥"的意思，引申出了"散落"的意思。汉刘桢《公燕诗》："芙蓉散其华，菡萏溢金塘。"

到了西周的时候，"麻"字因为简化演变成了"竹"字，又增加了表音的"夕"字，写成 ；战国金文写作 ，大同小异；到了小篆，反而恢复了"麻"字的写法，但是"夕"字却变成了"月"，写成 ；秦简写作 ；到了楷书阶段，除了"攴"还在表达动作的意义外，左边已经完全丢失了造字初期的内涵了。

散 　中

sàn、sǎn

sàn
1.由聚集而分开，分布：～落｜分～｜天女～花。
2.解开内心郁结：～心。
sǎn
1.没有约束，松开：～漫｜松～。
2.分离的：～乱｜兵游勇｜～装。
3.粉状药物：～剂｜丸～膏丹。

散 　日

san、chiru、chirasu、
chirakasu、chirakaru

1.分开，散落。
2.蹓跶，散步。
3.空闲。

散 　韩

heut eul san

1.散开。
2.清闲。
3.逃亡。

敬

字形演变

𝑓 〉邯 〉敀 〉敱 〉敬 〉敬

解字 甲骨文里有字写作𝑓，西周早期金文作𝑓，到中期的时候出现了增加"口"状符号的邯，楷体写作苟（jì），像一个人垂手放在膝盖上，显示恭敬的样子。西周时期表示"尊敬"之意经常使用"苟"字，如大保簋的铭文是："王降令于太保，大保克苟无遣（谴）。"同时也出现了增加"攴"写作敀的，就分化出了专门的"敬"字，变成了形声字，仍为"恭敬、认真"之意。如《论语·子路》："居处恭，执事敬，与人忠。" 战国楚帛书写作敱。经过隶书和楷书阶段的演化，"苟"就讹变成了"苟"字了。

敬

中 jìng

1.尊重，虔恭地对待：尊～｜致～｜～仰。
2.表示敬意的礼物：喜～｜寿～。
3.恭敬地送上去：～酒｜～香。

敬

日 kei、uyamau

1.敬意。
2.尊敬。

微

韩 gong gyeong gong

1.恭敬。
2.礼貌。
3.节制。

敵

字形演变

啻 〉敵 〉敵 〉敌

解字 西周金文啻，是由"帝"和"口"形符号组成的形声字，"口"形符号在古文字中经常用作文字分化的工具，啻就是从"帝"分化出来的字。"帝"的家族就是一段复杂的假借字历史。"帝"的本义是"花蒂"，后来借用表达了"天帝"的意思，原义就加上草字头来表示了。"帝"字继续加上"口"形符号产生新字啻，借用来表达两个方向的意思。一在否定词或疑问词后面表达"但、只"的意思，楷体写成"啻"（chì），如"不啻"、"何啻"；另一表示"仇敌"的意思，楷体写作"商"（dí）。注意："啻""商"古代发音是一样的。后来"商"又添加意符"攴"，如小篆写作敵，强调了动作性，再次分化出了新的字。《左传·僖公三十三年》："一日纵敌，数世之患也。"

敵

中 dí

1.仇人，对手：～人｜～方｜化～为友。
2.抵挡：寡不～众｜以一～十。
3.相当：势均力～｜匹～。

敵

日 teki、kataki

1.敌，敌人。
2.竞争对手。

敵

韩 da hal hwal

1.竭尽。
2.对敌。
3.对等。
4.报答。

數

字形演变

數 ＞ 數 ＞ 數 ＞ 数

攵部 文部

三国字——中日韩常用汉字详解

解字 小篆作數，形声字，"攴"为形，"娄"为声。本义指计数。《庄子·秋水》："子不见夫唾者乎？喷则大者如珠，小者如雾，杂而下者不可胜数也。"

數 〔中〕

shù、shǔ、shuò

shù
1.数目，代表数量：～学｜～额。
2.几，几个：～人｜～小时。
3.天命，命运：劫～｜气～。

shǔ
1.查点，计算：不可胜～｜如～家珍。
2.谈论，责备：～说｜～落。

shuò
1.屡次：～见不鲜。

数 〔日〕

suu、su、kazu、kazoeru

1.数，数字，数量。
2.算术。
3.定数，命运。
4.数学。

數 〔韩〕

sem su

1.计算。
2.历法。
3.等级。
4.道理。
5.礼法。

文

字形演变

文 ＞ 文 ＞ 文

解字 甲骨文字形 、西周金文都是象形字，象人胸前绘有花纹。文的本义指文身。《礼记·王制》："东方曰夷，被发文身。"孔颖达解释说："文身者，谓以丹青文饰其身。"因此可知，"文"是"纹"的初文，后来增加意符"纟"产生后起字"纹"，表示纺织品或图画上的花纹、纹理。"文字"和"文身"类似，都是承载特定意义的符号，因此"文"在古汉语中又表示文字，进一步引申出文采、文章等义。

春秋金文、小篆省略了上述字形中的交叉的花纹，秦简字形笔画平直化，作文。

文 〔中〕

wén

1.记录语言的符号：～字｜梵～｜。
2.刺画花，纹理：～身。
3.文章，文采：～体｜～苑｜～献。
4.社会发展到较高阶段表现出来的状况：～化｜～物。
5.自然界的某些现象：天～｜水～。
6.温和：～火｜～静｜～雅。

文 〔日〕

bun、mon、fumi

1.文，文章。
2.文学。
3.花纹。
4.句子。
5.书籍，文书。

文 〔韩〕

geul wol mun

1.文章。
2.语句。
3.文书。
4.书籍。
5.文体。

料

字形演变

解字 西周金文作🔅，会意字，左边为"米"，右边为"斗"，表示用斗量米。本义指称量，引申为揣测、估计。《国语·楚语》："楚师可料也。"秦简作🔅。

新

字形演变

解字 甲骨文作🔅，西周金文作🔅，由"辛"、"木"、"斤"三部分构成，"辛"表声，"斤"、"木"会意，表示用斧斤伐木取薪，"新"的造字本义也即"砍柴"。如《马王堆汉墓帛书·称》："百姓斩木艾新而各取富焉。""新"字后来被假借为表示"新旧"之"新"，并且成为常用用法，如《庄子·刻意》："吐故纳新。"于是原来表示"砍柴、柴禾"这一类的意思则用新造的"薪"字来表示。

小篆作🔅，秦简演变为🔅。

料 中 liào

1. 估计，预计：～想｜～事如神。
2. 可供造出其它东西的物质：材～｜木～。
3. 喂牲口用的食物：草～｜饲～。
4. 处理：～理。

料 日 ryou

1. 费用，代价。
2. 材料。
3. 意料，料想。

料 韩 he a ril ryo (yo)

1. 了解。
2. 考虑。
3. 治理。

新 中 xīn

1. 初始的，与"旧"、"老"相对：～生｜～闻｜～陈代谢。
2. 特指结婚时的人或物：～娘｜～房｜～郎。

新 日 sin、atarashii、arata、nii

1. 新，新的。
2. 新历，阳历。

新 韩 sae sin

1. 更新。
2. 新闻。
3. 新年。

方

字形演变

屮 〉 ﾗ 〉 方 〉 方

解字 甲骨文作屮，金文作屮，象刀具放置在架子上。刀具往往集中放置，彼此并列，因此"方"有并列义。古时两条船并列也叫"方"，并且引申出渡河的意思，如《诗经·汉广》："江之永矣，不可方思。"后加注意符造出"舫"字表示并列的、方头的船。由此引申出方形之义。并列的两个事物，相互之间在距离上为旁边、附近，因此，"方"又引申出旁边的意思，如甲骨文、金文中出现很多方国，都是商、周王朝以自己为中心的旁边的一些异族国家。中心确定后，东南西北都属于旁边，因此，方又引申为四方、方位等义。《诗经·鸡鸣》："东方明矣，朝既昌矣。"

西周金文有字形作ﾗ、ﾗ，战国楚简作方。

方 **中** fāng

1. 方形的，和"圆"相对：正~形｜内圆外~。
2. 区域的，非中心的：地~｜~言｜四面八~。
3. 品行端正：直｜~正。
4. 一边或一面：~面｜~向。
5. 办法，技巧：~法｜~式｜教导有~。
6. 才，刚刚：~才｜如梦~醒。

方 **日** hou、kata、gata

1. 方向，方面。
2. 正方，方形。
3. 方法。
4. 地方。
5. 对方。
6. 各位，复数（敬称）。

方 **韩** mo bang

1. 四角。
2. 方位。
3. 方向。
4. 手段。
5. 国家。

施

字形演变

烌 〉 掩 〉 施

解字 小篆烌，形声字，㫃（yǎn）为形，"也"为声。"㫃"的古文字字形作ト，象长带飘扬的旗帜，"施"的本义指旗帜缓缓飘动的样子。由旗帜飘扬延伸，引申出"蔓延、拓展"的意思，如《诗经·葛覃》："葛之覃矣，施于中谷。"又进一步引申出"散布"的意思，如《易·乾》："云行雨施，品物流形。"

施 **中** shī

1. 给予：~舍｜~恩。
2. 用上，加工：~肥｜~粉。
3. 实行：~工｜~展｜措｜发号~令。

施 **日** shi、se、hodokosu

1. 施行，实施。
2. 施舍，周济。
3. 施加。

施 **韩** be pul si

1. 施放。
2. 实施。
3. 繁殖。

方部

三国字——中日韩常用汉字详解

旅

字形演变

旅 〉 旅 〉 旅 〉 旅

解字 甲骨文作 ⾭ 会意字，由"方"、"从"组成，像众人聚集在旗帜下面，准备战争或参与重大活动。西周金文有字形作 ⾭，象形程度更高。"旅"的本义指古代军队的一种编制单位，五百人为一旅，后泛指军旅。《诗经·皇矣》："王赫斯怒，爰整其旅。"

旅 中
lǚ

1. 泛指军队：军～｜劲～。
2. 出行的，在外的：～游｜～客｜～社。

旅 日
ryo、tabi

1. 旅行。
2. 旅，军旅，旅团。

旅 韩
na geu ne ryeo (yeo)

1. 过客。
2. 军队。
3. 群众。
4. 子弟。
5. 道路。

族

字形演变

族 〉 族 〉 族

解字 甲骨文作 ⾭，西周金文作 ⾭，"方"和"矢"组成，表示战争前为战斗做准备，将所有的矢（即箭）集中在旗帜下。"族"字所描绘的这一意象表示同类事物的聚合。《尔雅·释诂》："木族生为灌。"同一血缘家庭的聚合体，是家族；有着相同语言、风俗习惯的聚合体，是民族。《尚书·尧典》："克明俊德，以亲九族。"

族 中
zú

1. 有共同来源或属性的一类人或集体：民～｜种～｜家～。
2. 事物有共同属性的一大类：芳香～。

族 日
zoku

1. 族，家族。
2. 身份，地位。
3. 同伙，同类。

族 韩
gyeo re jok

1. 民族。
2. 一家。
3. 亲戚。

字形演变

字形演变

解字 西周金文有字形作⊙，象太阳形。"日"字本义即太阳。《礼记·曾子问》："天无二日，土无二王。"商代金文作⊖，"日"中有点。因为用刀在甲骨上刻画的关系，甲骨文"日"字曰写成方形。

解字 从商代文字资料看，用来表示"早晨"这一概念的字形当时尚未造出，甲骨文中是借用语音相近的"草"字屮来表示"早"这个意思；"早"字较早的字形如在西周青铜器上有字形偏旁作"早"，会意字，由"日"和"屮"（象草形）组成，表示"日在草上"，太阳刚从地平线上升起，本义即早晨，又引申为时间在先。明《增广贤文》："莫道君行早，更有早行人。"秦代竹简字形演变为早。战国时期中山国青铜器上的字形作"𥣫"，是个形声字，"日"表义，"枣"表声，今已废弃不用。

日 **中**	日 **日**	日 **韩**
rì	nichi、jitsu、hi、ka	nal il
1.太阳：～出丨～月星辰。 2.白天，与"夜"相对：～夜。 3.一昼夜：明～丨今～。 4.时候：往～。	1.日，太阳。 2.日子，天。 3.日本。 4.星期日。	1.日子。 2.太阳。 3.每日。 4.期限。

早 **中**	早 **日**	早 **韩**
zǎo	sou、sa、hayai、hayamaru、hayameru	i reul jo
1.太阳刚出来的一段时间：～晨丨～出晚归。 2.比通常时间靠前的：～退丨～恋丨～衰。	1.早晨。 2.提前，提早。 3.已经，早已。 4.早的，年轻的。 5.快，迅速。	1.早。 2.及早。 3.早晨 4.急忙。

明

字形演变

明
∨
明
∨
明
∨
明
∨
明

解字 甲骨文字形作 明，西周金文作 明，都是会意字，由"囧（象窗户形）"和"月"组成，字形描绘的是皎洁的月光透过窗户照进来，室内一片光明。王维《山居秋暝》："明月松间照，清泉石上流。"西周金文也有字形作 明，由"日"和"月"组成，也就是现在楷体字的源头。

明 **中**

míng

1. 看得清的，与"暗"相对：～亮｜～媚｜～星。
2. 清楚：～白｜～了｜～哲保身。
3. 公开：～说｜～讲。
4. 睿智：英～｜聪～｜～君。
5. 视觉，眼力：失～。
6. 中国朝代名：～代。

明 **日**

mei、myou、akari、akarui、akarumu、akeru、aku

1. 明亮，明晰。
2. 天明，天亮。
3. 次日，次年。
4. 说明，说清。
5. 失明。

明 **韩**

bal eul myeong

1. 明亮。
2. 黎明。
3. 聪明。

易

字形演变

易
∨
易
∨
易
∨
易

解字 西周金文作 易、易，象斟酒形，本义即赐酒、赐予。"易"是"赐"的初文。后来"易"多被假借表示"变易"等意思，如李斯《谏逐客书》："移风易俗。"同时增加意符"贝"造出后起字"赐"表示其本义。甲骨卜辞中有"易日"，意思即"赐日"，表示下雨时间过长，祈求上天赐予晴天。

"易"字的字形演变较为复杂，通常是将上述字形做出大幅度的省略，只是绘出装酒器皿把手的部分，如甲骨文 易、西周金文 易。此后字形进一步演变，如小篆作 易。

易 **中**

yì

1. 不费力，与"难"相对：容～｜轻而～举。
2. 改变：变～｜移风～俗。
3. 交换：交～｜贸～。

易 **日**

eki、i、yasashii

1. 易经。
2. 占卜，算卦。
3. 改变，交易。
4. 修正，改正。
5. 容易。

易 **韩**

ba kkul yeok

1. 交换。
2. 贸易。
3. 传播。
4.《周易》。

昔

字形演变

解字 甲骨文作🌊，会意字，上为"日"，象太阳形；字形下部用波浪形代表无边无际的洪水，合起来表示上古传说中的洪荒时期，"昔"字的本义即"远古时代"，如《易·说卦》："昔者，圣人之作《易》也。"又引申为"以前"。如《诗经·采薇》："昔我往矣，杨柳依依；今我来思，雨雪霏霏。"和上一字形相比，甲骨文字形😊中太阳和洪水的位置刚好相反，西周金文😊、战国楚简😊、小篆😊都沿袭了这一字形结构。

昔 **中**	昔 **日**	昔 **韩**
xī	seki、shaku、mukashi	ye seok
1.古时候，从前：～人｜往～｜今非～比。	1.往昔，以前。	1.过去，从前。 2.昨天。 3.晚上。

星

字形演变

解字 🔅是甲骨文"星"字，古汉字字形中"三"表示数量多，用三颗星星代表天空闪烁的繁星。其后由此象形字增加声符"生" 成为形声字，如甲骨文字形🔅、🔅。商代人已经能观测星象并记录一些星名，卜辞中有大岁（即太岁星）、鸟星、火（星）等星名的名称。曹操《短歌行》："月明星稀，乌鹊南飞。"

西周金文🔅、《说文解字》古文🔅等沿袭甲骨文字形，并且后来字形中的"三星"简化为"一星"，如《说文》中星、秦简字形🔅等。

星 **中**	星 **日**	星 **韩**
xīng	sei、shou、hoshi	byeol seong
1.夜间天空中发光的天体：～球｜恒～｜群～｜璀璨。 2.形状像星星的东西：火～儿｜眼冒金～。 3.喻某一方面名气大的人物：影～｜歌～。	1.星，天体。 2.岁月，光阴。	1.星星。 2.岁月。 3.天文。 4.占卜。

日部

三国字 —— 中日韩常用汉字详解

字形演变

字形演变

解字 甲骨文有字形作😊，会意字，由"日"、"屯"、"木"组成。中间的 😊 为"屯"，象青翠饱满的初生小草。😊、😊 等字形描绘的是太阳升起，树木生长，小草发芽，本义指一年的初始季节，也即春季。《说文解字》里说："草，春时生也。"《公羊传·隐公元年》："春者何，岁之始也。"由春天草木生长，引出充满生机或男女情欲，如《诗经·野有死麕》："有女怀春，吉士诱之。"

甲骨文中"春"字字形有作😊，字形由"日"、"屮"、"屯"也即太阳、小草和嫩芽组成；有字形较为简单，比如😊，只绘出太阳和嫩芽形；有的省略"日"，如😊、😊等。春秋金文作😊，小篆作😊，秦简演变为 春。

解字 小篆作😊，"日"为形，"乍"为声。本义指刚过去的一天。《庄子·外物》："周昨来，有中道而呼叫者。周顾视车辙，中有鲋鱼焉。"汉代《衡方碑》作😊。

春 中	春 日	春 韩
chūn	shun、haru	bom chun
1.一年的第一季：～季｜雷｜～华秋实。 2.两性相求的欲望：怀～｜心荡漾。 3.生机：满面～风。	1.春季，春天。 2.青春，最盛期。 3.新春。	1.春天。 2.东边。 3.情欲。 4.青春。

昨 中	昨 日	昨 韩
zuó	saku	eo je jak
1.今天的前一天：～天。 2.亦泛指过去：觉今是而～非。	1.昨天。 2.前一年，前一季。 3.以前，过去。	1.昨天。 2.昔日，从前。

是

字形演变

昰 ∨ 是 ∨ 是 ∨ 是

解字 西周金文作昰，字形由"日"、"正"和一竖组成。正为征伐、前进（参考"正"字条），"日"下面一短竖，表示对着太阳的方向前进。"是"的本义指"正"或"直"，又引申表示"正确"、"肯定"，与"非"相对。陶渊明《归去来兮辞》："实迷途其未远，觉今是而昨非。"

是 **中** shì

1.对，正确，与"非"相对：～非｜实事求～。
2.表示判断、存在：他～工人。
3.表示承认所说的，再转折：书～好书，就是太贵了。
4.表示适合：来的～时候。
5.表示答应：～，我记住了。

是 **日** ze

1.是，正确。
2.大计方针。
3.这，这个。

是 **韩** i si

1.这是。
2.这边。
3.凡是。
4.认定。

時

字形演变

凷 ∨ 時 ∨ 時 ∨ 时

解字 战国金文作凷，会意兼形声字，由"日"、"之"（表示前行）组成，古人在太阳运行中，感受到时光的流逝。"时"的本义指光阴、时间。《吕氏春秋·首时》："天不再与，时不久留。"战国楚简作旹，小篆增加"寸"，变为時，成了形声字，"日"为形，"寺"为声。

时 **中** shí

1.时间；时代；时候：～光｜～期｜～不我待。
2.当前的：～事｜～价｜不识～务。
3.常常：～常｜学而～习之。
4.一昼夜的二十四分之一：～钟｜十～整。
5.机会：～机｜～来运转。

時 **日** ji、toki

1.时间，时候。
2.当时。
3.时代。
4.适时。

時 **韩** tyae si

1.时候。
2.季节。
3.时代。
4.机会。

日部

三国字 —— 中日韩常用汉字详解

晚

字形演变

晚 ＞ 晚

解字 小篆作晚，形声字，"日"为形，"免"为声。本义是日落时分。如綦毋潜《春泛若耶溪》："晚风吹行舟，花路入溪口。"

晚 中
wǎn

1.日落时分或日落后时间：～霞｜～会｜～上。

2.一个时期的后段，相对较迟的：～年｜～婚。

3.后来的：～辈。

晚 日
ban

1.晚上。

2.晚，迟。

晚 韩
neu eul man

1.晚上。

2.黄昏。

3.衰老。

4.晚年。

畫

字形演变

畫 ＞ 畫 ＞ 畫 ＞ 畫 ＞ 畫 ＞ 昼

解字 甲骨文作畫，畫形声字，"日"为形符，"聿"为声符，本义指白天。吴均《与朱元思书》："横柯上蔽，在昼犹昏。"也有人认为畫是用立竿测量太阳的影子表示"白天"的概念，如《史记·司马穰苴列传》中，司马贞作的索隐说："立木为表以视日影。"《周髀算经》："日中，立竿测影。"西周金文作畫，小篆中在"日"的上下左右都增加了一条装饰笔画，写作畫，到汉隶中，左右两条笔画省略，写成畫，到了楷书就写作"畫"了。

畫 中
zhòu

1.白天：白～｜～夜。

昼 日
chuu、hiru

1.昼，白天。

2.午，中午。

3.午饭。

畫 韩
na ju

1.白昼。

2.中午。

景

字形演变

景 ＞ 景 ＞ 景

解字 小篆作景，形声兼会意字。由"日"、"京"（参考"京"字条）组成，表示太阳照在高大的建筑物上，形成的影子。"京"同时也是声符。所以"景"是"影"的本字。《颜氏家训·书证》："凡阴景者，因光而生，故即谓之为景。"到了晋代，"景"字才加上"彡"专门用来表示"阴影"的意义，其他由本义引申出来的义项，仍然写作"景"，如汤显祖《牡丹亭》："良辰美景奈何天，赏心乐事谁家院？"

晴

字形演变

晴 ＞ 晴

解字 汉代《曹全碑》作晴，形声字，"日"为形，"青"为声，本义指天气晴朗。崔颢《黄鹤楼》："晴川历历汉阳树，芳草萋萋鹦鹉洲。"

景 **中** jǐng

1. 风光：～色｜～物｜～致。
2. 情况，状况：～况｜年～。
3. 敬慕：～仰｜～慕。

景 **日** kei

1. 景致，风景。
2. 样子，境况。
3. 佩服，景仰。
4. 极大，景福。

景 **韩** byeot gyeong

1. 阳光。
2. 太阳。
3. 风景。

晴 **中** qíng

1. 天空中无云或云很少：～天｜～朗｜～空万里。

晴 **日** sei、hareru、harasu

1. 晴，晴朗。
2. 解除，消除。

晴 **韩** gael cheong

1. 晴天。
2. 晴朗。

暑

字形演变

解字 小篆作暑，形声字，“日”为形，“者”为声。与“寒”相对，本义指炎热。《千字文》：“寒来暑往，秋收冬藏。”

暑 中	暑 日	署 韩
shǔ	sho、atsui	de ul seo
1. 热：~天丨~假丨酷~。	1. 暑热。 2. 暑伏。	1. 暑气。 2. 夏天。

暖

字形演变

解字 “暖”字小篆作煖，形声字，“火”为形，“爰”为声。本义指温暖。意符后来由“火”替换为“日”，如隶书暖。苏轼《惠崇春江晚景》：“竹外桃花三两枝，春江水暖鸭先知。”

暖 中	暖 日	暖 韩
nuǎn	dan、atatakai、atatamaru	tta tyeus hal nan
1. 温热：~和丨温~丨~洋洋。	1. 暖和，温暖。 2. 宽裕，充裕。	1. 暖和。 2. 温暖。

暗

字形演变

暗 ＞ 暗

解字 小篆作暗，形声字，"日"为形，"音"为声。本义指阳光黯淡。陆游《游山西村》："山重水复疑无路，柳暗花明又一村。"

暗 中
àn

1. 光线不足，与"明"相对：黑～｜阴～｜～无天日。
2. 秘密的：～号｜～藏｜明察～访。
3. 糊涂，不明白：兼听则明，偏信则～。

暗 日
an、kurai

1. 黑暗。
2. 愚蠢，胡涂。
3. 暗地，悄悄地。
4. 秘密，看不见。
5. 背诵，强记。

暗 韩
eo du ul am

1. 阴暗。
2. 隐瞒。
3. 愚蠢。

暮

字形演变

莫 ＞ 茻 ＞ 暮 ＞ 暮

解字 "暮"字初文是"莫"，甲骨文作，象太阳下山，逐渐隐没在树林中，表示日落时分。甲骨文也有将上述字形中的"木"替换为"中（草）"，如，这一字形的小篆形式演变为。"莫"字后来常常被假借为表示否定的代词，于是加注意符"日"造出后起字"暮"用来表示"傍晚"的意思，如汉《曹全碑》写作暮。刘长卿《逢雪宿芙蓉山》："日暮苍山远，天寒白屋贫。"

暮 中
mù

1. 傍晚：日～｜～色｜日～途穷。
2. 晚，将尽的：～春｜～节｜～年。

暮 日
bo、kureru、kurasu

1. 日暮。
2. 岁暮，年终。
3. 过日子，生活。

暮 韩
jei mul mo

1. 日暮。
2. 迟到。
3. 衰老。
4. 傍晚。

暴

字形演变

 ＞ ＞ 暴

解字 小篆作，会意字，字形由"日、出、廾、米"组成，表示太阳出来了，双手捧出米来曝晒。汉印有字形作，省略掉了"出"，更为简洁。"暴"的本义指"晒"、"用阳光照射"。如《孟子·告子上》："虽有天下易生之物也，一日暴（pù）之，十日寒之，未有能生者也。"后来"暴"字主要承担语言中的"暴露"等义项，于是另造加注意符"日"的"曝"字来表示"暴"字的本义。

曲

字形演变

 ＞ ＞ ＞ 曲

解字 甲骨文，商代金文、战国楚简等较早的字形都是象形字，象古代木工用的曲尺形。"曲"字本义指弯曲，与"直"相对。《论语·述而》："饭疏食饮水，曲肱而枕之，乐亦在其中矣。"

小篆字形规整化，写作，汉《校官碑》演变为曲。

暴 中 bào	暴 日 bou、baku、abaku、abareru	暴 韩 sa na ul pok
1.强大且猛的：～力｜风～｜～风骤雨。 2.过分急躁的，残酷的：～躁｜～跳如雷｜凶～｜～君。 3.糟蹋：自～自弃。 4.鼓起来，突出：～起青筋。 5.显露：～露无遗。	1.暴，粗暴，横暴。 2.过分，暴利。 3.暴露。 4.突然，猛烈。	1.粗暴。 2.暴力。 3.伤害。 4.躁急。

曲 中 qū、qǔ	曲 日 kyoku、magaru、mageru	曲 韩 gub eul gok
qū 1.弯折，与"直"相对：弯～｜～肱而枕。 2.不公正，不合理：～解｜委～求全。 3.弯曲的地方：河～。 qǔ 1.吟唱的一种艺术形式：～艺｜昆～。 2.歌的乐调：作～｜异～同工。	1.曲，弯曲。 2.歌曲，乐曲。 3.详细，详尽。 4.偏颇。	1.曲折。 2.歪曲。 3.错误。 4.仔细。

字形演变

ᛘ ＞ 雪 ＞ 更

解字 甲骨文作 ᛘ，形声字，"攴"为形，"丙"为声。本义指改变。《论语·雍也》："子贡曰："君子之过也，如日月之食焉：过也，人皆见之；更也，人皆仰之。"汉代官廷巡夜将人员分成 5 个班次，按时更换，因此用三更、五更等来表示夜晚时间。"更"字又引申为更替。

西周金文作 ᛘ、雪，字形中有两个"丙"；小篆作雪，汉代马王堆帛书演变为 更。

書

字形演变

書 ＞ 書 ＞ 書 ＞ 书

解字 小篆作書，形声字，"聿"为形，"者"为声。"聿"的本义是笔，所以书的意义与笔有关，指用笔书写。《易·系辞上》："上古结绳而治，后世圣人易之以书契。"又引申为书籍。汉代楼兰简演变作書，"者"字就看不到了。

更 **中**
gēng、gèng

gēng
1. 改变：～正｜万象～新。
2. 经历：少（shào）不～事。
3. 旧时夜间计时单位，一夜分为五更：～夫｜打～。
gèng
1. 愈加，再：～好｜～加｜～上一层楼。

更 **日**
kou、sara、fukeru、fukasu

1. 更改，变更。
2. 更加，进一步。
3. 更替。
4. 夜深，熬夜。

更 **韩**
go chil gyeong

1. 改正。
2. 改善。
3. 改变。
4. 赔偿。

書 **中**
shū

1. 著作：～籍｜～稿｜～香。
2. 信：～信｜～札｜鱼雁传～。
3. 文件：证～｜说明～。
4. 写字，写文章：～写｜～法｜大～特～。
5. 字体：楷～｜草～｜隶～。

書 **日**
sho、kaku

1. 书籍。
2. 文件，便条。
3. 字迹，书法。
4. 书信。

書 **韩**
geul seo

1. 文字。
2. 文章。
3. 记录。
4. 文书。

三国字 —— 中日韩常用汉字详解

最

字形演变

解字 甲骨文字形作，会意字，上为"宀"（mì），下为"取"。"取"字本义指割取敌人的右耳以计算军功，则是将战争后割取的敌人右耳集中到主帅军营中，以论功行赏。古代考核军功，以上等为"最"，可能源自这一造字本义。《南史·周文育传》："频战功最，进爵寿昌县公，给鼓吹一部。"后来引申为程度副词，如韩愈《早春》："最是一年春好处，绝胜烟柳满皇都。"

演变为小篆，这个字与"聚"音义完全相同，南北朝以后，与字因为字形相近而完全混淆。属于月（mào）部，本义是"冒犯而取"，该字义后来少用，而到楷书阶段，"冃"部又和"曰"部因形似而混了。

最 中
zuì

1. 极，无比的：～好｜～初｜～美。
2. 聚合：忧喜～门。

最 日
sai、mottomo

1. 最，顶，第一。
2. 最优秀，最好。

最 韩
ga jang choe

1. 第一。
2. 最好，最佳。
3. 全部。
4. 要点。

會

字形演变

解字 甲骨文作，春秋金文有字形作，战国金文作會。字形象器皿和盖子吻合，中间部分象箅子形。本义指盖子。如《仪礼·公食大夫礼》："宰夫东面，坐启簋会。"引申为会合，如王羲之《兰亭集序》："暮春之初，会于会（kuài）稽山阴之兰亭。"

會 中
huì、kuài

huì
1. 聚合在一起：～合｜～审｜～话。
2. 集会：～议｜开～。
3. 重要的或中心的城市：省～。
4. 理解，领悟：体～，心领神～。
5. 能，熟悉，通晓：～游泳｜能说～道。
kuài
1. 总计：～计。

会 日
kai、e、au

1. 会，会议，集会。
2. 适合，会心。
3. 领会。

會 韩
mo il hoe

1. 会合。
2. 会晤。
3. 会计。
4. 熟练。

有

字形演变

魚 〉 肉 〉 有

解字 在凶险的原始自然界，古代人必须具备强壮的体格、过人的胆识和一定的智力，才有可能捕杀到猎物，获得肉食。西周早期的金文字形魚，右边象手形，左边看上去像"月"字的符号实际上是"肉"（古汉字"肉"字为Ｄ，"月"字为Ｄ，两者差异明显，后来在汉字演变过程中同化了），手持肉块，意味着生存有了食物保障，繁衍也有了物质基础，因此这一意象所表示的"有"字本义是"食物富足"，如《诗经·公刘》："爰众爰有。" 战国时期楚国竹简上的字形作肉，进一步演变为现在的"有"字。

有 中	有 日	有 韩
yǒu	yuu、u、aru	iss eul yu
1.拥有，具有：～钱｜～时间。	1.有，存在。	1.具有。
2.用在某些动词前面表示客气：～劳｜～请。	2.所有，拥有。	2.存在。
3.某，一部分：～时。	3.或者。	3.拥有。
		4.独有。

服

字形演变

服 〉 服 〉 服 〉 服 〉 服

解字 "服"字最早在甲骨文里写作服，象一只手按着个跪着的人形，本来是"按服，制服"。在甲骨文中一般用作"俘虏"的意思。到了西周以后，"服"就增加一"舟"，写作服，多作"职务、服务"的意思，《韩非子·五蠹》："是故服事者简其业，而游学者日众，是世之所以乱也。"至于为何是"舟"，确实是难以理解。"服"字又有服从、遵循义。

小篆作服，秦简服，"舟"渐渐讹变为"月"了。

服 中	服 日	服 韩
fú	fuku	os bok
1.依顺，顺从：信～｜佩～。	1.衣服，西服。	1.衣服。
2.衣裳：～装｜制～。	2.服从。	2.职业。
3.作，担任：～务｜～刑｜～兵役。	3.服药。	3.日用品。
4.习惯，适应：水土不～。	4.征服。	
5.吃（药）：内～｜吞～。		

月部

三国字 —— 中日韩常用汉字详解

望

字形演变

望
卩 > 卯
望 > 墅
> >
望 > 望

解字 甲骨文有字形作 𦣻，字形下部是一个人站直身子，字形上部夸张地描绘了眼睛的形状，以强调"看"的动作。甲骨文 中，字形下面的"厶"是"土"字，表示人站在土坡上张望远方。西周时出现了月历的概念"望"，即月中的意思，于是金文 增加了意符"月"，表示"望"与月历的关系。"望"字的本义指向远处、高处看。如荀子《劝学》："吾尝终日而思矣，不如须臾之所学也；吾尝跂而望矣，不如登高之博见也。"上述字形中的表示眼睛形的"臣"往往被替换为其他符号，如西周金文 ，替换为"耳"；西周金文 ，战国楚简 等字形中，替换为声符"亡"；小篆 、秦简 中，造字时原来表示"人站在土堆上"的字形下部演变为"壬"。

望 中
wàng

1.往远处高处看：眺~｜张~｜~尘莫及。
2.拜访：探~｜看~｜拜~。
3.希冀，盼：期~｜喜出~外。
4.人所敬仰的，有名的：名~｜族｜威~。
5.向，朝着：~东走。

望 日
bou、mou、nozomu

1.望，远望。
2.希望，期望。
3.威望。

望 韩
ba ral mang

1.希望。
2.期待。
3.展望。

朝

字形演变

>
朝 >
>
朝月 >
朝

解字 甲骨文字形作 ，会意字，字形由双"木"和"日"、"月"组成，描绘的是太阳已经升起在树林上方，但天空依然挂着一轮的弯月。古人通过细致的观察注意到，在农历下半月的时候，早晨会出现太阳和月亮同时悬挂在天空的情景。因此，用这一意象表示"朝"，"朝"的本义也即早晨，和"夕"相对。如《论语·里仁》："朝闻道，夕死可矣。"

甲骨文还有字形作 ，和 相比，同样是日月悬挂天空，但意符"木"为意思相近的意符"屮（草）"所替换；西周金文 朝、 ，战国楚简 等，字形中弯月的形状为河流形所取代，在秦简 朝、汉代帛书 朝、汉代《曹全碑》朝 中，河流形又逐渐演变为"月"。

朝 中
zhāo、cháo

zhāo
1.早晨：~阳｜~令夕改。
cháo
1.向着，对着：~向｜坐北~南。
2.封建时代臣见君；亦指宗教徒的参拜：~拜｜~见｜~圣。
3.称一姓帝王统治的时期：~代｜唐~。
4.~鲜族。

朝 日
chou、asa

1.朝，早晨。
2.朝廷。
3.朝代。

朝 韩
a chim jo

1.早上。
2.朝廷。
3.王朝。
4.政事。

期

字形演变

解字 春秋时期金文作 ，形声字，"日"为形，"其"为声。"日"和"其"的相对位置往往不确定，如春秋金文 ，还有的字形把意符"日"替换为同样可以表示时间的"月"，如春秋金文 ，小篆 等。"期"的本义指约定（时间）。《诗经·东门之杨》："东门之杨，其叶牂牂。昏以为期，明星煌煌。"引申出期盼、期限等义。

木

字形演变

解字 商代金文 ，象树木形，上为枝，下为根。刘禹锡《酬乐天扬州初逢席上见赠》："沉舟侧畔千帆过，病树前头万木春。"

期 中
qī

1.规定的一段时间：定~｜学~｜限~。
2.量词：第一~。
3.盼望：~望｜~待｜~盼。

期 日
ki、go

1.时期，时机。
2.指望，期望。

期 韩
gi eok hal gi

1.期约。
2.期待。
3.等待。
4.决定。

木 中
mù

1.树木：乔~｜灌~｜缘~求鱼。
2.木料，木制品：~材｜~桶｜~已成舟。
3.质朴：~讷（朴实迟钝）。

木 日
boku、moku、ki、ko

1.木，树木，木材。
2.星期四。

木 韩
ma mu mok

1.树木。
2.木材。
3.棺材。
4.木星。
5.刑具。

字形演变

米 〉米 〉未

解字 甲骨文作米，西周金文作米，像树木枝叶重重迭迭，幽昧不清。引申出表示否定的常用义"不曾、没有"。小篆作米。《论语·先进》："未知生，焉知死？"

字形演变

米 〉末 〉末

解字 春秋时期金文作米，指事字，在字形"木"上加一点，醒目地指明树木末梢所在位置。本义即树的末梢。战国金文作米，小篆演变为末。《左传·昭公十一年》："末大必折，尾大不掉，君所知也。"

未 **中** wèi	未 **日** mi	未 **韩** a nil mi	末 **中** mò	末 **日** matsu、batsu、sue	末 **韩** kkeut mal
1.表示否定：～必｜～尝｜～雨绸缪。 2.地支的第八位，属羊。 3.用于记时：～时（下午一点至三点）。	1.未，没。	1.不是。 2.不会。 3.未来，将来。	1.事物的梢：～梢｜～端｜秋毫之～。 2.时间靠后的：～日｜～代｜穷途～路。 3.次要的,差一等的:～业｜～技｜本～倒置。 4.碎屑：～子｜碎～。	1.末，底，终。 2.粉末。 3.微小，细小。	1.末尾。 2.终局。 3.下位。 4.末世。

字形演变

解字 一棵成年的树，通常有很多根须，那条最粗壮、扎得最深的主根，可以称之为"本"。西周中期的青铜器本鼎之"本"字作 𣎴，字形描绘的是一棵完整的树的形状，字形底部主根部分特意加粗，用来表示"本"的概念。由"主根"的本义，引申出"最初的"、"最基础的"、"最重要的"等意义。2500年前战国时期楚国的竹简上，"本"字写作"𣎴"，秦代小篆作"𣎵"。这两个字形用一点或一横来标明主根所在的位置。睡虎地秦简字形为 𣎵，进一步演变为"本"。魏徵《谏太宗十思疏》："臣闻求木之长者，必固其根本"。

本 中 běn	本 日 hon、moto	本 韩 geun bon bon
1.草木的主根：木～｜无～之木。 2.事物的根源，与"末"相对：忘～｜根～。 3.中心的，主要的：～部｜～体。 4.自己这方面的：～国｜～人｜～位。 5.原来：～来｜～色。	1.书，书籍。 2.脚本，剧本。 3.根本，原来。 4.确实的，正确的。 5.基于，根据。	1.根本。 2.根源。 3.始初。 4.本性。 5.自身。

字形演变

解字 西周金文作 𣎳，在"木"字中段用圆点指明树的主干所在，"朱"是"株"字的初文，本义即树的主干。后来"朱"字被借用来表示赤红色。《墨子·明鬼》："日中，杜伯乘白马素车，衣朱冠，执朱弓，挟朱矢，追周宣王，射之车上。"

朱 中 zhū	朱 日 shu	朱 韩 bulk eul ju
1.鲜艳的红色：～红｜～批。 2.矿物名：～砂。 3.姓。	1.朱色，红色。	1.丹朱。 2.胭脂。 3.赤土。

木部

三国字 —— 中日韩常用汉字详解

字形演变

枡 ＞ 杽 ＞ 材

解字 小篆作杽，形声字，"木"为形，"才"为声，"才"也表义。有能力学问的人是"才"，可以充作生产资料的木头是"材"。本义为木料，泛指一切材料或资料。《庄子·人间世》："自吾执斧斤以随夫子，未尝见材如此其美也。"

材 中
cái

1.木料，泛指材料：素～｜钢～｜就地取～。
2.有才能、资质的人：大～小用｜因～施教（jiào）。

材 日
zai

1.木材，材料。
2.人材，才能。
3.材料。

材 韩
jae mok jae

1.材木。
2.材料。
3.才能。
4.性质。

字形演变

村 ＞ 村 ＞ 村

解字 汉代《曹全碑》隶书作村，形声字，从"木""寸"声，本义为村庄。陶渊明《归园田居》："暧暧远人村，依依墟里烟。狗吠深巷中，鸡鸣桑树颠。"汉字发展到以形声字为主要造字法时，产生新的汉字就变得很容易了。而形声字所承载的文化意义也很重要，那就是它指示出那些现在读音已经完全不同的字在古代的读音是相同或相近的，这样我们就可以想象古人的发音是啥样的，而这本来是英文等表音文字的特点。

村 中
cūn

1.乡下聚居落：～子｜乡～｜～民。

村 日
son、mura

1.村，乡村，村庄。
2.村长，村民。

村 韩
ma eul chon

1.村庄。
2.乡村。
3.土气。

字形演变

解字 古人将兽皮缝成圆筒形，两头用绳子扎紧，就成为一个简单的囊袋，甲骨文写作 、西周金文作 𠬶，所描绘的就是这种口袋。由于方位概念十分抽象，古人只能借用一个语音相同或相近的字来表示。被假借用来记录抽象的方位概念后，"东"字的造字本义逐渐被忘却，"囊袋"义后来由"橐"字所承担。"东"小篆作 東。《史记·历书》："日起于东，月起于西。"

松

字形演变

解字 战国金文作 𣕧，形声字，"木"表形，"公"表声。本义为松树。《淮南子·说山训》："千年之松，下有茯苓，上有兔丝。"（在古代"松"和表示"蓬鬆、放鬆"义的"鬆"是两个字，意义不同，现在"鬆"简化为"松"。）

東　**中**

dōng

1.太阳出来的方向，与"西"相对：～方｜～奔西跑。
2.主人：房～｜股～。

東　**日**

tou、higashi

1.东，东方。

東　**韩**

dong nyeok dong

1.东边。
2.右边。
3.主人。

松　**中**

sōng

1.一种常绿乔木：～针｜～脂｜～柏｜马尾～。

松　**日**

shou、matsu

1.松，松树。
2.火把，火炬。

松　**韩**

so na mu song

1.松树。
2.松散。
3.有闲。

木部

三国字——中日韩常用汉字详解

林

字形演变

㞢㞢

∨

㞢㞢

∨

林

解字 甲骨文作㞢㞢，西周金文作㞢㞢，会意，从二木，本义为树林 。《诗经·小雅·鱼藻之什》："有鹙（qīu，水鸟名）在梁，有鹤在林。"

林 中

lín

1.成片的树木或竹子：森~｜树~｜丛~。
2.同类人或事物聚集在一起：书~｜武~｜碑~｜儒~。
3.姓。

林 日

rin、hayashi

1.林，树林，森林。
2.人或事物聚集在一起（的地方），翰林院。

林 韩

su pul rim (im)

1.树林。
2.集团。
3.野外。
4.君王。

果

字形演变

果

∨

果

∨

果

∨

果

解字 西周金文作果，上部分圆圆的是树上结的"果"，用夸张的比例突出果实的特征，果中有"籽"；下部分是"木"，也即树的形状。"果"字的本义即树上结的果子。战国时期楚国的竹简字形为果，小篆字形为果，字形上部代表果核的小点已被省略，后来讹变为"田"。司马光《训俭示康》："酒酤于市，果止于梨、栗、枣、柿之类。"

果 中

guǒ

1.植物含有种子的部分：~树｜~木｜花~｜山~。
2.事情的结局或成效：因~｜前因后~。
3.坚决：~断｜~敢。
4.确实，真的：~真｜~然。

果 日

ka、hatasu、hateru、hate

1.水果，果实。
2.最后，结局。
3.果断，下决心做。
4.成果，实现。
5.果然。

果 韩

sil gwa gwa

1.果实。
2.结果。
3.果然。
4.实现。

枝

字形演变

枝 〉 枝 〉 枝

解字 小篆作枝，形声字，"木"表形，"支"表声，本义为主干上侧分出的茎条。周敦颐《爱莲说》："中通外直，不蔓不枝，香远益清，亭亭净植。"汉代马王堆帛书作枝。

枝 中
zhī

1.由植物主干上分出的细茎：树~｜~叶｜节外生~。
2.量词：一~铅笔。

枝 日
shi、eda

1.枝，树枝。
2.分枝，分支。

枝 韩
ga ji ji

1.树枝。
2.四肢。
3.分家。
4.分散。

柔

字形演变

柔 〉 柔 〉 柔

解字 在大概 2500 年前战国时期楚国的竹简上，"柔"字写作柔，看上去就像一株在春风中婆娑起舞的垂柳，用来表示"柔软"的概念。由柔柳的意象，又引申出"柔"字温顺、初生而嫩等字义。《老子》："天下莫柔弱于水，而攻坚强者莫之能胜。"

这个象形字后来演变为形声字柔，被拆分为两部分，上部分是"矛"字，表声，下部分为"木"字，表义。

柔 中
róu

1.植物初生而嫩：~荑。
2.软弱，与"刚"相对：~懦｜~弱｜刚~相济。
3.软，不硬：~软｜~韧｜~嫩。
4.温和：~顺｜~情｜~和。

柔 日
juu、nyuu、yawaraka、yawarakai

1.柔软，柔和。
2.柔道。
3.使柔和，驯服。

柔 韩
bu deu reo ul yu

1.柔软。
2.温顺。
3.服从。
4.爱惜。

校

字形演变

解字 西周金文作，上为"交"，下为"木"；小篆作，左为"木"右为"交"，都是形声字，"木"为形，"交"为声，本义为木制的刑具。《易·噬嗑》："屦校灭趾，无咎。"

校 中
xiào、jiào

xiào
1.学堂：高~｜~长。
2.军衔的一级，在"将"之下，"尉"之上。

jiào
1.比对、订正：~订｜~勘｜~对。

校 日
kou

1.校对，校正。
2.学校。
3.指挥者，将校。

校 韩
hak gyo gyo

1.学校。
2.军官。
3.军队。
4.教授。

根

字形演变

解字 小篆作，形声字，"木"表义，"艮"（gèn）表声，本义为植物的根茎。引申出根源等义。《老子》："夫物芸芸，各归其根。"汉代马王堆帛书作。

根 中
gēn

1.植物茎干下部长在土里或水里的部分：~茎｜~雕｜树~。
2.物体的底部：~底｜~基｜。
3.事物的本源：~源｜~据｜知~知底。
4.彻底：~除｜~治。
5.量词，指长条的东西：一~棍子。

根 日
kon、ne

1.根基，根源。
2.耐力，毅力。
3.天性，性格。

根 韩
ppu ri geun

1.树根。
2.根本。
3.能力。
4.生殖器。

栽

字形演变

耕 ＞ 栽 ＞ 栽

解字 小篆作耕，形声字，"木"表义，"弋"（zāi）表声。本义为种植。秦简作栽。《礼记·中庸》："故栽者培之。"

栽 中
zāi

1. 种植：～树｜～花｜～培。
2. 安上：～赃。
3. 可以移植的幼苗：桃～｜树～子。
4. 跌倒：～跟头。

栽 日
sai

1. 栽种。
2. 庭院树丛，盆栽。

栽 韩
sim eul jae

1. 栽种。
2. 苗子。
3. 苗木。

案

木部

三国字——中日韩常用汉字详解

字形演变

廜 ＞ 案

解字 小篆作廜，形声字，"木"表义，"安"表声，本义为放置食物的木制矮脚托盘。《后汉书·梁鸿传》："（梁鸿）每归，妻为具食，不敢于鸿前仰视，举案齐眉。"

案 中
àn

1. 放置东西的长方形的木板或书桌：～板｜书～｜拍～叫绝。
2. 文件或记录：档～｜备～｜～牍。
3. 涉及法律或政治问题的事件：惨～｜血～｜破～。

案 日
an

1. 桌子。
2. 想。思考。
3. 担心，不放心。
4. 草案，草稿。

案 韩
chaek sang an

1. 桌子。
2. 思维。
3. 案件。
4. 引导。

木部 业部

三国字——中日韩常用汉字详解

植

字形演变

枲 ＞ 植 ＞ 植

解字 战国郭店楚简作枲，小篆作植，形声字，"木"为形，"直"为声。本义为树立。因为树立某种物体是垂直于地面的，所以"直"其实还有表义的功能。后引申为栽种、种植。《玉台新咏·孔雀东南飞》："东西植松柏，左右种梧桐。枝枝相覆盖，叶叶相交通。"

業

字形演变

業 ＞ 業 ＞ 業 ＞ 業 ＞ 业

解字 西周金文作業、業等，描绘的是人持仪仗出征，由此产生"业"字功业、事业、盛大等意义。韩愈《进学解》："业精于勤，荒于嬉。"小篆简化为業。变成由"举"和"木"两部件构成，但是却没有任何造字的意义保留了。

植 中

zhí

1.栽种：种~｜~树｜培~。
2.树立：~立｜扶~。
3.植物的统称：~被｜~保。

植 日

shoku、ueru、uwaru

1.植，栽。
2.植物。
3.树立，耸立。
4.成长，增加。

植 韩

sim eul sik

1.定植。
2.树立。
3.繁殖。
4.植物。

業 中

yè

1.国民经济中的部门：农~｜工~｜企~。
2.行当，学习的功课：职~｜就~｜毕~｜精于勤。
3.重大的功绩：创~｜丰功伟~。
4.从事：~医｜~商。
5.财产：~主。

業 日

gyou、gou、waza

1.职业，工作
2.事业，产业
3.已经，业已

業 韩

eop eop

1.职业。
2.学业。
3.企业。
4.产业。

極

字形演变

牆 > 極 > 極 > 极

解字 小篆作牆，形声字，"木"为形，"亟"为声，本义指房屋最高处的栋梁。如《后汉书·蔡茂传》："茂初在广汉，梦坐大殿，极上有三穗禾，茂跳取之。"由栋梁引申出顶点、尽头等义，如《老子》："致虚极，守静笃。"

三国字——中日韩常用汉字详解

榮

字形演变

 > 鬻 > 榮 > 荣

解字 荣字在战国晚期的金文中写作 ，由"木"和"荧"（省略火）组成，"木"为形，"荧"为声。"荣"的本义指植物花朵，如《楚辞·橘颂》："绿叶素荣，纷其可喜兮。"引申为繁荣茂盛、光荣等义。如《易·否》："君子以俭德辟难，不可荣以禄。"小篆写作鬻。

極 **中**

jí

1.顶端，尽头：登峰造～｜物～必反。
2.指地球的南北两端：～地｜北～｜南～。
3.尽，达到顶点：～力｜～目四望。
4.最高的，最终的：～点｜～品。
5.副词，表示最高程度：～其｜好～了。

極 **日**

kyoku、goku、kiwameru、
kiwamaru、kiwami

1.极度，极限，终极。
2.极，最。
3.穷尽。

極 **韩**

gil ma geob

1.鞍子。
2.笃实。
3.极为。

榮 **中**

róng

1.值得尊敬的，与"辱"相对：光～｜～誉｜～升。
2.草木茂盛：～枯。

栄 **日**

ei、sakaeru、hae、haeru

1.繁盛，茂盛。
2.光荣，荣誉。
3.营养。

榮 **韩**

young hwa young

1.荣华。
2.名誉。
3.荣誉。

樂

字形演变

解字 甲骨文作 ，字形上部为古文字"丝"，下为古文字"木"，表示丝弦附在木制的底座⊥，是琴瑟一类的乐器。西周金文作 ，中间增加的 ，像演奏琴瑟的拇指形。小篆作 《诗经·关雎》："窈窕淑女，钟鼓乐之。"

樹

字形演变

解字 小篆作 ，形声字，"木"为形，"尌"（shù）为声，本义是木本植物的总称。引申为种植、培养。如《管子·权修》："十年之计，莫如树木；终身之计，莫如树人。"

樂	中
lè、yuè	

lè
1. 欢喜；使开心：快～｜逗～｜其～融融。
2. 对某事感到高兴：～此不疲。
3. 有意思：这事太可～了。
yuè
1. 声音，和谐成调的：音～｜声～。

楽	日
gaku、raku、tanoshii、 tanoshimu	

1. 音乐。
2. 快乐。
3. 容易，轻松。
4. 舒服，舒适。

樂	韩
no rae ak	

1. 音乐。
2. 乐器。
3. 演奏。

樹	中
shù	

1. 木本植物：桃～｜～林。
2. 种植，培育：十年～木百年～人。
3. 建立：～立｜～敌。

樹	日
ju	

1. 树木。
2. 植树。
3. 树立。

樹	韩
na mu su	

1. 树木。
2. 树立。

橋

字形演变

橋 〉 橋 〉 桥

解字 小篆作構，形声字，"木"表义，"乔"表声。本义即桥梁。杜牧《寄扬州韩绰判官》："二十四桥明月夜，玉人何处教吹箫。"

木部

三国字——中日韩常用汉字详解

橋 中
qiáo

1.连通两端便于通行的建筑物：～梁｜天～｜吊～｜立交～。
2.形状如桥梁的：心脏搭～。

橋 日
kyou、hashi

1.桥。桥梁。
2.媒介。

橋 韩
da ri gyo

1.桥梁。
2.轿子。
3.冰车。

權

字形演变

權 〉 權 〉 權 〉 权

解字 小篆作權，形声字，"木"表义，"萑"为声，本义为黄华木。后被假借用来表示秤锤，又由秤锤引申为衡量。如《孟子·梁惠王上》："权，然后知轻重。"

權 中
quán

1.权力：政～｜以～谋私。
2.权利：人权｜选举权。
3.有利的形势：主动～。
4.变通，不依常规：～变｜智必知～。
5.姑且：～且。
6.衡量，估计：～衡轻重。

権 日
ken、gon

1.权力，权威。
2.权衡，衡量。
3.权宜，暂且。

權 韩
gwo se gwo

1.权势。
2.权力。
3.权利。

三国字——中日韩常用汉字详解

字形演变

羡 ＞ 羡 ＞ 次

解字 小篆写作羡，形声字，"欠"表义，"二"表声，"二"又兼有表义的功能，表明"次"不是第一位或最优秀的。《左传·襄公二十四年》："太上有立德，其次有立功，其次有立言。"

字形演变

𣢟 ＞ 𣢟 ＞ 欲

解字 秦简作𣢟，形声字，"谷"（yù）表声，字形右边 "欠"是羡（次 xián，即涎）的省略写法，羡描绘的是一个人看见急切想要的事物而垂涎三尺的样子。"欲"字的本义也即欲望、欲求。《孟子·告子上》："鱼，我所欲也，熊掌，亦我所欲也，二者不可得兼，舍鱼而取熊掌者也。"

次 中	次 日	次 韩
cì	ji、shi、tsugu、tsugi	beo geum cha
1. 排列的顺序：名～｜～序。	1. 下一个。	1. 次要，第二。
2. 第二：～日｜～子｜～要。	2. 次序，顺序。	2. 次序。
3. 比较差的：～品｜～货｜～等。	3. 接着，继…之后。	3. 居处。
4. 旅途中停留或所居住的地方：旅～｜～所｜途～。		
5. 量词，动作的一回；一遍：每～｜多～｜三番五～。		

欲 中	欲 日	慾 韩
yù	yoku、hossuru、hosii	ha go ja hal yok
1. 想得到某种满足的愿望：～念｜～望｜食～｜穷奢极～。	1. 欲望，贪心。	1. 希望。
2. 急切的想要：～盖弥彰｜～哭无泪｜～速不达。	2. 想要得到。	2. 开始。
3. 将要：摇摇～坠｜望眼～穿｜东方～晓。	3. 希望发生的。	3. 温顺。
		4. 喜欢。

欠部

三国字 —— 中日韩常用汉字详解

歌

字形演变

> **解字** 春秋金文作𢼛，形声字，"言"为形，"可"为声。有的字形以"哥"为声，如《说文》小篆异体写作謌；歌唱时通常需要张大口深呼吸，所以有的字形以本义为张口的"欠"作意符，如小篆写作歌，如秦简写作歌。"歌"字的本义即歌咏、歌唱。《尚书·尧典》："诗言志，歌永言。"

歌 中
gē

1.唱：～唱｜～功颂德｜能～善舞。
2.按曲调吟唱的文词：唱～｜～词｜情～｜诗～。

歌 日
ka、uta、utau

1.歌，歌曲。
2.唱歌。
3.和歌。

歌 韩
no rae ga

1.歌曲。
2.歌词。
3.歌唱。

歡

字形演变

歡
∨
雚欠
∨
歡
∨
欢

> **解字** 小篆作歡，形声字，"欠"为形，"雚"为声，本义为喜乐。李白《将进酒》："人生得意须尽欢，莫使金樽空对月。"

歡 中
huān

1.快乐，高兴：～乐｜～庆｜～会｜尽～而散｜郁郁寡～。
2.喜爱，亦指所喜爱的人：心～｜新～旧识。
3.活跃：～蹦乱跳｜～实｜机器转得真～。

歡 日
kan

1.欢乐，欢喜。

歡 韩
gi ppeul hwan

1.欢乐。
2.喜欢。
3.爱惜。

字形演变

𝌂〉𢎨〉止

解字 甲骨文作𝌂，像足形。字形在演变中线条化，如西周金文𢎨，"止"是"趾"的初文，本义即脚、脚趾。《汉书·刑法志》："当劓者，笞三百，当斩左止者，笞五百。"后引申出停止、停留的意思，如《诗·商颂·玄鸟》："邦畿千里，维民所止。"

止

中 zhǐ

1.停下来；使停住：~步｜～语｜生命不息，奋斗不～。
2.仅，只：不～一次。

止

日 shi、tomaru、tomeru

1.停住，停止。
2.动作，举止。
2.只，仅。

止

韩 geu chil ji

1.停止。
2.禁止。
3.抑制。
4.废止。

字形演变

𝌂〉𝌂〉𝌂〉正

解字 甲骨文作𝌂，字形上部为城池，下部为足（止），像兵临城下之形。"正"的本义即征伐，后来分化出"征"字承担"正"的这一义项，"正"字则主要表示端正、正直等义。《论语·乡党》："割不正，不食；席不正，不坐。"甲骨文𝌂上部在字形演变中逐渐线条化，如西周金文𝌂、小篆𝌂以及秦简𝌂等。

正

中 zhèng、zhēng

zhèng
1.位于正面或中间的：~午｜～门。
2.合规的，合理的：～确｜～大光明。
3.恰好：~好｜~巧。
4.表示动作进行中：他～在打电话。
5.纯，不杂：～宗｜～统｜～纯。
6.改正错误：～骨｜订～｜～本清源。
zhēng
1.农历一年的第一个月：～月。

正

日 sei、shou、tadashii、tadasu、masa

1.正，正确，改正。
2.正式的。
3.正，恰好。
4.正月。

正

韩 ba reul jeong

1.正确。
2.纠正。
3.治理。

步

字形演变

解字 商代金文作 ，商代甲骨文作 ，会意字，用一前一后两只脚表示"行走"。又引申为步行时两脚之间的距离。如《孟子·梁惠王上》："填然鼓之，兵刃既接，弃甲曳兵而走，或百步而后止，或五十步而后止。以五十步笑百步，则何如？"

止部

三国字——中日韩常用汉字详解

武

字形演变

解字 甲骨文作 ，会意字，下"止"上"戈"，"止"表示脚步、前进，"戈"为兵器。人持戈前进，表示要动武的意思。《尚书·武成》："王来自商，至于丰，乃偃武修文。"

甲骨文还有字形作 ，西周金文作 ，小篆作 ，秦简作 。

步　[中]
bù

1. 行走：徒~｜信~｜~其后尘。
2. 行走时两脚的距离：~伐｜跬~。
3. 事情进行的阶段：~骤。

步　[日]
ho、bu、fu、aruku、ayumu

1. 步，步行，步伐。
2. 比率，利率。
3. 经过，生存。
4. 兵，卒。

步　[韩]
geol eum bo

1. 脚步。
2. 行为。
3. 步兵。

武　[中]
wǔ

1. 关于战争或搏击的，与"文"相对：~装｜~状元｜文治~功。
2. 勇猛，猛烈：英~｜威~。

武　[日]
bu、mu

1. 武，军事。
2. 勇敢，威武。

武　[韩]
ho ban mu

1. 武士。
2. 威武。
3. 武术。
4. 武器。

止部

三国字——中日韩常用汉字详解

歲

字形演变

屮
∨
芯
∨
歲
∨
歲
∨
岁

解字 甲骨文作屮、屮本象斧钺形。后来这个字被古人假借来表示岁星，也即我们现在所说的木星。木星 12 个地球年绕太阳一周，每年一个步伐，经过一个特定的星空，古人根据木星的这个特点来纪年，并将这颗星命名为岁星。

有的字在原来斧钺形的基础上增加意符"步"，如甲骨文屮、西周金文芯等等。小篆演变为歲。《左传·襄公二十八年》："岁在星纪。"

歷

字形演变

芯
∨
歷
∨
歷
∨
歷
∨
历

解字 甲骨文作芯，会意，从"止"从"秝（lì）"，意思是人穿过一片庄稼，西周金文作歷，厤（lì）表示山崖边的庄稼。"历"的本义即"经过、经历"。杜光庭《神仙感遇传》："遍历名山，博采方术。"古人根据日月星辰运行所经过的轨迹推算年、月、节气，这种推算方法叫"历"或"历法"，并且用意符为"日"的"曆"字专门来表示这一意义。《书·尧典》："历象日月星辰，敬授人时。"现在"歷"和"曆"都简化为"历"。

歲 **中** suì	歲 **日** sai、sei	歲 **韩** hae se
1.年：～暮｜～末。	1.年，年月。	1.岁数。
2.年龄：年～｜周～。	2.岁，年岁。	2.岁月。
3.泛指时间，光阴：～月（泛指时间）。		3.一生。
4.一年的收成，年景：～凶（年成歉收）。		
5.星名：～星（即木星）。		

曆歷 **中** lì	曆歷 **日** reki、koyomi	曆 **韩** ji nal ryeok (yeok)
1.经过：经～｜阅～｜～尽艰辛。	曆	1.过去。
2.经过了的：～程｜～史。	1.日历，历法，历年。	2.往来。
3.遍，完全：～览｜～数（shǔ）。	歷	3.历法。
4.推算年、月、日和节气的方法：～法｜农～。	1.经过。	
	2.经历。	
	3.相继，依次。	
	4.清晰。	

歸

字形演变

> **解字** 甲骨文作 ，形声字，声符为 ，字形右边意符是"妇"字的省写，本义为女子出嫁。《诗经·桃夭》："桃之夭夭，灼灼其华。之子于归，宜其室家。"后来引申为返回。《老子》："夫物芸芸，各归其根。"西周金文作 ，有的增加意符"止"或"彳"表示与行走有关，如 、 等，小篆作 。

止部 歹部 三国字——中日韩常用汉字详解

歸 〔中〕
guī

1. 回到原位：～来｜～程｜反璞～真。
2. 还给：～还｜完璧～赵。
3. 趋向，去往：～附｜众望所～。
4. 合并，集中：～并｜～功。
5. 古代称女子出嫁：之子于～。

帰 〔日〕
ki、kaeru、kaesu

1. 回，还。
2. 归纳，总结。
3. 归顺，归向。
4. 归还，送还。
5. 出嫁。

歸 〔韩〕
dol a gal gwi

1. 归来。
2. 依托。
3. 委任。

死

字形演变

> **解字** 甲骨文作 、 ，由"人"形和"歺"（è）组成，会意，"歺"的意思是骨骸， 表示生人在祭拜尸骸，"死"字的本义即死去的人。《吕氏春秋·期贤篇》："野人之用兵也，流矢如雨，扶伤舆死。"引申为生死之死。金文作 ，小篆演变为 ，秦简作 ，"人"字形就渐渐演变成"匕"了。

死 〔中〕
sǐ

1. 失去生命：～刑｜～囚｜出生入～。
2. 将生命置之度外：～士（敢死的武士）｜～战。
3. 固执，坚持到底：～党｜～心塌地。
4. 程度高、程度深：睡得～。
5. 不活动，不灵活；不通达：～结｜～党｜～胡同。

死 〔日〕
shi、shinu

1. 死，死亡。
2. 杀，自杀。
3. 拼命。

死 〔韩〕
juk eul sa

1. 死亡。
2. 杀害。
3. 结束。

殳部 母部

三国字 —— 中日韩常用汉字详解

殺

字形演变

殺 > 殺 > 殺 > 杀

解字 西周金文作 ，会意，右边"殳"表示手执长戈等兵器，左边为被击杀的人，小点表示溅出的鲜血。这个字形后来演变为小篆殺。《孟子·梁惠王上》："杀人以梃与刃，有以异乎？"

母

字形演变

母 > 母 > 母 > 母

解字 著名的商代后母戊方鼎，是我国现存古代最大的青铜鼎，这个青铜器只铸有"后母戊"三个字，其中"母"字字形为母，用婉转柔顺的线条，生动地描绘了一个对丈夫温顺、对子女亲切的母亲形象。字形最上面一横，象发簪形，表示该女子是成年的、已婚配的女性。由于母亲的一个重要职责是哺育子女，因此古汉字中大部分"母"字都像商代晚期的另一个金文字形母一样，胸部加注两点，象乳房形。这两点也成为"母"字最为显著的区别特征，并且这一区别特征在经历字形演变后一直得以保存，比如秦代小篆字形母和秦代竹简上的古隶字形母。《老子》："无名，天地之始；有名，万物之母。"

殺 中
shā

1.使人或动物死去：～生｜～敌｜～鸡取卵。
2.战斗，搏斗：～出重围。
3.消减：～风景。
4.使减少：～价。

殺 日
satsu、sai、setsu、korosu

1.杀，杀死。
2.减少，消减。
3.加强语气。
4.粗暴，严厉。

殺 韩
juk il sal

1.杀死。
2.死亡。
3.抹杀。

母 中
mǔ

1.妈妈，娘：～亲｜慈～。
2.对女性长辈的称呼：姑～｜舅～。
3.雌性的，与"公"相对：～鸡。
4.事物据以产生出来的：～校｜～语。
5.一套物品东西中间可以包含其它部分的：螺～｜子～扣。

母 日
bo、bou、mo、haha

1.母，母亲。
2.根基，母体。

母 韩
eo me ni mo

1.母亲。
2.母体。
3.母乳。
4.根本。

字形演变

青 〉 紫 〉 悉 〉 每

解字 甲骨文作青，象女子头上插有钗环等头饰，"每"的本义指头饰纷繁、盛美，西周金文作紫，小篆演变为悉。后来被假借用来表示每次、每一个，如《论语·八佾》："子入太庙，每事问。"

字形演变

∬ 〉 ∭ 〉 比

解字 西周金文作∬，会意字，由两"匕"构成，表示并排的意义。"匕"的本义是长柄勺，"比"字还借助"匕"来提示发音。《诗经·周颂·良耜》："其崇如墉，其比如栉。"

每 中	每 日	每 韩
měi	mai	mae yang mae
1.任一个，逐次的：～人｜～回｜～年。	1.每，每日。	1.每天。 2.每次。 3.虽然。 4.贪心。

比 中	比 日	比 韩
bǐ	hi、kuraberu	gyeon jul bi
1.靠近，挨着：～邻｜鳞次栉～。 2.较量高低，评判优劣等：～赛｜攀～｜评～。 3.能够相匹：今非昔～｜无与伦～。 4.譬喻，摹拟：～如｜～方。	1.比较，比。 2.排列。 3.时机，机会。 4.同类。	1.比较。 2.模仿。 3.对等。 4.熟悉。

字形演变

字形演变

解字 西周金文字形，象动物毛发形，本义即毛发。《左传·僖公十四年》："皮之不存，毛将焉傅？"秦简作，汉代《曹真碑》演变为毛。

解字 西周金文作，象树的根柢形，由根柢的意思引申出氏族、姓氏等义。《通志·氏族略序》："氏所以别贵贱，贵者有氏，贱者有名无氏。"

毛 中
máo

1. 动植物的皮上丝状物：～笔｜羽～｜羊～。
2. 粗糙，没有加工的：～坯｜～边纸。
3. 不是纯净的：～利｜～重。
4. 行动急躁：～躁。
5. 量词，钱币单位，等于"角"，一元钱的十分之一：一～钱。

毛 日
mou、ke

1. 毛，毛发。
2. 羽毛，羊毛。

毛 韩
teo rek mo

1. 毛皮。
2. 动物。
3. 牺牲。

氏 中
shì

1. 古代称呼帝王贵族等，后称呼名人、专家：神农～｜太史～｜摄～表。

氏 日
shi、uji

1. 姓氏。
2. 接在姓氏或名字后，表示敬称。

氏 韩
gak si ssi

1. 姓氏。
2. 尊称。

字形演变

甲 〉 月 〉 甲 〉 民

解字 甲骨文作甲，西周金文作月，描绘的是古代奴隶主对俘虏采取刺瞎左眼的刑罚，并强迫他们劳动，这种刺瞎了左眼的奴隶叫做"民"。后来泛指庶民、百姓。《诗经·节南山》："弗躬弗亲，庶民弗信。"意思是：你不亲自干活，老百姓就不再信任你了。

字形演变

气 〉 气 〉 氣 〉 氣 〉 气

解字 氣字初文作"气"，如甲骨文三、西周金文气、春秋金文气等，这些字形描绘的是天上层层叠叠、变幻无穷的云气形状，并用来泛指那些无形的、精微的、流动的物质。后世用"氣"字取代"气"来表示这一概念，如《孟子·公孙丑上》："吾善养吾浩然之氣。""氣"字小篆作氣，形声字，"米"为形，"气"为声，本义是用来馈赠宾客的干粮。

民 **中**
mín

1.百姓，群众：人～｜～主｜勤政爱～。
2.指人或人群、群众的：～族｜居～｜～间｜～歌。
3.某族的人：汉～｜回～。
4.从事某种职业的人：农～｜渔～。
5.非军事的：～品｜～航。

民 **日**
min、tami

1.民众，群众。

民 **韩**
baek seong min

1.百姓。
2.人口。
3.自我。

氣 **中**
qì

1.精微的、流动的物质：～体｜～血｜～味。
2.呼吸：～息｜憋～｜上～不接下～。
3.天气：～温｜～象｜云～。
4.人的健康精神状态：～色｜～魄｜～派。
5.怒，或使人内心不快乐：～恼｜生～。
6.氛围：和～｜～氛｜～韵。

気 **日**
ki、ke

1.气，气味。
2.气息，呼吸。
3.天气，气候。
4.心情，气质。
5.意识，神志。

氣 **韩**
gi won gi

1.力气。
2.气魄。
3.气势。
4.力量。

三国字——中日韩常用汉字详解

字形演变

⺌ > ⺌ > 水

解字 甲骨文作⺌，象一条弯曲的河流，两边是水流的波纹。"水"的本义也即河流。如《诗经·秦风·蒹葭》："蒹葭苍苍，白露为霜。所谓伊人，在水一方。"现在"水"通常指一种无色无味的透明液体。

字形演变

⺌ > ⺌ > ⺌ > 永

解字 甲骨文作⺌，相对而言，西周金文字形更为完整，象水道中有支流的形状。同"永"有关的还有"辰"（即派字）、"脉"，"派"表示水的支流，"脉"表示血管的分支。所以"永"的本义也和水有关，表示水道很长。如《诗经·周南·汉广》："江之永矣，不可方思。"又由水的长引申出、时间久远。如《诗经·木瓜》："投我以木桃，报之以琼瑶。匪报也，永以为好也！"

水 中	水 日	水 韩
shuǐ	sui、mizu	mul su
1.无色、无臭、透明的液体：～波｜～海｜上善若～。 2.河流：汉～｜湘～。 3.液汁：～笔｜墨～。	1.水，液体。 2.（无色的）冰水。 3.星期三。	1.最常见液体。 2.河水。 3.洪水。 4.水星。

永 中	永 日	永 韩
yǒng	ei、nagai	gil young
1.水流长：江之～矣。 2.长久：～远｜～生｜隽～｜～垂不朽。	1.长，长久，永久。	1.长远。 2.永远。 3.遥远。

字形演变

江 > 江 > 江

解字 战国金文作江，形声字，"水"为形，"工"为声，"江"原本是长江的专名，《诗经·江汉》："江、汉汤汤，武夫洸洸。经营四方，告成于王。"后来泛指所有河流。

字形演变

决 > 决 > 决 > 决

解字 小篆作决，形声字，从"水"，"夬"（guài）声，本义是打开缺口疏导水流，引申为洪水冲破堤岸。《史记·秦始皇本纪论》："河决不可复壅，鱼烂不可复全。"武威汉简作决，后来"氵"省写为"冫"，如唐代颜真卿楷书决，偏旁就失去表义功能了。

江 中 jiāng	江 日 kou、e	江 韩 gang gang
1.大河：长~｜~河｜~河湖海。 2.特指中国长江：~汉｜~淮。	1.大河。 2.长江。	1.江水。 2.长江。

决 中 jué	决 日 ketsu、kimeru、kimaru	决 韩 gyeol dan hal gyeol
1.堤岸被水冲开口子：~口｜溃~。 2.拿定主意：~定｜~议｜犹豫不~。 3.决定最后胜败：~赛｜~战｜ 4.执行死刑：处~｜枪~。	1.决定。 2.断然，干脆。 3.打破，破坏。 4.议决。	1.决断。 2.决定。 3.判断。 4.分别。

三国字——中日韩常用汉字详解

字形演变

河 〉 河 〉 河

解字 甲骨文作 ，西周金文有字形与甲骨文类似，作 ，形声字，"水"表义，"何"表声。小篆 的"何"简写为"可"。"河"原本是黄河的专名，《尚书·禹贡》："岛夷皮服，夹右碣石入于河。"后来泛指河流。《诗经·鄘风·君子偕老》："委委佗佗，如山如河。"

字形演变

油 〉 油 〉 油

解字 战国时期金文作 ，形声字，"水"表义，"由"表声，本为古代河流名，发源于湖北省五峰县，注入长江。后被假借用来表示油脂。《孟子·梁惠王上》："天油然作云，沛然下雨，则苗浡然兴之矣。"小篆作 。

河 中
hé

1.河流，河流的：～道｜～滩｜口若悬～。
2.特指中国黄河：～套｜～西走廊。
3.指"银河系"：天～｜～汉。

河 日
ka、kawa

1.河，河川。
2.类似于河的东西，银河。
3.中国的黄河。

河 韩
mul ha

1.河水。
2.江水。
3.运河。
4.黄河。

油 中
yóu

1.动植物体内所含的脂肪或矿井中提炼出的液态化合物：石～｜汽～。
2.狡猾：～滑。

油 日
yu、abura

1.油，油脂。
2.大意，疏忽。

油 韩
gi reum yu

1.油脂。
2.油膜。
3.光润。

治

字形演变

解字 小篆作 糰，形声字，"水"为形，"台"（yí）为声。治本为水名，发源于山东省掖县，与胶莱河汇合入海。"治"字常表示河道的疏通、水利的兴修，郦道元《水经注》："昔禹治洪水。"在河流频繁泛滥成灾、饱受洪水之苦的古代，治水属于一项重要的国家大事，因此"治"又引申为治理、治世。秦简演变为 治。

治 〔中〕
zhì

1.处理，管理：～理｜统～｜～安。
2.惩办：～罪｜惩～。
3.医疗：～疗｜医～。
4.消灭病虫害：～蝗｜～蚜虫。
5.从事研究：～学｜～史。
6.安定：～世｜天下大～。

治 〔日〕
osameru、osamaru、naoru、naosu、ji、chi、

1.治理，统治。
2.医治，病愈。

治 〔韩〕
da seu ril chi

1.治理。
2.政治。
3.都邑。
4.修养。

泉

字形演变

解字 甲骨文作 ▨、▨ 等，象水从泉眼中流淌而出。《易·蒙》："山下出泉，蒙，君子以果行育德。"意思是君子必须下定决心，果断行事，才能培养出良好的品德。西周金文作 ▨、▨，小篆演变为 ▨，居延汉简作 泉，字形上部逐渐演变为"白"，汉《张迁碑》泉，下部演变为"水"。王维《山居秋暝》："明月松间照，清泉石上流。"

泉 〔中〕
quán

1.从地下涌出的水：温～｜喷～｜趵突～。
2.古代钱币的名称。

泉 〔日〕
sen、izumi

1.泉，泉水。
2.来世，黄泉。

泉 〔韩〕
saem cheon

1.泉水。
2.地下水。
3.钱币。
4.黄泉。

水部

三国字——中日韩常用汉字详解

法

字形演变

解字 西周金文作，会意字，由表示公平的"水"和传说中能明辨曲直、审理案件时能用角去触罪人的神兽"廌"（zhì）、表示驱赶罪犯的"去"三个字组合而成，意思是扬善惩恶像廌一样公平。小篆作，秦简作。但小篆中也有省略"廌"的写法，如，隶书以后多采用这种简写字形。《管子·心术》："杀戮禁诛谓之法。"

法 中 fǎ

1. 国家政府制定和颁布的规则：
~规｜~律｜遵纪守~。
2. 做事的方式：办~｜手~｜写~。
3. 仿效：效~｜道~自然。
4. 标准，可仿效的：~式｜~帖。
5. 佛教的教义：佛~｜~门。
6. 指法国的：~文｜~式大菜。

法 日 hou

1. 法，法律。
2. 做法，方法。
3. 效法，遵照。
4. 佛法。

法 韩 beob beob

1. 法律。
2. 方法。
3. 真理，佛教。
4. 模型。

波

字形演变

解字 郭店楚简作，形声字，"氵"为形，"皮"为声，本义即波浪。小篆作。曹操《观沧海》："秋风萧瑟，洪波涌起。"

波 中 bō

1. 因振荡导致的起伏不平的水
面：~浪｜~涛｜随~逐流。
2. 振动的传导形式：~长｜~谱
｜超声~。

波 日 ha、nami

1. 波，波浪。
2. 持续不断，波及。
3. 眼波，目光。

波 韩 mul gyeol pa

1. 波浪。
2. 水流。
3. 恩宠。

泣

字形演变

解字 战国时期郭店楚简作𣲆，会意字，左为"水"，右边是眼眶中泪水淌下的样子。"泣"字的本义即默默地流眼泪。杜甫《石壕吏》："夜久语声绝，如闻泣幽咽。"后来𣲆为形声字所取代，如小篆𣲆，"水"为形，"立"为声。"泣"又指眼泪，如白居易《琵琶行》："座中泣下谁最多，江州司马青衫湿。"

泣 中 qì	泣 日 kyuu、naku	泣 韩 ul eup
1.小声的哭：哭~｜哀~｜抽~。 2.眼泪：饮~｜~下如雨。	1.泣，哭泣。	1.哭泣。 2.担心。 3.哭声。 4.泪水。

注

字形演变

解字 小篆写作𣲷，"水"为形，"主"为声。秦简作𣲷。"注"本义是倒入、倾泻而下的意思。如《诗经·泂酌》："挹彼注兹。"灌水时水流要集中，所以这一意象又赋予"注"字集中、专注的意思，还引申为赌博时集中投入的财务，即赌注。

注 中 zhù	注 日 chuu、sosogu	注 韩 dal ju
1.(把液体)灌进去：~入｜浇~｜大雨如~。 2.(精神、力量)集中：~视｜~意。 3.解释字句：~解｜~释｜~音。 4.登记：~册｜~销。 5.赌博时所投入的钱物：下~｜赌~。	1.流注，注入。 2.注解，注释。 3.求，定购。	1.注释。 2.记录。 3.潮流。

字形演变

字形演变

泰

解字 小篆字形作，下面为"水"，两只有力的手把掉落水中的人托举而出，落水的人得以转危为安，"否极泰来"。泰的本义即平安、安宁。《周易·泰》象曰："天地交，泰。"汉代马王堆帛书作泰。

洋

解字 小篆作洋，形声字，"水"为形，"羊"为声。洋本义是古代河流名，发源于山东临朐县，向东注入清水泊。"洋"本义少用，在古汉语中常表示盛大义，如《诗经·衡门》："泌之洋洋，可以乐饥。"引申为水面广阔，到宋代时又指海洋。汉代《衡方碑》作洋。

泰 中 tài	泰 日 tai	泰 韩 keunl tae
1.安定，平安：国~民安丨~然处之。 2.美好：~运丨否(pǐ)极~来。 3.通：天地交~。	1.安泰，平安。 2.极，最。 3.伟大，泰斗。 4.奢侈，骄奢。 5.泰国。	1.重大。 2.严重。 3.平安。 4.傲慢。

洋 中 yáng	洋 日 you	洋 韩 keun ba da yang
1.比海更大的水域：海~丨北冰~。 2.指外国的：~人丨~务丨~为中用。 3.指时尚的，和"土"相对：~气丨土~结合。 4.银元：大~丨现~。	1.海洋。 2.西洋，西方。 3.广阔，辽阔。	1.海洋。 2.西洋。 3.惊涛。 4.广大。

洗

字形演变

洗
〉
洗
〉
洗

解字 小篆作 形声字，"水"为形，"先"为声。本义指清洗脚部（古人称浸身为"浴"，洗头为"沐"，冲水为"澡"，洗手为"盥"，泡脚为"洗"）。《史记·高祖本纪》："沛公方踞床，使两女子洗足。"后字义扩展为用水洗净污垢。

洗 中
xǐ

1.清除污垢：~脸｜~澡｜~心革面。
2.清除冤屈：~雪｜~冤。
3.把牌掺和整理：~牌。
4.基督教接受个人入教时的仪式：受~｜~礼。

洗 日
sen、arau

1.洗，漂洗。
2.流畅，通畅。
3.洗刷，洗净。

洗 韩
ssis eul se

1.洗刷。
2.水盆。
3.洗澡。

活

字形演变

活
〉
活
〉
活

解字 小篆作 形声字，"水"为形，"昏"（guā）为声。后来声符演变为"舌"。如汉隶书 活。"活"用作本义时读作 guō，指水流动的声音。《诗经·硕人》："河水洋洋，北流活活。"水流哗哗的水为活水，由此又引申出活动的、有生命的意思，读作 huó。《尚书·太甲》曰："天作孽，犹可违；自作孽，不可活。"

活 中
huó

1.有生命的，与"死"相对：~人｜复~｜生龙~虎。
2.可移动：~水｜~页。
3.有生气：~力｜~泼。
4.工作：干~｜粗~。

活 日
katsu

1.活，生活。
2.活动的，活用的。
3.生气勃勃。

活 韩
sal hwal

1.生活。
2.生存。
3.出生。

流

字形演变

解字 战国时期郭店楚简作𣲗，会意，左边是"水"，右边是两个古文字"虫"，表示流动的水中有虫子游动，强调"动"义。"流"字的本义指水的流动。小篆变为𣹢、𣲖，秦简演变为𣲘。《诗经·大雅·公刘》："相其阴阳，观其流泉。"

流 中
liú

1. 液体移动：～淌｜～汗。
2. 像水流一样移动的东西：～寇｜～浪｜～主～。
3. 传播：～传｜～言｜～芳。
4. 押送犯人到荒远的地方：～放｜～配。
5. 品类，等级：～辈｜～派。

流 日
ryuu、ru、nagareru、nagasu

1. 流，流动。
2. 漂泊，流离。
3. 流传。
4. 做法，流派。

流 韩
heu reul ryu (yu)

1. 流动。
2. 流传。
3. 流浪。

浪

字形演变

解字 小篆作𤀉，形声字，"水"为形，"良"为声。浪本为河流名，即沧浪水，是汉水的下游，注入长江。《说文解字》："浪，沧浪水也。南入江。"南北朝以后，浪指水流奔腾形成的波浪，又引申为放浪。屈原《渔父》："沧浪之水清兮，可以濯吾缨；沧浪之水浊兮，可以濯吾足。"

浪 中
làng

1. 大波：波～｜海～｜惊涛骇～。
2. 像波浪起伏的：麦～｜声～。
3. 放诞任行：放～｜～迹｜孟～。

浪 日
rou

1. 浪，波浪。
2. 流浪。
3. 浪费。

浪 韩
mul gyeol rang (nang)

1. 波浪。
2. 胡乱。
3. 流浪。

浮

字形演变

浮 > 浮 > 浮

解字 春秋时期金文作浮，形声字，"水"为形，"孚"为声。本义指漂在水面上，和"沉"相对。《诗经·小雅·菁菁者莪》："泛泛杨舟，载沉载浮，既见君子，我心则休。"

浮 中
fú

1.漂在水面上，与"沉"相对：～桥｜～萍｜～光掠影。
2.表面的：～土｜～雕。
3.空虚，不切实：～夸｜～华。
4.不沉稳：轻～｜～躁。

浮 日
fu、uku、ukareru、ukabu、ukaberu

1.漂浮，不固定。
2.浮现。
3.轻浮，没根据。
4.快活，欢闹。

浮 韩
tteul bu

1.漂浮。
2.轻轻。
3.溢出。

浴

字形演变

浴 > 浴 > 浴 > 浴

解字 "浴"字甲骨文作浴，像人在盆中洗浴。战国时期信阳楚简作浴，变为形声字，"水"为形，"谷"（yù）为声。本义指洗澡。同时期的郭店楚简作浴，下形上声。屈原《渔父》："新沐者必弹冠，新浴者必振衣。"

浴 中
yù

1.洗澡：沐～｜～室｜～巾。

浴 日
yoku、abiru、abiseru

1.浴，沐，淋。

浴 韩
mok yok hal yok

1.沐浴。
2.修养。

水部

三国字 —— 中日韩常用汉字详解

海

字形演变

∨

∨
海

解字 西周金文作 ，形声字，"水"为形，"每"为声。海的本义指海洋。《说文》："海，天池也，以纳百川者。"《道德经》："江海之所以能为百谷王者，以其善下之。"

海 **中**

hǎi

1. 靠近大陆，比洋小的水域：～洋｜～鲜｜五湖四～。
2. 用于湖泊名称：青～｜中南～。
3. 大的：～碗｜夸下～口。
4. 喻数量巨大的：林～｜人山人～。

海 **日**

kai、umi

1. 海：海洋。
2. 广大。

海 **韩**

ba da hae

1. 海洋。
2. 海水。
3. 辽阔。

消

字形演变

∨

∨
消

解字 小篆作 ，形声字，"水"为形，"肖"为声。消的本义指未尽而将尽，引申为使消失、消散。陶渊明《归去来辞》："悦亲戚之情话，乐琴书以消忧。"武威汉简作 。

消 **中**

xiāo

1. 溶化，散失：～失｜～逝｜～化。
2. 灭掉，除去：～除｜～毒｜～炎。
3. 排遣：～遣｜～闲｜～夏。
4. 耗费：～耗｜～损｜～退。

消 **日**

shou、kieru、kesu

1. 消灭，消除。
2. 消失，熄灭。
3. 保守的，消极的。

消 **韩**

sa ra jil so

1. 消失。
2. 消灭。
3. 消耗。

涼

字形演变

〉涼 〉涼 〉涼

解字 小篆作涼，形声字，"水"为形，"京"为声，本义为薄。又引申为寒冷。汉马王堆帛书作涼，南北朝以后有些字形用"冫"（冰）代替"氵"，突出"寒冷"的字义。如颜真卿楷书作涼。《诗经·北风》："北风其凉，雨雪其雱。"

涼 【中】
liáng、liàng

liáng
1.温度低，微冷：～快｜～爽｜～亭。
2.喻灰心或失望：心～了半截。

liàng
1.使冷却一点：把开水～一～再喝。

涼 【日】
ryou、suzushii、suzumu

1.凉，凉爽。
2.乘凉，纳凉。
3.凄凉。
4.淡薄。

涼/涼 【韩】
se neul hal ryang (yang)

1.凉快。
2.薄薄。
3.凄凉。

淨

字形演变

〉淨 〉淨 〉淨 〉净

解字 金文作淨，形声字，"水"为形，"静"为声。本义是清洁、无污垢。后来声符省略为"争"，如小篆淨。形符又演变为"冫"，如汉代《衡方碑》淨。吴均《与朱元思书》："风烟俱净，天山共色。"

淨 【中】
jìng

1.清洁；清洁的：～化｜～土｜窗明几～。
2.单纯，纯粹的：～值｜～价。
3.单，只，全：满地～是树叶。
4.戏曲戏剧扮演男人的行当名：～角｜武～。

净 【日】
jou

1.洁净，清净。
2.净化，净土。

淨 【韩】
kkae kkeut hal jeong

1.干净。
2.明亮。
3.冰凉。

深

字形演变

绐
∨
窗
∨
㵥
∨
㴱
∨
深

解字 甲骨文作绐，会意，表示在滴水的深远洞穴中探寻。深的本义指幽深、深远。战国金文作窗，战国楚简作㵥。小篆演变为㵥，形声字，"水"为形，"㸒"为声。汉代马王堆帛书演变为㴱。欧阳修《蝶恋花》："庭院深深深几许，杨柳堆烟，帘幕无重数。"

深 中
shēn

1.上面到底部的距离大，与"浅"相对：～水｜～渊｜～不可测。
2.久，时间长：～夜｜～秋。
3.程度高的：～思｜～交｜～红。

深 日
shin、fukai、fukamaru、fukameru

1.深，深厚。
2.加深，深化。
3.深奥。

深 韩
gip eul sim

1.深奥。
2.深厚。
3.茂盛。

混

字形演变

㻎
∨
混

解字 小篆作㻎，形声字，"水"为形，"昆"为声，本义指水量巨大、气势雄浑的流水。《孟子·离娄下》："源泉混混，不舍昼夜，盈科而后进。"这种水势盛大的流水往往汇聚了各处的支流，因此，混又引申出混合、混浊等义。如《老子》："此三者不可致诘，故混而为一。"

混 中
hùn

1.夹杂在一起：～和｜～同｜～血儿。
2.乱，胡乱：～乱｜～世魔王。
3.蒙，充：蒙～｜～进｜鱼目～珠。
4.苟且度过：胡～｜～日子。

混 日
kon、majiru、mazaru、mazeru

1.混合，混杂。
2.乱七八糟，混乱。

混 韩
seokk eul hon

1.混合。
2.浑浊。
3.胡乱。

字形演变

解字 古文字中，形声字形符和声符位置往往不稳定，比如战国楚帛书"浅"字作（**），"戋"（jiān）为声符，"水"为形符，左声右形；战国信阳楚简作（**），上声下形；小篆作（**），右声左形。"浅"的本义是水不深。《九歌·湘君》："石濑兮浅浅，飞龙兮翩翩。"

字形演变

解字 小篆作（**），形声字，"水"为形，"青"为声，本义指水清澈透明。《诗经·伐檀》："河水清且涟漪。"

淺 中 qiǎn

1.从表面到底部距离小的，与"深"相对：～滩｜～海｜深入～出。
2.程度不深的：～薄｜～红｜～尝辄止。
3.不久，时间短：年代～。

浅 日 sen、asai

1.水浅，浅。
2.浅薄，肤浅。
3.仅一点点。

淺 韩 yat eul cheon

1.浅薄。
2.半生不熟。
3.固陋。

清 中 qīng

1.澄净透明，与"浊"相对。
2.安静。
3.单纯不杂。
4.明晰。
5.除掉。
6.公正，廉洁。

清 日 sei、shou、kiyoi、kiyomaru、kiyomeru

1.清，清新。
2.清洗，清除。
3.清澈。

淸 韩 malk eul cheong

1.清明。
2.鲜明。
3.分明。

减

字形演变

解字 金文作，形声字，"水"为形，"咸"为声。本义为减损。后来有的形符替换为"冫"，如颜真卿楷书**减**。宋玉《登徒子好色赋》："臣里之美者，莫若臣东家之子。东家之子，增之一分则太长，减之一分则太短。"

减 中
jiǎn

1.去掉一部分：～价｜～员｜偷工～料。
2.降低变少，衰退：～轻｜～弱｜～缓。

减 日
gen、heru、herasu

1.减，减少。
2.减法运算。

减 韩
del gam

1.减少，减轻。
2.伤害。
3.杀死。

湖

字形演变

解字 西周散氏盘铭文作，形声字，"水"为形，"古"为声，小篆作，声符替换为"胡"。本义是陆地上的水泊。《国语·越语下》："果兴师而伐吴，战于五湖。"

湖 中
hú

1.陆地上聚积的大片水域：～泊｜～光山色。
2.指中国湖北省和湖南省：两～｜～广。

湖 日
ko、mizuumi

1.湖，湖泊。

湖 韩
ho su ho

1.湖水。

温

字形演变

温
∨
温
∨
温

解字 "昷"是"温"的本字，甲骨文作 。字形中小点像人沐浴时，浴盆中热气腾腾，表示暖和、温热义。后来再加注意符"水"，如战国楚简 ，小篆 。又引申为温习义，如《论语·为政》："温故而知新，可以为师矣。"

温 **中**	温 **日**	溫 **韩**
wēn	on、atataka、atatakai、atatamaru	tta tteus hal on
1.暖的：保~丨降~丨~床。	1.温暖。	1.温暖。
2.性情慈柔：~柔丨~顺丨~文尔雅。	2.温度。	2.温和。
3.稍微加热：把酒~一下。	3.温习。	3.温柔。
4.复习：~习丨~故而知新。	4.安详，温和。	

滿

字形演变

滿
∨
滿
∨
滿

解字 小篆作 ，形声字，"水"为形，"㒼"（mán）为声，本义指水充盈。引申为没有空余。唐代许浑《咸阳城东楼》："溪云初起日沉阁，山雨欲来风满楼。"居延汉简作 。

滿 **中**	満 **日**	滿 **韩**
mǎn	man、michiru、mitasu	chal man
1.主观上知足或客观上全部充实：~意丨填~丨~载而归。	1.满，充满。	1.占满。
2.到了一定的限度：~员丨~月。	2.充足，丰富。	2.充满。
3.骄傲：自~丨志得意~。	3.满洲。	3.丰富。
4.十分，全：~天飞丨~园春色。	4.足岁，满周岁。	
5.中国少数民族之一：~族丨~文丨~汉全席。		

漁

字形演变

解字 甲骨文作🐟，本义是在水边捕鱼，这个字形中，河中间和河两岸都有鱼，表示将河里的鱼抓到岸上。一些甲骨文字形强调用渔网捕鱼，如🐟、🐟；一些字形突出用手抓鱼，如商代金文🐟；或是用手在水边捕鱼，如西周金文🐟。小篆简化为🐟，秦简字形为🐟。欧阳修《醉翁亭记》："临溪而渔，溪深而鱼肥。酿泉为酒，泉香而酒洌。"

漢

字形演变

解字 春秋金文作🐟，小篆演变为🐟，"水"为形，"難"（省略隹）为声。本义是长江最长的支流，也即汉江，源于陕西省宁强县，在武汉注入长江。如《诗经·汉广》："汉之广矣，不可泳思；江之永矣，不可方思。"汉代《衡方碑》作🐟。

漁 中
yú

1. 捕鱼：～业丨～火丨竭泽而～。
2. 谋取不应得的东西：～利丨～色。

漁 日
gyo、ryou

1. 捉鱼，捕鱼。
2. 寻觅，猎取。

漁 韩
go gi jap eul e

1. 捕鱼。
2. 夺走。
3. 渔夫。

漢 中
hàn

1. 河流名，长江最大的支流：～江。
2. 天河：河～丨气冲霄～。
3. 成年男性：～子丨老～。
4. 中国人数最多的民族：～族丨～字。
5. 中国朝代名：～代丨～碑。

漢 日
kan

1. 汉族。
2. 男子。
3. 天河。

漢 韩
han su han

1. 汉水。
2. 汉代。
3. 银河。

潔

字形演变

灙 ＞ 灙 ＞ 潔 ＞ 洁

解字 小篆作灙，形声字，"水"为形，"絜"为声。有的声符替换为"吉"，比如颜真卿楷书洁。洁的本义指干净，又指人的品行端正。《管子·水地》："鲜而不垢，洁也。"

潔 中
jié

1. 干净：清~｜整~｜冰清玉~。
2. 廉明，不贪污：廉~｜~身自好（hào）。

潔 日
ketsu、isagiyoi

1. 清洁，纯洁。
2. 清高的。

潔 韩
kkae kkeu hal gyeol

1. 清洁。
2. 廉洁。
3. 洁白。

火

字形演变

 ＞ 夾 ＞ 川 ＞ 火

解字 甲骨文作川，象熊熊燃烧着的火焰形，两边的小点是溅起的火星，这两点也可以把甲骨文"火"和甲骨文"山"区别开来。战国楚帛书作夾，上面一横是装饰性的笔画。上古"大火星"简称"火"，如《诗经·七月》："七月流火，九月授衣。"

火 中
huǒ

1. 物体燃烧的光和焰：~烛｜烟~｜抱薪救~。
2. 紧急：~速｜十万~急。
3. 指枪炮弹药等：~药｜~炮。
4. 怒气，脾气：发~｜冒~｜无名~。
5. 形容红色的：~红｜~腿｜~狐狸。

火 日
ka、hi、ho

1. 火，火灾。
2. 星期二。
3. 激烈，强烈。
4.（枪炮等）兵器。

火 韩
bul hwa

1. 炉火。
2. 火灾。
3. 太阳。

火部

三国字——中日韩常用汉字详解

字形演变

斲 ∨ 烈 ∨ 烈

（解字）小篆作 𤈦，形声字，"火"为形，"列"为声。楷书中的四点底大部分都是由"火"字变形来的，就像"氵""忄"是由"水""心"变形来的一样。《左传·昭公二十年》："夫火烈，民望而畏之，故鲜死焉，水懦弱，民狎而玩之，则多死焉。"

字形演变

𣎴 ∨ 舞 ∨ 𣎳 ∨ 無 ∨ 無 ∨ 无

（解字）商代金文作 𣎳，象人手持羽毛一类的装饰物舞蹈，本义即舞蹈。甲骨文作 𣎴，字形相对简化。周以后"無"字开始被假借为表示"没有"的概念，并在"無"下添加双脚形的意符"舛"以代表其造字本义"舞"，《说文》小篆 𣠤 则在"無"下加"亡"表示"没有"的概念。《老子》："天下万物生于有，有生于无。"

汉代的马王堆帛书里写作 舞，《曹全碑》的隶书进一步简省，写作 無，就和楷书差不多了。这里的"灬"就是"火"字没有半点关系了。另外，《说文》里还有所谓的"奇字"写作 𣎳，楷化以后就写成了"无"。

烈 中
liè

1.火势猛；引申为猛，厉害：~火｜~酒｜~马｜剧~。
2.气势盛大：轰轰~~。
3.为正义赴死的：~女｜先~｜~士。

烈 日
retsu

1.猛烈，激烈。
2.壮烈，刚直。
3.功业。

烈 韩
mae ul ryeol (yeol)

1.猛烈。
2.暴恶。
3.强烈。
4.坚强。

無 中
wú

1.没有，与"有"相对，不：~能｜~偿。

無 日
mu、bu、nai

1.无，没有。
2.蔑视，轻视。
3.无用。

無 韩
eob eul mu

1.毫无。
2.不是。
3.禁止。

然

字形演变

然
∨
然
∨
然
∨
然
∨
然

解字 战国金文作然，形声字，"火"为形，"肰"（rán）为声，本义是燃烧。"然"即"燃"的初文。《孟子·公孙丑上》："凡有（仁义礼智）四端于我者，知皆扩而充之矣，若火之始然，泉之始达。"后来"然"被频繁地假借用作表示"同意、正确"；或借用为代词，表示"这样、如此"。为了和这两个假借义区分，"然"加注意符"火"造出分化字"燃"表示其"燃烧"的造字本义。

汉代马王堆帛书有字形作然，同时也有字形作然，下面的"火"演变成"灬"。

然 **中**	然 **日**	然 **韩**
rán	zen、nen	geu rel yeon
1.对，是：～否｜不～｜不以为～。	1.如此，这样。	1.准确。
2.这样，如此：当～｜后｜～则。	2.状态，样子。	2.分明。
3.表示状态：显～｜忽～｜飘飘～。	3.然后，于是。	3.同意。
	4.然而。	

烟

字形演变

烟
∨
煙
∨
煙 ＞ 煙
∨
烟
∨
烟

解字 春秋金文作烟，会意字，"宀"为室内，其中为熏炉形。室内有一熏炉，表示烟气。《韩非子·喻老》："千丈之堤，以蝼蚁之穴溃；百尺之室，以突隙之烟焚。"

和金文烟相比，《说文解字》保存了多种写法。字形煙中，熏炉上面又增加了缭绕的烟雾形；古文作烟，增添了意符"火"；籀文作煙，省略了原有的意符"宀"；异体烟则是一个形声字，声符为"因"。

烟 **中**	煙 **日**	煙 **韩**
yān	en、kemuru、kemuri、kemui	yeon gi yeon
1.物质燃烧时冒出的气体：硝｜～火｜荒无人～。	1.烟雾。	1.烟气。
2.像烟的：～霞｜～霭。	2.香烟。	2.雾气。
3.烟草制品：香～｜卷～。	3.冒烟。	3.香烟。
		4.鸦片。

火部

三国字——中日韩常用汉字详解

熱

字形演变

燚 ＞ 𤍽 ＞ 熱 ＞ 热

解字 战国楚简作燚，会意字，字形中间为日，下部为火。"日"、"火"表示太阳下火一般温热。小篆作𤍽，形声字，"火"为形，"埶"（yì）为声。晁错《论贵粟疏》："春不得避风尘，夏不得避暑热，秋不得避阴雨，冬不得避寒冻。四时之间，亡日休息。"

熱 中

rè

1.温度较高，与"冷"相对：灼～｜天气～｜水深火～。
2.身体发烧：～症｜发～。
3.情意深：～心｜～情。
4.旺、盛：～闹｜～潮｜～火朝天。
5.受欢迎，关注的：～销｜～门儿。

熱 日

netsu、atsui

1.炎热。
2.发烧，热病。
3.热中，着迷。
4.加热。

熱 韩

de ul yeol

1.暑热。
2.变热。
3.兴奋。
4.亲密。

燈

字形演变

鐙 ＞ 燈 ＞ 燈 ＞ 灯

解字 "灯"字古代写作鐙，形声字，"金"为形，"登"为声。形符"金"强调这种可盛油膏的照明用具是用金属材料制作的。《楚辞·招魂》："兰膏明烛，华镫错些。"后来出现了"燈"的写法，如《曹全碑》燈，而"镫"字则多表示马鞍两旁的铁脚踏；后来又有字形将声符"登"替换为"丁"，如颜真卿楷书灯。

燈 中

dēng

1.照明的器具：油～｜路～｜～火通明。
2.装饰张挂的彩灯：～市｜河～｜冰～。

灯 日

tou、hi

1.灯，灯火。

燈 韩

deng jan deng

1.盏灯。
2.蜡烛。
3.佛法。

爭

字形演变

∨ �
∨ 爭
∨ 争
∨ 争

解字 甲骨文作 𤔤，象两只手（代表不同的两个人）一上一下争夺一件 U 形的物品。甲骨文又有字形 𤔤 描绘的则是三个人在争夺。小篆演变为 𤔣。《老子》："夫唯不争，故天下莫能与之争。"

父

字形演变

∨ 𠃌
∨ 丨
∨ 又
∨ 父

解字 西周金文作 𤔤，在石器时代，成年男子通常手持石制战斧狩猎、战争，因此用 𤔤 这一意象意象指代成年男子，称为"父"，后来"父"的概念缩小，专指父亲。《易·序卦》："有夫妇，然后有父子。"

西周金文也有字形线条化为 𤔤，小篆演变为 𤔤，汉代《曹全碑》演变为 父。

一二四部 父部　三国字 —— 中日韩常用汉字详解

爭 [中] zhēng

1. 双方或多方都设法得到：～夺｜竞～｜楚汉相～。
2. 力求实现：～取｜～气。

争 [日] sou、arasou

1. 争夺，斗争。
2. 劝告。

爭 [韩] da tur jaeng

1. 争吵。
2. 论争。
3. 竞争。

父 [中] fù、fǔ

fù
1. 爸爸：～母｜～子｜～兄。
2. 对男性长辈的称呼：伯～｜舅～。
fǔ
1. 老年人：田～｜渔～。

父 [日] fu、chichi

1. 父，父亲。
2. 老年人。

父 [韩] a beo ji bu

1. 父亲。
2. 大人。
3. 创始者。

片

字形演变

片 ∨ 片 ∨ 片

解字 小篆作片，是古文字"木"右边的一半，表示木材劈裂而成的木片。引申为薄而成片的东西，如李白《望天门山》："两岸青山相对出，孤帆一片日边来。"唐代颜真卿楷书演变为片。

牛

字形演变

 ∨ 牛 ∨ 半 ∨ 牛

解字 西周金文作，象形字，以牛头来表示牛的意义。甲骨文半和西周金文半都突出了两只大牛角的特征。《乐府诗集·敕勒歌》："天苍苍，野茫茫，风吹草低见牛羊。"

片 中
piàn、piān

piàn
1.平而薄的事物：铁～丨名～。
2.切削成薄的形状：～肉片。
3.少，零星：～刻丨～面。
4.～假名，日文所用楷书字母。
piān
1.用于"相片儿"、"电影片儿"等。

片 日
hen、kata

1.一片。
2.少量。

片 韩
jo gak pyeon

1.碎片。
2.一边。
3.名片。

牛 中
niú

1.一种反刍类哺乳动物，趾端有蹄，头长一对角：～角丨庖丁解～。
2.喻固执或骄傲：～气。

牛 日
gyuu、ushi

1.牛。
2.牛肉。

牛 韩
so u

1.家牛。
2.牺牲，祭品。
3.固执。

物

字形演变

牛
〉物
〉物

解字 甲骨文作 物，形声字，字形上方是声符"勿"，下方是形符"牛"，小篆演变为物。"物"的本义是毛色不纯的牛，引申为各种牲畜，"物"的概念后来进一步扩展，泛指世界上所有的客观事物。《大学》："物有本末，事有终始，知所先后，则近道矣。"

牛部

三国字——中日韩常用汉字详解

物 中 wù	物 日 butsu、motsu、mono	物 韩 mul gen mul
1.人以外的东西：事~｜生~｜地大~博。 2.内容，实质：言之有~。	1.物，东西。 2.评价，物色。 3.人，人品。	1.物件。 2.万物。 3.事物。 4.财物。

特

字形演变

特
〉特
〉特

解字 小篆作特，形声字，"牛"为形，"寺"为声，本义指公牛。又泛指雄性的牲畜；因为雌雄相对，"特"又进一步引申出单独的、特殊的等意义。韩愈《伯夷颂》："士之特立独行，适于义而已。"

特 中 tè	特 日 toku	特 韩 teuk byeol hal teuk
1.出众的，不平常的：~产｜~区｜~价。 2.专门；格外：~地｜~惠｜~赦。 3.雄性的：~牛｜~马。	1.特殊。 2.公牛。 3.特别。	1.特别。 2.优秀。 3.异人。

三国字——中日韩常用汉字详解

犬

字形演变

〉

〉

〉

犬

解字 商代金文作 ，象形字，本义为猎狗。古时一般把体型大的称作犬，犬是古人护家、狩猎的得力助手。《老子》："邻国相望，鸡犬之声相闻，老死不相往来。"体型较小的称作狗，用于食用、祭祀等。《老子》："天地不仁，以万物为刍狗。"

甲骨文作 ，西周金文线条化 ，小篆演变为 。

獨

字形演变

〉

獨

〉

独

解字 小篆作 ，形声字，"犬"为形，"蜀"为声。本义为单独、独自一人。至于为什么单独和狗有关，《说文解字》里许慎认为：狗好斗所以是"独"，羊好团结所以是"群"。而今天的网络流行语"单身狗"似乎暗含玄机呢。《老子》："众人熙熙，如享太牢，如登春台，我独泊兮其未兆。"

犬 中	犬 日	犬 韩
quǎn	ken、inu	gae gyeon
1.体型较大的狗：猎~｜警~｜ ~马之劳。	1.狗，犬。 2.特务，走狗。	1.狗。 2.谦称。 3.比喻。

獨 中	独 日	獨 韩
dú	doku、hitori	hol ro dok
1.唯一，唯一的：~霸｜~裁 ｜有~无偶。 2.老而无子：鳏寡孤~。	1.独自，单独。 2.自以为是。	1.独自。 2.怎么。 3.只有。

玉

字形演变

丰 > 王 > 玉 > 玉

解字 商代金文作丰，象形字，象用线串起来的玉料。从古文字形看，贯穿起来的玉块数量不确定，有的三块，如甲骨文丰，有的五块，如甲骨文丰，等等。后来字形规范化，通常写作王。为了不和"王"字混淆，一些"玉"字加上一点或两点作为区别特征，如战国楚简玉、玉、汉《白石神君碑》玉，等等，后来多写作"玉"。《礼记·聘义》中记载了孔子的一段话："昔者君子比德于玉焉，温润而泽，仁也。"

玉 中	玉 日	玉 韩
yù	gyoku、tama	gu seul ok
1.一种质坚、温润、略透明的石头：～石丨抛砖引～。	1.玉石，宝石。	1.珠子。
2.美，尊贵的，敬辞：～言丨～姿丨亭亭～立。	2.在交易所内买卖的股票。	2.玉。
	3.艺妓。	3.美德。
	4.对天子的言行事物的敬称。	4.美丽。

王

字形演变

王 > 王 > 王 > 王

解字 商代金文作王，是刀口向下的斧钺的形状，用以象征君王的无上权力和赫赫威势，从而表示"王"的概念。西周早期著名的青铜器大盂鼎上有王，斧钺形已经不明显；秦代小篆字形化为王，进一步线条化了。同时期竹简上有字形王，上面两横距离相对较近，进一步演变为上中下三横距离相等的"王"。《诗经·北山》："溥天之下，莫非王土。"

王 中	王 日	王 韩
wáng	ou	im geum wang
1.君主：～国丨～法丨公子～孙。	1.国军，君主。	1.天子。
2.中国古代皇帝以下的最高爵位：～公丨～侯。	2.王子。	2.首领。
3.一族或一类中的首领：蜂～。	3.最出色的人和物。	3.统治。
		4.旺盛。

王部

三国字——中日韩常用汉字详解

現

字形演变

現 > 現 > 現 > 现

解字 汉代《曹全碑》現，形声字，"王"（汉字中大部分的"王"字旁实际上是"玉"省略了点）为形，"见"为声。现的本义为显露、露出，引申为现在、此时。如玄奘《阿毗达磨俱舍论》："有作用时名为现在。"

球

字形演变

球 > 璆 > 球

解字 小篆作球，形声字，"玉"为形，"求"为声。球的本义是玉磬，表示这一本义的字形有的把声符替换为"翏"（liù），如小篆璆。《九歌·东皇太一》："抚长剑兮玉珥，璆锵鸣兮琳琅。"

古时候以"球"来表示运动用的球，后来转由"球"承担这一意思。

現 **中**	現 **日**	現 **韩**
xiàn	gen、arawareru、arawasu	na ta nal hyeon
1.露出，显出：发~|体~|~身说法。	1.出现，显露。	1.现在。
2.实有的，当前就有的：~金|~款|~货。	2.现在，当今。	2.现金。
3.当前：~在|~今|~代。	3.实际，现实。	

球 **中**	球 **日**	球 **韩**
qiú	kyuu、tama	gong gu
1.圆形的立体物：圆~|气~|煤~。	1.圆形立体物。	1.圆球。
2.圆形的体育用品以及相关的球类运动：足~|~员|~迷。	2.球体。	2.一种玉。
3.星体：月~|星~|誉满全~。		3.圆圆。

理

字形演变

理 ˅ 理 ˅ 理

解字 小篆作理，形声字，"玉"为形，"里"为声。理的本义是顺着纹理把玉从玉璞中分割出来。引申为治理、办理。《韩非子·和氏》："王乃使玉人理其璞而得宝焉，遂命曰'和氏之璧'。"汉印有字形作理。

理 中
lǐ

1.物质的纹路、层次；事物的次序等：肌~｜条~｜事~。
2.固有的规律，由此形成的标准：~性｜~论｜道~。
3.自然学科，有时特指"物理学"：~科，数~化。
4.按规律安排：~财｜管~｜自~。
5.回应：答~｜~睬。

理 日
kotowari、ri

1.理，道理。
2.管理，处理。
3.理科。
4.纹理。
5.区分，理解。

理 韩
da seu ril ri（i）

1.治理。
2.领悟。
3.修理。
4.委托。

甘

字形演变

⿴ ˅ ⿴ ˅ 甘

解字 甲骨文作⿴，指事字，由"口"和"一"构成，口中的一横指代嘴里含的东西，本义是食物甜美。《老子》："甘其食，美其服，安其居，乐其俗。"

甘 中
gān

1.甜,味道好：~苦｜同~共苦。
2.美好：~露｜~霖。
3.乐意：~愿｜~拜下风。

甘 日
kan、amai、amaeru、amayakasu

1.甜。
2.撒娇。
3.甘心，自愿。
4.姑息，娇惯。

甘 韩
dal gam

1.甘甜。
2.满足。
3.柑橘。

産

字形演变

舍 〉 鋈 〉 窪 〉 産 〉 产

解字 春秋时期的金文作舍，形声字，"生"为形，"彦"（省略"彡"）为声，本义指生育、产子。《史记·高祖本纪》："已而有身，遂产高祖。"战国楚简作鋈。

用

字形演变

用 〉 用 〉 用 〉 用 〉 用

解字 西周金文中，有挂钩的金属乐器钟写作品，也即"甬"字；无挂钩的字形作用，也即"用"字。因此，"用"字本象钟镈形，后来借为使用、施用等义。本义反而消失了。《易·乾》："初九，潜龙勿用。"

小篆作用，秦简演变为用，汉代《衡方碑》作用，趋向于左右对称。楷书演变为用。

産 中 chǎn

1. 生，生育：～子｜～卵。
2. 生产：～值｜～销。
3. 物产，产品：土特～。
4. 生出，出现：～生｜出～｜～地。
5. 财物：～业｜遗～｜～权。

産 日 san、umu、umareru、ubu

1. 生产，生孩子。
2. 出产。
3. 财产，资产。

産 韩 nah eul san

1. 生产。
2. 出生。
3. 成长。
4. 财产。

用 中 yòng

1. 使用：～心｜～人｜～兵如神。
2. 可供使用的：～品｜～具。
3. 花费的钱财：费～｜～资。
4. 进饭食的婉辞：～餐｜请慢～。
5. 效果：功～｜有～之才。

用 日 you、mochiiru

1. 事情。
2. 用途，用处。
3. 使用。
4. 费用。
5. 大小便。

用 韩 sseul yong

1. 使用。
2. 使役。
3. 施行。
4. 采用。
5. 作用。

字形演变

田
∨
田
∨
田
∨
田

解字 甲骨文有字形作田，象长方形的一大片田地，中间阡陌纵横。

甲骨文还有相对简单的字形，如田，西周金文作田。《乐府诗集·君子行》："瓜田不纳履，李下不正冠。"

字形演变

由
∨
由
∨
由
∨
由

解字 甲骨文作由，造字本义不详。据日本学者白川静研究，字形下方是放置了向神祷告的祷辞的祝咒器具。古代祈祷类活动也叫祝由，"由"字的本义可能和祈祷仪式过程有关。引申为经过、经由，进一步引申为由于等义。《论语·泰伯》："民可使由之，不可使知之。"

田 中
tián

1.种植农作物的土地，与农业有关的：～野｜耕～｜～园。
2.某些工矿原材料的出产地：油～｜气～。

田 日
den、ta

1.田，稻田。
2.乡下。
3.油田。

田 韩
bat jeon

1.田间。
2.封地。
3.狩猎。
4.种地。

由 中
yóu

1.原因：原～｜事～｜理～。
2.自，从：～表及里｜言不～衷。
3.听任：～不得｜信马～缰。
4.经历：必～之路｜～来已久。
5.根据：～此可知。

由 日
yu、yuu、yui、yoshi

1.由来，经由。
2.缘由，理由。
3.由，从，自。
4.犹如。

由 韩
mal mi am eul yu

1.使用。
2.追赶。
3.采用。
4.辅佐。

田部（雨、示部）

三国字

——中日韩常用汉字详解

申神電

字形演变

雹〉雷〉雷〉電〉电	昌〉昌〉昌〉甹〉申	昌〉祁〉祁〉祁〉神

解字 "申"甲骨文写作 ⟨，西周金文写作 ⟨，象闪电形。本义即闪电。又因为闪电在空中一般是通天入地的伸展形态，所以"申"又有伸展的意思。如《庄子·刻意》："熊经鸟申，为寿而已矣。" 又由伸展之义引申之反复、尽力说明的意思。如屈原在《楚辞·九章·抽思》里说："道卓远而日忘兮，愿自申而不得。"

远古蛮荒时代，天上电闪雷鸣之时，往往让暴露在自然界的古人胆战心惊、魂飞魄散，他们因这种令人恐惧的自然现象产生丰富的想象，认为是天神在发怒。西周晚期的青铜器大克鼎"神（申）"字为 ⟨，因此，⟨ 又可表示"神"的概念。西周金文又有字形作 祁，右边仍然是闪电之形，左边加上了意符"示"，从而分化出了"神"字。小篆作 禤，秦简演变为 祁。《论语·述而》："子不语怪力乱神。"

"電"西周金文作 雹，由"雨"、"申"组成，表示下雨时闪电交加，也是由"申"字分化出来的。后来"申"在演变中不随大流，中间一竖就变也了竖弯钩了。《诗经·十月之交》："烨烨震电，不宁不令。百川沸腾，山冢崒崩。"

申 〔中〕
shēn
1. 地支的第九位，属猴。
2. 用于记时：～时（下午三点至五点）。
3. 陈述，说明：～论｜～冤｜三令五～。
4. 中国上海市的别称。

申 〔日〕
shin、mousu
1. 申报，申述。
2. 说，述说。
3. 申，地支的第九位。

申 〔韩〕
geo deub sin
1. 反复。
2. 延长。
3. 给以。
4. 陈述。

神 〔中〕
shén
1. 天神，凡间之外的超能力者：～仙｜～怪｜鬼使～差。
2. 特别高超的，特别稀奇的：～奇｜～话｜出～入化。
3. 精神，注意力：劳～｜凝～｜～魂颠倒。
4. 气魄、气质等无形的特征：～色｜～采｜传～。

神 〔日〕
sin、jin、kami、kou
1. 神，神仙。
2. 精神。

神 〔韩〕
gwi sin sin
1. 鬼神。
2. 神灵。
3. 魂灵。

電 〔中〕
diàn
1. 云层放电产生的光：闪～｜雷。
2. 有电荷存在和电荷变化的现象：～池｜～能｜～发～。
3. 电报，发电报：急～｜～邮｜～讯。
4. 被电流击中，触电：被～了一下。

電 〔日〕
den
1. 电，一种能量。
2. 电信，电报。
3. 电车。
4. 闪电。

電 〔韩〕
ben gae jeon
1. 闪电。
2. 电流。
3. 快速。
4. 闪光。

男

字形演变

解字 甲骨文写作 𤰯，会意字，左边是田，右边是耕田用的耒形工具，用以表示从事农耕劳作的男子。甲骨文还有字形作 𤰈。西周金文作 𤰈，秦简演变为 男。《诗·小雅》："乃生男子，载寝之床，载衣之裳，载弄之璋。"古人把一种玉器璋给男孩子玩，希望儿子将来有玉一样的品德，后来就把生下男孩子称为"弄璋之喜"，而把生下女孩子称为"弄瓦之喜"，瓦是纺织上使用的一种工具。《天仙配》里唱的"你耕田来我织布"也就是这个意思。

男 中	男 日	男 韩
nán	dan、nan、otoko	sa nae nam
1.阳性的人：～性｜～人｜～耕女织。 2.儿子：重～轻女。 3.封建制度五等爵位的第五等：～爵。	1.男，男子。 2.儿子，男孩。 3.男爵。	1.男子。 2.儿子。 3.男服。 4.男爵。

界

字形演变

解字 小篆作 𤲂，形声字，"田"为形，"介"为声，本义指田与田之间的界线，又引申出边界、范围等义。《后汉书·马融传》："俭之中，以礼为界。"秦简作 𤲂，汉《衡方碑》作 界，结构变为上形下声。

界 中	界 日	界 韩
jiè	kai	ji gyeong gye
1.地区之间的划分处：～碑｜～河｜地～。 2.范围：眼～｜世～｜租～。 3.按职业或性别等所划的范围：教育～｜工商～｜各～人士。	1.界限，界域。 2.处所，周围。 3.范围之中，某个限定的集团。	1.地境。 2.境界。 3.极限。 4.附近。

三国字——中日韩常用汉字详解

留

字形演变

>⟩留⟩留

解字 西周金文作𤲟，形声字，"田"为形，"卯"为声。本义是留下、遗留，引申为使动用法，表示使留下。于谦《石灰吟》："粉身碎骨浑不怕，要留清白在人间。"

留 中

liú

1. 不离开：停~｜~恋｜久~。
2. 注意力放在上面：~心｜~神｜~意。
3. 不使离开：扣~｜~宿｜挽~｜拘~。
4. 接受：收~。
5. 保存：保~｜~念｜鸡犬不~。

留 日

ryuu、ru、tomeru、tomaru

1. 留下，保留，停留。

留 韩

me mu reul rye (yu)

1. 停留。
2. 停止。
3. 落后。
4. 耽误。

番

字形演变

番⟩番⟩番

解字 西周金文作番，象形字。字形上部分是"采"（biàn）字，象野兽的脚爪，字形下方象野兽脚掌的掌心。"番"字的本义指野兽的脚掌。后来加注意符"足"产生"蹯"字表示这一意义。《左传·宣公二年》："宰夫胹熊蹯不熟。""番"字则常用作量词，如陆游《闲中》："问我东归今几日，坐看庭树六番黄。"

番 中

fān、pān

fān
1. 量词：三~五次｜别有一~滋味。
2. 轮换：轮~｜更（gēng）~。
3. 称外国的或外族的：~邦｜~薯｜~茄。
4. 倍：产量翻了一~。
pān
1. 番禺，地名，在广东省。

番 日

ban

1. 交替，轮班。
2. 看守，守卫。
3. 顺序。
4. 盘，局。用于计算比赛决定胜负的场数。

番 韩

cha rye ben

1. 顺序。
2. 次数。
3. 茂盛。

畫

字形演变

𦘠 ＞ 畫 ＞ 畫 ＞ 畫 ＞ 画

解字 甲骨文字形作𦘠，象一只手里拿着一支笔在画出美丽的花纹。金文作𦘠，好像是手拿着笔在地图上画出疆界。画的本义指画出界限《左传·襄公四年》："芒芒禹迹，画为九州。"引申为绘画、图画等义，如苏轼《念奴娇·赤壁怀古》："江山如画，一时多少豪杰。"

畫 【中】
huà

1. 绘图；作图：～师｜～像｜～地为牢。
2. 图像：～面｜图～｜诗中有～。
3. 签押，署名：～押｜～供。
4. 做出某种动作：比～｜指手～脚。
5. 字的一笔：笔～。

画 【日】
ga、kaku

1. 画，绘画。
2. 电影。
3. 策划。

畫 【韩】
geu rim hwa

1. 图画。
2. 画画。
3. 装饰。

異

字形演变

𢄖 ＞ 𢄖 ＞ 異 ＞ 異 ＞ 异

解字 甲骨文字形𢄖、西周金文𢄖等，描绘的是在一些宗教仪式或节日活动中，巫师头戴鬼神一类的面具，张开双臂，且歌且舞，以彰显神鬼的威灵。"異"字本义是"戴"的意思。后来"异"被借作表示"不同"的意思，本义则通过增加表音的"弋"来表示，造出新字"戴"，"弋"又进一步变形作"戈"，也是成了现在"戴"字的写法。异这个字形在《说文解字》里是举起的意思，文献很少用，就借用作为異的简化字了。

異 【中】
yì

1. 不一样的：～常｜～样｜～性｜大同小～｜～曲同工。
2. 分离：离～｜～居。
3. 别的：～日｜～乡｜～类。
4. 特殊的：奇～｜～闻｜～彩。
5. 奇怪：惊～｜诧～。

異 【日】
i、koto

1. 异，不同。
2. 奇特的，不可思议的。
3. 非正统。
4. 殊异，有区别。

異 【韩】
da reul i (ri)

1. 差异。
2. 奇异。
3. 珍贵。

田部 疒部

三国字——中日韩常用汉字详解

當

字形演变

當 ∨ 當 ∨ 當 ∨ 当

解字 小篆作當，形声字，"田"为形，"尚"为声，本义指两块田地价值对等。泛指物品价值相当、抵得上。又引申为用实物抵押一定的货币。由价值对等，又引申出对立、对抗、阻挡等意思，春秋金文中有"当"字作㦯，左边是声符"尚"，意符替换为"戈"，表示对抗。李白《蜀道难》："一夫当关，万夫莫开。"

當 中
dāng、dàng

dāng
1.担任，主持：充～｜～家｜～权｜～政。
2.正在那时候或那地方：～初｜～今。
3.面对着：～面｜～头棒喝｜首～其冲。
4.应该：应～｜理～｜～断不断。
dàng
1.适宜：恰～｜适～｜妥～。
2.作为：长歌～哭｜安步～车。
3.中了圈套：上～。
4.抵押：～铺｜押～｜典～。

当 日
tou、ataru、ateru

1.当，对上。
2.当然，理当如此。
3.命中，目的。
4.当前。
5.应当。

當 韩
ma ttang dang

1.当然。
2.底子。
3.突然。
4.报酬。

病

字形演变

疒 ∨ 病 ∨ 病

解字 小篆作病，形声字，"疒"为形，"丙"为声，本义指生病、病重。其中意符"疒"字古文字作𤵸，象床形，表示人生病了，因为身体虚弱而躺在床上。刘禹锡《酬乐天扬州初逢席上见赠》："沉舟侧畔千帆过，病树前头万木春。"

病 中
bìng

1.身体不适的现象：～痛｜生～｜看～。
2.缺点，错误：毛～｜通～｜语～。
3.不满，责备：诟～。

病 日
byou、hei、yamu、yamai

1.病，疾病。
2.瑕疵，弊害。
3.忧虑，烦恼。

病 韩
byeong byeong

1.疾病。
2.忧愁。
3.缺点。
4.损害。

登

字形演变

甲骨文 → 金文 → 豆 → 登 → 登 → 登

解字 甲骨文作豆，会意字，字形下方是双手捧着装有祭品的器皿；字形上方是两个脚印形（也即"癶"），表示登上高高的祭台，将祭品奉献给祖先或神灵。《道德经》："众人熙熙，如享太牢，如春登台。"

甲骨文豆省略了双手形，小篆规范化为豊，汉代《华山神庙碑》演变为登。

登 中 dēng	登 日 tou、to、noboru	登 韩 o reul deng
1.走上高处：～山｜～高｜～堂入室。 2.记载：～记｜～报｜～载。 3.谷物丰收：五谷丰～。	1.登，登上，攀登。 2.去上任。 3.登场。	1.登上。 2.上前。 3.记载。

發

字形演变

甲骨文 → 金文 → 發 → 發 → 發 → 发

解字 甲骨文作發，象形字。用力将箭射出后，由于箭的反作用力，使弓弦不断颤动。甲骨文發、發、發等字形中的虚线，所代表的正是发射后颤动的弓弦。"发"字的本义即把箭射出去。李白《行行且游猎篇》："弓弯满月不虚发。"引申为出发、送出等义。

和字形發相比，字形發增加了"攴"（pū），指代勾弦的手或力量，春秋金文演变为發，同时期也有字形加注声符"癶"（bō），作發。字形进一步规范化后，秦小篆作發，汉代《校官碑》演变为發。

發 中 fā	発 日 hatsu、hotsu	發 韩 pil bal
1.射出：～射｜百～百中｜引而不～。 2.产生，显现：～生｜～愤｜～抖。 3.表达，公布：～表｜～布｜～阐。 4.散开，分散：～散。 5.开展，张大，扩大：～展｜～扬。	1.发射。 2.发出，发掘。 3.出发。 4.发育。 5.发生，产生。	1.射击。 2.离开。 3.透露。 4.启发。

白部

三国字——中日韩常用汉字详解

白

字形演变

解字 甲骨文作 ⊙，西周金文作 ⊙，郭沫若认为是象形字，象大拇指形。大拇指处在首位，因此"白"添加意符"亻"，分化出表示排行最大的"伯仲"之"伯"。"白"又被假借用来表示白色。《诗经·东邻》："有马白颠。"

白　中
bái

1. 雪花样的颜色：～雪｜～米。
2. 明亮：～昼｜～日做梦。
3. 清楚：明～｜真相大～。
4. 空的：空～｜～卷｜～手起家。
5. 陈述：自～｜道～。

白　日
haku、byaku、shiro、shira、shiroi

1. 白，白色。
2. 发白。
3. 清楚，明白。
4. 纯洁，清澈。
5. 说，讲。

白　韩
huin bak

1. 洁白。
2. 清白。
3. 分明。
4. 明白。

百

字形演变

解字 甲骨文作 ⊙，于省吾先生认为"百"字的造字本义，是在"白"字 ⊙ 的中部添加一个折角形的曲画，作为指事字的特征和"白"字区别开来，但仍然以"白"字为声符。"百"的本义指数量"一百"，有的甲骨文字形在上面加一横，如 ⊙，有的加两横，表示两百。《礼记·中庸》："人一能之，己百之；人十能之，己千之。果能此道矣，虽愚必明，虽柔必强。"

西周金文作 ⊠，秦简演变为 百。

百　中
bǎi

1. 数字，十个十：～步穿杨｜～战～胜。
2. 表示很多：～货｜～姓｜～家争鸣。

百　日
hyaku

1. 百，数目众多。

百　韩
il bak bak

1. 一百。
2. 一百次。
3. 全部。

的

字形演变

的 ∨ 的

.265.

白部

三国字 —— 中日韩常用汉字详解

解字 汉代《校官碑》作的，形声字，"白"为形，"勺"为声，本义是颜色白且有亮光。宋玉《神女赋》："朱唇的其若丹。"通常被假借为弰（dì，箭靶），于是"的"字就有了箭靶的意思，如成语"有的放矢"。泛指目的、目标。又可作为助词。

皆

字形演变

 ∨ ∨ ∨ ∨ 皆

解字 甲骨文作，字形上方是两只（代表一群）野兽一起仰天而嚎，字形下方是口，表示异口同声发出声音。皆是会意字，本义是一起、都。《尚书·汤誓》："时日曷丧，予及汝皆亡。"

甲骨文还有字形作，西周金文字形上方替换为两个人，如，小篆作，字形下方的"口"演变为"白"。

的 　中	的 　日	的 　韩
dí、dì、de	teki、mato	gwa nyeok jeok

的 中　dí、dì、de

dí
1.真实，实在：~确。
dì
1.箭靶的中心：目~｜有~放矢。
de
1.用在定语后面，表示修饰或领属关系：她~书｜快乐~节日
2.代替所指的人或物：唱歌~。
3.用在句末，表示肯定的语气。

的 日　teki、mato
1.靶，目的。
2.接名词后，构成形容动词。
3.显然，分明。

的 韩　gwa nyeok jeok
1.靶子。
2.真实。
3.目标。
4.标准。

皆 　中	皆 　日	皆 　韩
jiē	kai、mina	da gae

皆 中　jiē
1.全，都：人人~知｜四海之内~兄弟。

皆 日　kai、mina
1.皆，全。

皆 韩　da gae
1.全部。
2.一起。
3.比较。

皇

字形演变

皇 〉 堂 〉 皇 〉 皇

解字 西周金文作堂，象火焰腾空之形，"皇"本义是火光盛大，也就是后世"煌"的初文。"皇"中有"盛大"之义，故引申为荣耀、伟大。如《诗经·皇矣》："皇矣上帝。"战国金文作堂，小篆演变为皇。

皇 中
huáng

1.君主，亦指神话传说中的神：
~帝｜~宫｜玉~｜~权。
2.大：冠冕堂~。
3.对先代的敬称：~考（对亡父的尊称）。

皇 日
sumera、kou、ou

1.帝王，天皇。
2.慌张，匆忙。

皇 韩
im geum hwang

1.皇帝。
2.凤凰。
3.皇冠。

皮

字形演变

 〉 為 〉 皮 〉 皮

解字 西周金文作為，字形右下象手形，字形左上是头颈部被剥下兽皮的野兽。会意字，本义是剥取、剥下。如《史记·刺客列传》："因自皮面抉眼。"引申指剥下来的兽皮，泛指表皮、表层。如《左传·僖公十四年》："皮之不存，毛将焉傅？"

皮 中
pí

1.生物体表面：~毛｜~肤｜树~｜~开肉绽。
2.包在外面的一层东西：封~｜书~｜饺子~。
3.表面：地~｜草~。
4.薄片状的东西：粉~｜豆腐~。
5.淘气：顽~。
6.指橡胶：胶~｜~球。

皮 日
hi、kawa

1.皮肤，皮，表皮。
2.外表，表面。

皮 韩
ga juk pi

1.皮子。
2.皮面。
3.皮衣。

皿部

三国字——中日韩常用汉字详解

益

字形演变

∨ 益 ∨ 益 ∨ 益

解字 甲骨文作益，字形上方是水，下方是一个只盛水的盆，表示器皿中的液体因为不断增加而溢了出来。小篆作益。本义是水溢出来。由这一造字所取的意象出发，"益"字有增加义，如《老子》："为学日益，为道日损。" "益"的本义后来加注意符"水"分化出"溢"字，因此，"益"又是"溢"的初文。"益"还由增加引申为好处、利益等义。如《尚书·大禹谟》："满招损，谦受益。"

益 [中]
yì
1.添加：损～｜～寿延年。
2.好处，利于：利～｜谦受～，满招损。
3.更加：日～壮大。

益 [日]
eki、yaku
1.利益。
2.增加。
3.有益，有用。
4.日益。

益 [韩]
deo hal ik
1.增加。
2.有益。
3.帮助。
4.丰富。

盛

字形演变

盛 ∨ 盛 ∨ 盛

解字 春秋金文作盛，形声字，"皿"为形，"成"为声，本义为动词盛装。又因为放置在器皿中用以祭祀的祭品往往多而丰富，因此又引申出丰富、深厚等义。如《史记·老子韩非列传》："君子盛德，容貌若愚。"

盛 [中]
shèng、chéng
shèng
1.繁荣兴旺：兴～｜～世｜繁荣昌～。
2.热烈，强烈：年轻气～｜～情难却。
3.丰盛，充足：～产｜～宴。
4.范围广，程度深：～传｜～赞｜～名。
chéng
1.把东西放在器具中：～饭｜～汤。
2.容纳：～器｜箱子太小，～放不下。

盛 [日]
sei、jou、moru、sakaru、sakan
1.兴盛，盛大，昌盛。
2.盛（饭等）。

盛 [韩]
seong hal seong
1.盛大。
2.茂盛。
3.丰厚。
4.丰富。

盡

字形演变

∨
盡
∨
盡
∨
尽

解字 甲骨文作 ，象一个人手拿刷子洗器皿，表示盆中空无一物。尽的本义指器皿中没有剩余，引申为没有、完毕。李白《独坐敬亭山》："众鸟高飞尽，孤云独去闲。"

目

字形演变

∨
∨
∨
目
∨
目

解字 甲骨文作 ，象眼睛形。《荀子·劝学》"目不能两视而明。"西周金文作 ，小篆演变为目。

盡 中

jìn、jǐn

jìn
1. 干净了，没有了：用~｜说不~。
2. 到达极端：~头｜~情｜山穷水~。
3. 全部用出，竭力做到：~心｜~忠。
4. 全部：~然｜~释前嫌。

jǐn
1. 力求达到最大限度：~量（liàng）｜~管。

尽 日

jin、tsukusu、tsukiru、tsukasu

1. 尽，尽力。
2. 穷尽。

盡 韩

da hal jin

1. 竭尽。
2. 完成。
3. 全部。
4. 死亡。

目 中

mù

1. 眼睛：~光｜醒~｜历历在~。
2. 看，视：~语。
3. 想达到的结果：~的。
4. 大类中再分的小类：条~｜纲举~张。
5. 名称：数~｜巧立名~。
6. 指为首的人：头~。

目 日

moku、boku、me、ma

1. 目，眼。
2. 要点，关键。
3. 标题，目录。
4. 围棋用于数棋盘上的目。

目 韩

nun mok

1. 眼睛。
2. 视力。
3. 见解。

三国字——中日韩常用汉字详解

直

字形演变

（解字）甲骨文作 ，"目"字上方画有一道笔直的线，表明古代木工等匠人用眼睛判断木材曲直，或两点之间是否成一条直线。西周金文作 ，增加一个方折形的矩尺，强调直的概念。小篆作直，《老子》："大直若曲，大巧若拙。"

直 【中】
zhí

1.不弯曲的，与"曲"相对：～线｜～立｜～观。
2.把弯曲的展开：～起腰来。
3.公正：正～｜是非曲～｜理～气壮。
4.爽快：～爽｜～言不讳。
5.连续不断：一～走｜～哭。

直 【日】
naoru、choku、jiki、tadachini、naosu、

1.直。
2.正直。
3.直接。
4.修理，矫正。
5.马上。

直 【韩】
god eul jik

1.耿直。
2.正确。
3.对敌。

相

字形演变

（解字）骨文作 ，西周金文作 ，由"木"、"目"会意，表示工匠选择木材时，用眼睛观察、判断一颗树木的长短、曲直、刚柔等特点。《诗经·公刘》："相其阴阳，观其流泉。"

相 【中】
xiāng、xiàng

xiāng
1.交互，相互：～等｜～同｜～辅～成。
2.动作是一方对另一方的：～信｜～烦。
3.亲自看是否合适：～亲。
xiàng
1.察看，判定：～面｜～术｜人不可貌～。
2.模样，样子：～貌｜照～｜欢喜～。
3.物体的外观：品～｜月～
4.辅助，亦指辅佐的人：辅～｜宰～｜首～。

相 【日】
sou、shou、ai

1.相，形态。
2.互相，相互。
3.相，大臣。

相 【韩】
seo ro sang

1.互相。
2.帮助。
3.丞相。
4.招待员。

省

字形演变

解字 甲骨文中有字写作🔆，商代金文写作🔆，由"目"表义，"生"表声，本义是观察。是"眚"和"省"两个字的共同源头。西周早期金文写作🔆，西周晚期金文写作🔆，将这一圆点线条化，"省"字则是由字形🔆中上部分讹变为"少"字而分化产生，如小篆🔆，专门表示省察、省视等义。《论语·学而》："吾日三省吾身——为人谋而不忠乎？与朋友交而不信乎？传不习乎？"

"眚"字战国金文🔆、战国楚简，字形上方保留"生"的形状，"眚"字的本义也是省视，后来引申为省察、判断是否有灾病，又引申为灾病。

省 中

shěng、xǐng

shěng
1. 地方行政区域：～城｜～会。
2. 节约，不费：～钱｜～时。
3. 减免：～略｜～写。

xǐng
1. 检查（自己的思想行为）：反～。
2. 知觉，觉悟：～悟｜发人深～。
3. 看望，问候尊长：～亲｜归～。

省 日

sei、shou、kaerimiru、habuku

1. 反省。
2. 探望。
3. 省略。
4. （日本中央部门）省。
5. （中国行政区划）省。

省 韩

sal pil seong

1. 观察。
2. 反省。
3. 官厅。
4. 村庄。

看

字形演变

解字 小篆作👁，由"手"、"目"会意，一只手遮在眼睛上前方，以挡住耀眼的阳光，从而可以看得更清、更远。所以，看有观察、注视等义。王维《终南别业》："行到水穷处，坐看云起时。"

看 中

kàn、kān

kàn
1. 使视线接触瞳：～见｜～书。
2. 观察，判断：～病｜观～｜～察。
3. 访问，拜望：～望｜～朋友。
4. 照应，对待：～重｜～轻｜～待。
5. 想，以为：～法。

kān
1. 照管，监视：～护｜～押｜～门。

看 日

kan

1. 望，眺望。
2. 看护，看守。
3. 看待，对待。

看 韩

bol gan

1. 照看。
2. 监视。
3. 观察。
4. 访问。

真

字形演变

魚 > 魚 > 真 > 真

解字 "真"由"贞"字分化而来。西周金文"贞"作魚，这个字形上方稍作讹变而成魚、魚等，也即"真"字。真的本义指能为事实所验证的、正确的，如《韩非子·显学》："孔子、墨子俱道尧舜，而取舍不同，皆自谓真尧舜。"引申为真实的、本原的等义。小篆作魚，汉代《礼器碑》作真，唐代楷书演变为真。

真 中
zhēn

1.符合客观事实，与"假"、"伪"相对：~诚｜~心｜弄假成~。
2.实在，的确：~好｜~有意思。
3.清楚，显明：看得~｜咬字很~。
4.本性，本原：纯~｜返璞归~。
5.人的肖像：写~。
6.汉字的楷书：~书｜~草隶篆。

真 日
shin、ma

1.真正，真实。
2.纯真。
3.真诚。
4.汉字楷书。

眞 韩
chm jin

1.真的。
2.真理。
3.真实。
4.本性。
5.本质。

眠

字形演变

眠 > 眠

解字 隶书作眠，形声字，"目"为形，"民"为声，本义指闭上眼睛，引申为睡眠。李白《寻雍尊师隐居》："花暖青牛卧，松高白鹤眠。"

眠 中
mián

1.睡觉：安~｜长~｜失~。
2.某些动物一定时期内不吃不动：蚕~｜冬~。

眠 日
min、nemuru、nemui

1.睡眠。
2.死亡。

眠 韩
jal myeon

1.睡眠。
2.休息。
3.中毒。

目部

三国字 —— 中日韩常用汉字详解

眼

字形演变

睍 ＞ 眼 ＞ 眼

解字 西周金文作睍，小篆作眼，形声字，"目"为形，"艮"（gèn）为声，本意指眼睛。王安石《登飞来峰》："不畏浮云遮望眼，只缘身在最高层。"

战国时期的郭店楚简

眼 **中**
yǎn

1. 视觉器官：～睛｜～色｜眉开～笑。
2. 孔洞，窟窿：泉～｜针～儿。
3. 关键处，要点：节骨～儿。
4. 戏曲中的节拍：一板三～。

眼 **日**
gan、gen、manako

1. 眼睛。
2. 看透，认清。
3. 视点，要点。

眼 **韩**
nun an

1. 眼睛。
2. 眼光。
3. 视力。
4. 要点。

着著

着
著
∨
著
∨
着 著

字形演变

解字 "着、箸、著"三个字同源，在古籍中往往通用，但在现在有区别。"箸"是形声字，"竹"为形，"者"为声，本义是筷子；由于汉代隶书中往往是竹字头和草字头不分，就分化出了**箸**字，承担明显、显著义项。汉班固《白虎通·情性》："智者，知也。独见前闻，不惑于事，见微知著者也。"而在汉魏六朝文字中，"日"又经常写作"目"，"著"的草字头如果写得草书化一些，就变成了"着"，这样又分化出"着"字，基本义是附着，引申为衣着、装束。李白《赠历阳褚司马》："先同稚子舞，更着老莱衣。"所以"着"这个字，既和上面的"羊"没有关系，也和下面的"目"没有关系，整一个错误的人生。

着 中

zhuó、zháo、zhāo、zhe

zhuó
1.穿（衣）：穿~｜~装。
2.接触，挨上：~陆｜不~边际。

zháo
1.接触，挨上：上不~天，下不~地。
2.受到：~凉｜~迷。
3.燃烧：~火｜灯~了。

zhāo
1.下棋时每一步叫一着：~法｜~数｜一~不慎，满盘皆输。

zhe
1.助词，表示进行或持续：听~｜开~会。
2.助词，表示命令或嘱咐：你听~！
3.助词，用在某些动词后，使变成介词：顺~｜照~办。

着 日

chaku、jaku、kiru、kiseru、tsuku、tsukeru

1.穿，穿上，挂上。
2.附着，黏着。
3.到达。
4.着数。

着 韩

but eul chak

1.靠着。
2.穿衣、鞋等。
3.到达。
4.始作。

著 中

zhù

1.显著，突出：奥名昭~｜卓~。
2.撰写文章，出书：~录｜撰~。
3.完成的书或文章：专~｜论~。

著 日

cho、arawasu、ichijirushii

1.明显。
2.著书。
3.著述，写成的书。

著 韩

na ta nal jeo

1.展现。
2.分明。
3.显著。

知

字形演变

𥎿
∨
知

解字 小篆作𥎿，由"矢"、"口"会意。矢为箭，口在汉字中也代表语言以及语言所反映思维。合起来表示思维速度像飞箭一般迅疾。知的本义是明白、知道。又引申为知识、感受。《老子》："知者不言，言者不知。"

知 中
zhī

1.明白：～道丨良～丨温故～新。
2.使知道：通～丨告～。
3.学问：～识丨求～丨无～。
4.主管：～县丨～府丨～州。
5.彼此了解且情深义厚：相～丨～音丨～己。

知 日
chi、shiru

1.知，知道。
2.知识，智能。

知 韩
al ji

1.知道。
2.通知。
3.主管。
4.接待。

短

字形演变

短
∨
短
∨
短

解字 小篆作短，形声字，"矢"为形，"豆"为声，古人测量距离常常以箭矢为工具。所以"短"以"矢"为意符。本义是距离小、不长。《楚辞·卜居》："夫尺有所短，寸有所长。"

短 中
duǎn

1.长度小，与"长"相对：～途丨～小精悍。
2.缺少：～缺丨～斤少两。
3.缺点：护～丨取长补～。

短 日
tan、mijikai

1.短。
2.不足，缺点。

短 韩
jjal eul dan

1.短浅。
2.不足。
3.浅薄。
4.缺点。

石

字形演变

解字 古代击打乐器磬多以石为材料，甲骨文作 𝖕，象石磬形，就是以石磬的形象指代石头的概念。甲骨文字形 𝖕 加上"口"，以与磬相区别。西周金文作 𝖕，磬形线条化了。小篆演变为 𝖕，原来的"口"字变成圆石形状。《诗经·鹤鸣》："他山之石，可以攻玉。"

石 中
shí、dàn

shí
1. 石头：~佛丨水落~出。
2. 指石刻：金~。
dàn
1. 中国市制容量单位，十斗为一石。

石 日
seki、shaku、koku、ishi

1. 石，岩石。
2.（古代俸禄单位）石。

石 韩
dol seok

1. 石头。
2. 石碑。
3. 乐器。
4. 俸禄。

破

字形演变

破

解字 小篆作 𝖕，形声字，"石"为形，"皮"为声，本义指石头破碎，泛指破裂、破开。《史记·廉颇蔺相如列传》："秦王恐其破璧。"

破 中
pò

1. 碎：~旧丨~败丨~釜沉舟。
2. 分裂：~裂丨~土。
3. 使损坏：~坏丨~损。
4. 超出常规：~例丨~格。
5. 打败，攻克：~阵丨~门丨攻~。
6. 揭穿：~案丨~获丨~译。

破 日
ha、yaburu、yabureru

1. 弄破，损坏。
2. 穿过，看透。

破 韩
kkae tyeu ril pa

1. 打破。
2. 破坏。
3. 失败。

研

字形演变

研 〉研

解字 小篆作研，形声字，"石"为形，"开"（jiān，繁体字"開"本由"門"和"开"组成，后来"開"字逐渐写成"开"，在简化字方案中又把"開"字简化为"开"。所以"开"和"開"是同一个字形在不同历史阶段的存在形式。）为声，本义指研磨。引申为研墨用的工具，也写作"砚"，读 yàn。又引申为钻研、研究。《易系辞上》："夫《易》，圣人之所以机深研几也。"

研 中
yán
1. 细细地磨：～磨｜～碎。
2. 深入探究：～讨｜调～｜科～。

研 日
ken、togu
1. 研磨，磨快。
2. 研究，钻研。

研 韩
gal yeon
1. 打磨。
2. 研究。
3. 深究。

示

字形演变

示 〉示 〉示 〉示

解字 "示"的造字本义与祭祀有关。商代甲骨文T为"示"字较早的字形，中间一竖象长条石柱形，一横象平坦宽大的石片，便于放置祭品，用以祭祀祖先或天神。至今四川、辽宁等地仍有类似的遗存，通常是地上立一块或几块大石，上面盖一块大石，呈介之状态。商代青铜器"示卣"有字形作T，商代甲骨文也有字形作I，都是这一类祭坛的象形描绘。有的字形绘有祭品流下来的酒滴（或生肉的血滴），如甲骨文T、示等。古人通过祭祀活动，希望得到神灵、祖先的旨意和暗示，本象祭台形的"示"字也引申出暗示、显示等义。《老子》："国之利器不可以示人。"而祭祀是一种通神的活动，所以以"示"为偏旁的字，大都与"神灵"有关。

示 中
shì
1. 表明，显现使别人知道：～范｜～弱｜预～。

示 日
ji、shi、shimesu
1. 表示，指示，示意。

示 韩
bo il si
1. 看到。
2. 提示。
3. 指示。

祖

字形演变

〉祖〉祖〉祖〉祖

解字 "祖"字较早的字形如商代甲骨文、西周青铜器大盂鼎作，与古人的男根崇拜有关。瑞典汉学家高本汉曾经提到两个时期，大致为商代晚期的石制男性生殖器，上面刻有花纹，与上述字形可相互印证。商代人认为祖先死后成神灵，所以他们有祭祀祖先以祈求保佑的习俗。祭祀时，对二世以上的男性亲长都可称。后来，在上述字形基础上，加注与祭祀有关的意符"示"，如商代甲骨文、西周金文、秦小篆祖，皆是如此。秦代竹简上的古隶字形有祖。《周礼·匠人》："左祖右社。"而原来的字形则借作虚词表示将要、并且等意思，楷书写作"且"。

祝

字形演变

福〉祝〉祝〉祝

解字 甲骨文、西周金文，由"示"、"兄"组成，描绘的是一个人虔诚地跪在祭台前，祈求祖先和神灵的庇佑。"祝"指祭祀时主持祭礼、代表家族或部落与神沟通的人，也表示这一祭祀仪式。《战国策·赵策》："祭祀必祝。"

　　战国楚简作祝，小篆作祝，秦简演变为祝。

示部

三国字——中日韩常用汉字详解

祖　**中**
zǔ

1. 父亲的上一辈：～父｜～母。
2. 先代：～宗｜～业｜～制。
3. 初，开始：鼻～。
4. 某种事业或派别的创始人：～师。

祖　**日**
so

1. 祖先。
2. 根源，创始人。
3. 根据。

祖　**韩**
hal a beo ji jo

1. 祖父。
2. 祖先。
3. 始祖。
4. 根本。

祝　**中**
zhù

1. 古代指主持祷告，祭司的人。
2. 赠给对方的美好心愿：～福｜～寿｜馨香祷～。
3. 断：～发文身。

祝　**日**
shuku、shuu、iwau

1. 庆祝，祝贺。
2. 祝词。

祝　**韩**
bil chuk

1. 祈祷。
2. 祝愿。
3. 祝贺。
4. 托付。

示部

三国字——中日韩常用汉字详解

祭

字形演变

> **解字** 商代甲骨文中"祭"字如此，象手持肉块，用以祭祀神灵，字形中的小点为肉汁；因为与祭祀有关，有的字形加注了意符"示"，如此。《论语·八佾》："祭神如神在。"
>
> 西周金文字形有此，和甲骨文字形相比，表示"肉块"的符号发生了较大的变化。战国时期楚国的竹简作此。汉代玺印有字形作此。

祭 中
jì

1.将祭品敬献给鬼神或祖先：～祖｜～天｜～祀｜～灶。
2.追悼死者：～莫｜～灵｜～扫。
3.使用（法宝）：～起一件法宝。

祭 日
sai、matsuru、matsuri

1.祭祀，祭礼。
2.节日。

祭 韩
je sa je

1.祭祀。
2.相接。
3.报答。

禁

字形演变

> **解字** 小篆作禁，形声字，"示"为形，"林"为声。在庄重的祭祀过程中，参与仪式的人员必须毕恭毕敬，言行谨慎，不触犯一些忌讳。"禁"的本义指禁止，引申为禁令、忌讳。《荀子·性恶》："重刑罚以禁之。"

禁 中
jīn、jìn

jīn
1.受得住，耐久：～受｜～得住｜弱不～风。
2.忍耐，制止：不～笑起来。
jìn
1.不允许：～止｜～锢。
2.拘押：囚～｜监～｜～闭。
3.忌讳的，违反规定、法律的：～忌｜违～｜犯～。

禁 日
kin

1.禁止，严禁。
2.忍耐，忍受。

禁 韩
geum hal geum

1.禁止。
2.忍受。
3.压抑。
4.威胁。

福

字形演变

禤 ＞ 福 ＞ 福 ＞ 福

解字 西周金文作禤，由"宀"（miǎn）、"玉"、"酉"、"示"会意，"宀"指神殿或祭祀场所，"示"为祭台，祭台上放置着精美的玉和盛有美酒的酒尊，以祈求祖先、神灵庇佑和福气的降临。西周金文福是简写形式，小篆演变为福。《老子》："祸兮福之所倚，福兮祸之所伏。"

福	中	福	日	福	韩
fú		fuku		os han beol bu	

1.吉祥如意，与"祸"相对：祝～｜～相｜～如东海。
2.旧时妇女行礼的姿势：万～。
3.保佑：～荫｜～佑。

1.福，幸福。

1.一套衣。
2.迎合。
3.珍藏。

禮

字形演变

豊 ＞ 禮 ＞ 禮 ＞ 礼

解字 甲骨文作豊，西周金文作禮，字形上部是"珏"（jué），是两串玉的形状。这个甲骨文所描绘的是玉料盛放在豆（古代一种高脚容器）形器皿中，用以祭祀祖先或天神。"豊（禮）"的本义是祭祀活动中应该遵循的仪轨。由人与神沟通的仪轨，进一步引申为人与人交往中应遵循的礼仪。后来"豊"字加注意符"示"，比如秦小篆字形禮。汉代石刻有字形禮，字形右边上部演变为"曲"。汉代《说文解字》中还有古文礼，这个字形可以看做是后来简化字"礼"的源头。《论语·学而》："礼之用，和为贵。"

禮	中	礼	日	禮	韩
lǐ		rei、rai		ye do rye (ye)	

1.庄重的仪节：婚～｜洗～｜典～。
2.特定的行为规范：～治｜克己复～。
3.尊敬他人的言行：～遇｜～尚往来｜先～后兵。
4.用于吉庆场合或表示心意的馈赠物品：～物｜～金｜厚～。

1.礼貌，礼节。
2.敬礼，致谢。
3.礼品。
4.典礼。

1.礼貌。
2.礼节。
3.仪式。

禾部

三国字 —— 中日韩常用汉字详解

字形演变

爹 〉 爹 〉 秀

解字 战国楚简作爹，字形意符为"禾"，用来表示水稻、麦子等谷类吐穗开花的意思。《论语·子罕》："苗而不秀者有矣乎！秀而不实者有矣乎！"

"秀、穆、秃"三个字都以"禾"为意符，分别对应禾麦等谷物生长的三个阶段：开花吐穗为"秀"，小篆作爹；结出沉甸甸的果实叫"穆"，如西周金文；水稻、高粱等穗子中结的实落地后，只剩下秸秆，是"秃"，小篆作爹。

秀 **中**
xiù

1.常特指农作物开花：～穗｜～而不实。
2.拔尖的，优异的：～异｜～才｜优～｜后起之～。
3.清丽脱俗：～丽｜清～｜外慧中。
4.茂盛：佳木～而繁阴。

秀 **日**
shuu、hi i deru

1.优秀，卓越。
2.秀气。

秀 **韩**
ppae eo nal su

1.俊秀。
2.优秀。
3.茂盛。

字形演变

△ 〉 私 〉 私

解字 私字初文是"厶"，战国楚简作△，就像一个以自己为中心的环，表示时时处处考虑一己私利。《韩非子》："古者仓颉之作书也，自环者谓之厶，背厶谓之公。"

后来"厶"字渐渐不用，假借"私"字（本义为私田）表示这一概念。如战国金文，小篆。

私 **中**
sī

1.个人的，与"公"相对：～有｜～营｜大公无～。
2.秘密而又不合法的：～刑｜走～｜～生子。
3.悄悄地，不让人知道的：～奔｜隐～｜窃窃～语。

私 **日**
shi、watakushi、watashi

1.私，自己。
2.我。
3.个人的。
4.偷偷，暗中。

私 **韩**
sa sa sa

1.私事。
2.家族。
3.家庭。

秋

字形演变

茻 ∨ 菐 ∨ 龝 ∨ 㶹 ∨ 秋

解字 秋风萧瑟，草叶枯黄，蟋蟀、蚱蜢这一类昆虫也渐渐失去夏天时具有的活力和灵敏，变得迟钝、易于捕捉。窗下蟋蟀鸣叫，蚱蜢蹦蹦跳跳更是秋天常见的场景。商代金文菐、甲骨文菐等用蟋蟀、蚱蜢等昆虫这一秋天典型的意象来指代秋季的概念。（和菐相比，菐的翅膀一侧绘有锯齿）。甲骨文菐、菐等字形下方又添加"火"这一意符，表示秋天野火焚烧时昆虫奔逃。战国楚简字形㶹则取"秋日暖阳，禾草枯黄"的意象来表示秋天的概念。衰败的秋草，枯黄的禾麦，大自然所呈露的无不是秋天的氛围。楚简字形㶹在㶹的基础上加注意符"火"，表示秋草枯黄，容易燃烧。龝由"禾、火"会意，更强调秋天禾草燃烧这一常见景象。白居易《秋虫》："切切暗窗下，喓喓深草里。秋天思妇心，雨夜愁人耳。"

科

字形演变

𥢯 ∨ 科

解字 小篆写作𥢯，是会意字，由"禾"和"斗"组成。本义是用量器斗量谷物。在进行谷物的收纳、交易时，不但要测量谷物的数量，通常也涉及谷物的质量、等级，因此科字又引申出等级、品类的意思。进一步引申为衡量事物的标准，又指法律条文。《三国志·诸葛亮传》："科教严明，赏罚必信。"

秋 **中**	秋 **日**	秋 **韩**
qiū	shuu、aki	ga eul chu
1.每年的第三个季节；或泛指一年：~季｜一日三~｜千~万载。 2.指某段时期：多事之~。	1.秋，秋天。 2.岁月。	1.秋天。 2.时期。 3.岁月。

科 **中**	科 **日**	科 **韩**
kē	ka	gwa mok gwa
1.生物的类属：猫~｜豆~。 2.划分的部门：~室｜牙~。 3.学术或专业的类别：学~｜文~｜理~。 4.古代通过考试选拔官员的制度：~举｜~甲｜登~。	1.学科。 2.科属。 3.罪行。 4.规定。	1.课程。 2.法律。 3.刑法。 4.科举。

移

字形演变

移 〉移 〉移

解字 小篆作移，形声字，"禾"表义，"多"表声，本义是禾苗随风摇摆飘动的样子。而真正表示"移动"意思的字写作"迻"。因两字意思相近，在实际使用的过程中就当做一对异体字，后来"移"流行起来，"迻"字就渐不为人知了。如《孟子·滕文公下》："富贵不能淫，贫贱不能移，威武不能屈，此之谓大丈夫。"

移 中
yí
1.挪动：迁~｜漂~｜转~。
2.改变：~风易俗｜潜~默化。

移 日
i、utsuru、utsusu
1.迁移。
2.转移。

移 韩
ol gil i
1.移动。
2.推迟。
3.移栽
4.变化。

税

字形演变

税 〉税

解字 小篆作税，形声字，"禾"为形，"兑"为声，本意指以禾谷形式交纳的田租。《穀梁传·庄公二十八年》："古者税什一。"引申为各种税收。

税 中
shuì
1.国家征收的货币或实物：~金｜~收｜国~｜~务。

税 日
zei
1.税，税收。
2.征收的费用。
3.解，脱，释放。

税 韩
se geum se
1.税金。
2.放下。
3.借口。
4.收纳。

種

字形演变

種 > 種 > 種 > 种

解字 小篆作種，形声字，"禾"为形，"重"为声，本意指禾麦等粮食作物的种子。贾思勰《齐民要术》："种杂者，禾则早晚不均。"引申出种族、种类等义。 古代"種"和"种"是意义完全不同的两个字，现在"種"简化为"种"。

穀

字形演变

穀 > 穀 > 简 > 谷
谷 > 谷

解字 穀字小篆作穀，"禾"为形，"殼"（què）为声，本义是谷物的总称。《诗经·噫嘻》："率时农夫，播厥百穀。"穀简化后，也写作同音字"谷"。甲骨文作谷，西周金文作谷，字形上部相对排列的四个小点表示相对是四座山或两道山脉，"口"表示进出山的通道或出口。"谷"的本义指两山之间的低地，或山洪奔流的通道。《老子》："江海之所以能为百谷王者，以其善下之。"

.283.

禾部

三国字——中日韩常用汉字详解

種 中
zhǒng、 zhòng

zhǒng
1.事物的类别：物~｜工~｜品~。
2.种子，物种：稻~｜菜~｜播~。
3.人的族类：~族｜白~人。
4.量词：两~人｜各~情况。

zhòng
1.把种苗埋在泥土里：~植｜~地｜栽~。

種 日
shu、tane

1.种子。
2.种植。
3.种，种类。

種 韩
eo ril chung

1.种子
2.种植
3.幼稚

穀 中
gǔ

1.谷子，谷类作物：五~｜百~｜稻~。

谷 日
koku

1.水田或旱田里长出的食物，如米、麦、粟、豆。

谷/穀 韩
gok sik gok

1.谷物。
2.养育。
3.精诚。

究

字形演变

∨ 究

解字 小篆作究，形声字，"穴"为形，"九"为声，本义指穷尽，引申为探索、研究。司马迁《报任安书》："究天人之际，通古今之变，成一家之言。"

究 中
jiū

1.探查：研~丨深~丨有案必~。
2.极，到底：~竟丨终~。

究 日
kyuu、kiwameru

1.究，探究。
2.究极，穷尽。

究 韩
yeon gu hal yeon

1.研究。
2.穷究。
3.尽力。

空

字形演变

∨ 空 ∨ 空

解字 战国金文作空，形声字，"穴"为形，"工"为声，本义指窟窿、孔，又引申为空无、空虚。《管子·五辅》："仓廪实而图囹空。"

空 中
kōng、kòng

kōng
1.特定的空间中没有物质；无内容：真~丨~话丨~旷丨~乏。
2.无结果的，无依据的：~跑了一趟。
3.地面上方：~军丨~投丨~运。

kòng
1.使空，腾出来：~一格丨~出时间。
2.没有被使用的时间或空间：~地。

空 日
kuu、sora、aku、
akeru、kara

1.空中，天空。
2.空虚，空的。
3.空闲，空出。

空 韩
bil gong

1.空空荡荡。
2.空虚。
3.凄凉。
4.无用。

窗

字形演变

解字 小篆作⊠，象形字，象窗户形。后来在这一字形上加注意符"穴"，如《说文》或体窻，这个字形流行开来，进一步演变成现在的写法。杜甫《绝句》："窗含西岭千秋雪，门泊东吴万里船。"

窗 中
chuāng

1.房屋通风采光的装置：～户｜～口｜～帘｜～明几净。

窓 日
sou、mado

1.窗户。
2.房屋，建筑物。

窓 韩
chang chang

1.窗户。
2.单扇门。

立

字形演变

解字 商代金文作 ，象人正面站立形，本义即站立，如《庄子·养生主》："提刀而立。"战国金文线条化为 ，小篆演变为 。

立 中
lì

1.站起来，竖起来：～正｜～柜｜～场｜顶天～地。
2.做出，完成：设～｜树～｜建～。
3.存在，生存：独～｜自～｜势不两～。
4.即刻：～刻｜～等。

立 日
ritsu、ryuu、tatsu、tateru

1.站立，竖立。
2.确立，建立。
3.立刻。

立 韩
seol rip (ip)

1.建立。
2.立正。
3.成立。

立部

三国字——中日韩常用汉字详解

字形演变

甬 〉 甬 〉 章 〉 章

解字 西周金文甬，字形下部分圆形象玉器形，字形上方象刻凿形，表示用刻凿在玉上雕刻花纹。本义即花纹、文彩，如《尚书·皋陶谟》："天命有德，五服五章哉。"引申为彰显，这个意义后来加注意符"彡"而成后起字"彰"。

西周金文又有字形增加饰笔，如甬，逐渐演变为小篆章。由"音、十"组成。

章 中	章 日	章 韩
zhāng	shou	geul jang
1. 诗文或歌曲的段落：～节｜乐～｜顺理成～。 2. 条理：杂乱无～。 3. 戳记、标志：印～｜盖～｜领～｜像～。	1. 文章，章节。 2. 徽章。 3. 章程。	1. 文章。 2. 区别。 3. 标志。 4. 模范。

字形演变

𤦡 〉 𤦡 〉 𩰫 〉 𧷎 〉 童

解字 甲骨文作𩰫，会意字，字形上方是"辛"（本义是刑具）字，字形下方是一个突出眼睛造形的人形，整字意味以刑具针刺战俘或罪人（和"民"字相合）。西周金文有字形作𩰫，字形下方为"束"字，表示罪犯的脚被绳索捆绑，以防逃跑；西周毛公鼎铭文作𧷎，字形下方演变为表音的"东"字，并增加"土"字，由此进一步演变为小篆𧷎。"童"字的本义是男子有罪，受刑罚，并沦为奴隶。《说文解字》里说："男有罪曰奴，奴曰童。"后来引申为未成年的男仆，又引申为小孩子。李贽《童心说》："夫童心者，绝假纯真，最初一念之本心也。若失却童心，便失却真心。"

童 中	童 日	童 韩
tóng	dou、warabe	ai dong
1. 小孩子：～工｜～谣｜～心｜～真。 2. 没有结婚的：～男｜～女｜～贞。 3. 秃：～山。	1. 童，儿童。	1. 儿童。 2. 奴仆。 3. 眼珠。

端

字形演变

端 〉 端

解字 小篆作端，形声字，"立"为形，"耑"（duān）为声，本义指人直立，引申为人的品行端正。《孟子·离娄下》："夫尹公之他，端人也，其取友必端矣。"

競

字形演变

競 〉 競 〉 競 〉 競 〉 竞

解字 甲骨文作競，会意字，象两个人并排站立做好比赛的姿势，准备展开角逐。也有字形描绘的是侧面的两个人，如甲骨文競、西周金文競。競的本义即比赛、竞争。有的在竞争的两个人头顶加注"辛"字，表示是在奴隶之间展开的角斗或竞技，如西周金文競，小篆演变为競。《庄子·齐物论》："有竞有争。"

立部

三国字——中日韩常用汉字详解

端　中　duān

1.事物的一头，事情的起始：~倪｜事~｜争~｜~详。
2.正，不歪：~正｜~庄｜~坐。
3.正派，正直：~重｜品行不~。
4.平稳地拿：~茶｜~碗｜~盆。

端　日　tan、hashi、ha、hata

1.（物体的）端，头，边，侧。
2.事情，开端。
3.端正。
4.的确，确实。

端　韩　kkeut dan

1.尽头。
2.限界。
3.线索。

競　中　jìng

1.比赛，争胜：~争｜~赛｜~选。

競　日　kyou、kei、kisou、seru

1.竞赛，竞争。

競　韩　da tul gyeong

1.竞争。
2.比试。
3.追逐。
4.进步。

竹部

三国字——中日韩常用汉字详解

竹

字形演变

∨ 艸

∨ 竹

∨ 竹

解字 商代金文作 艸，象形字，象带有叶子的竹枝形，竹叶下垂。苏轼《於潜僧绿筠轩》："居不可无竹，食不可无肉。"

笑

字形演变

芺

∨ 笶

∨ 笑

解字 在战国文字里，"笑"写作 芺，由"艹"和"犬"构成，和"笑"的意思究竟有何关系，到现在还没有确切的答案。到了小篆就演变成了 笶，由"竹"和"夭"组成，变成的形声字，但这不是"笑"字本来的面貌，而是汉字演变以错为正的一个例子。白居易《对酒五首》："随富随贫且欢喜，不开口笑是痴人。"

竹 中
zhú

1. 竹子：～叶｜～笋｜青梅～马。
2. 指竹制管乐器，笛、箫之属：金石丝～。

竹 日
chiku、take

1. 竹子。
2. 笛子等。
3. 竹筒。

竹 韩
dae juk

1. 竹子。
2. 竹筒。
3. 笛子。

笑 中
xiào

1. 欢乐的表情，开心的声音：～容｜～颜｜谈～风生。
2. 讥讽：嘲～｜～柄｜贻～大方。

笑 日
shou、warau、emu

1. 笑，微笑。

笑 韩
u eum so

1. 发笑。
2. 嘲笑。
3. 开花。

竹部

三国字——中日韩常用汉字详解

第

字形演变

第 〉 第 〉 第 〉 第

解字 篆书作第，是由"弟"字(参看"弟"字条)加注"竹"字而产生，专门表示次序、等次等意义。也有人认为意符"竹"表示将竹简的简条依次编连成册。古代论尊卑功名等级建造规模不同的宅院，因此"第"又引申为府第之义，如《史记·卫将军骠骑列传》："天子为治第，令骠骑视之，对曰：'匈奴未灭，无以家为也。'"居延简作第，颜真卿楷书作第。

第 【中】
dì

1.等级，次序：～一｜等～｜次～。
2.科举考试及格的等次：科～｜落～｜及～。
3.大宅子：宅～｜府～｜门～。

第 【日】
dai

1.顺序。
2.考试。
3.宅，公馆，接在宅第名称之后。

第 【韩】
cha rye je

1.顺序。
2.房子。
3.科举。
4.考试。

筆

字形演变

 〉 筆 〉 筆 〉 笔

解字 小篆作筆，字形由"聿"加注意符"竹"而产生，"聿"字商代金文作，正像一只手拿着毛笔，本义是书写。这一字形加注意符"竹"而成筆字，本义即毛笔，同时也点明了毛笔的材质。《庄子·田子方》："宋元君将画图，众史皆至，受揖而立，舐笔和墨。"

筆 【中】
bǐ

1.写字、画图的用具：钢～｜铅～｜～架。
2.组成汉字的笔画：～顺｜～形。
3.用笔写，写作的：～者｜代～｜～名。
4.写字、画画、作文的方法或风格：～法｜～力｜～伏～。
5.像笔一样直：～直｜～挺｜～陡。

筆 【日】
hitsu、fude

1.写字用的工具。
2.写，写成的东西。
3.擅长书法的人。

筆 【韩】
bu pil

1.毛笔。
2.字体。
3.笔法。
4.笔画。

等

字形演变

𥰼 ＞ 等

解字 小篆作𥰼，会意字，由"竹"、"寺"组成，"寺"较早时表示官府办公的机构，"等"字的本义是竹简长短一致，排列整齐。泛指等同、相同。《淮南子·主术训》："有法者而不用，与无法等。"

答

字形演变

荅 ＞ 荅 ＞ 答 ＞ 答

解字 "答"字本来写作"荅"，小篆作荅，形声字，"艹"为形，"合"为声，本义是小豆，后来又借用表示应答的意思。由于在古文字中，"艹"头和"竹"头常常相互替换，如汉隶荅替换后成为答。后来"答"字流行，"荅"反而成了异体字了。如陶潜《桃花源记》："见渔人，乃大惊，问所以来。具答之。"

等 中
děng

1.（数量、程度）相同：～号｜平～｜～量齐观。
2.级别：～级｜～而下之。
3.表示一批人：我～｜尔～。
4.表示列举未完：有红、黄、蓝～颜色的花。
5.候，待：～候｜～待。

等 日
tou、hitoshii

1.相等，相同。
2.等级。
3.品质，品位。
4.表示例举未尽之意思。

等 韩
mu ri deng

1.群体。
2.阶级。
3.排位。

答 中
dá、dā

dá
1.回复对方：回～｜～辩｜～案。
2.回报别人的恩惠、情意：报～｜～谢。
dā
1.义同"答（dá）"，专用于"答应""答理"等词。

答 日
tou、kotaeru、kotae

1.回答，答复。
2.答案。

答 韩
dae dap dap

1.回答。
2.解答。
3.同意。
4.报答。

算

字形演变

算 〉 算 〉 算

解字 小篆作算，由"竹"和"具"组成。古代计数借助竹制的长条状的筹码；"具"字表示代表各种数字的筹条都具备了。"算"字的本义即计数。《汉书·律历志》："数者，一、十、百、千、万也，所以算数事物。"

算 中
suàn

1.筹划，计数：～式｜～术｜人～不如天～。

算 日
san

1.算，计算。
2.数量。
3.筹措，筹划。

算 韩
sem san

1.计算。
2.寿命。
3.智慧。
4.税金。

節

字形演变

節 〉 箹 〉 萢 〉 節 〉 节

解字 战国金文作節，形声字，"竹"为形，"即"为声，本义指竹节。《后汉书·虞诩传》："不遇盘根错节，何以别利器乎？"后引申出节点、节日等义。

三国字 —— 中日韩常用汉字详解

節 中
jié、jiē

jié
1.竹子分枝长叶的部分：竹～｜～外生枝。
2.节日，节气：春～｜季～｜～假日。
3.音调高低缓急的限度：～拍｜～奏｜～律。
4.原则性的品德：～操｜晚～｜高风亮～。
5.约束，限制：～省｜～俭｜开源～流。
jiē
1.～骨眼儿，喻能起决定性作用的时机。

節 日
setsu、sechi、fushi

1.节，段。
2.时节。
3.节日。
4.节制。

節 韩
ma di jeol

1.关节。
2.礼节。
3.季节。
4.纪念日。

字形演变

灬 ∨ 米 ∨ 米 ∨ 米

解字 甲骨文作灬，象形字，上方和下方的小圆点象米粒形，中间的横划象筛子形。本义即稻米。《周礼·舍人》："掌米粟之出入，辨其物。""米"字反映了中国稻作历史的悠久。

精

字形演变

糒 ∨ 精

解字 小篆作糒，形声字，"米"为形，"青"为声，本义是细心挑选的、质量最好的米。《庄子·人间世》："鼓策播精。"引申为优秀的、精英等义。

米 `中`

mǐ

1.谷类等种子去皮去壳后可食用的部分：小~｜大~｜稻~。
2.公制长度单位。

米 `日`

bei、mai、kome

1.米，稻米。
2.美国。
3.国际单位制长度单位。

米 `韩`

ssal mi

1.大米。
2.长度单位。

精 `中`

jīng

1.细密的：~密｜~心｜~雕细琢。
2.优选，提炼出的最好的部分：~华｜~英｜去粗取~。
3.人的注意力、精力：聚~会神｜无~打采。
4.雄性动物体内的生殖细胞：~子。
5.神话传说中的妖怪：~灵｜妖~。

精 `日`

sei、shou

1.精华。
2.精力。
3.精细。
4.精神。
5.精子。

精 `韩`

jeong hal jeong

1.决定。
2.干净。
3.精诚。
4.优秀。

約

字形演变

約
∨
約
∨
約
∨
约

解字 小篆作絢，形声字，"糸"（在左偏旁时写作"纟"）为形，"勺"为声。本义指用缠绕的方法束缚住。引申为约束、节俭等义。《论语·雍也》："约之以礼。"

約 中
yuē

yuē
1.绳子。
2.限制：～束｜俭～｜制～。
3.共同遵守的条款：立～｜合～｜～定俗成。
4.邀请：～请｜～集。
5.简要，大略：简～｜～计｜由博返～。

約 日
yaku

1.缔结，誓约。
2.节约，节制。
3.简短，简要。
4.大约，大致。

約 韩
mae eul yak

1.约定。
2.约束。
3.俭朴。

紅

字形演变

紅
∨
紅
∨
紅
∨
红

解字 战国楚简作紅，形声字，"糸"为形，"工"为声。本义是染成粉红或桃红色的丝帛。《论语·乡党》："红紫不以为亵服。"又引申为红色。白居易《忆江南》："日出江花红胜火，春来江水绿如蓝。"

紅 中
hóng

1.像鲜血的颜色：～灯｜～尘｜灯～酒绿。
2.象征受欢迎或受人宠信：～人｜～网｜～走～。
3.喜庆：～蛋｜白喜事。
4.象征革命：～军｜～色政权。
5.纯利润：～利｜分～。

紅 日
kou、ku、beni、kurenai

1.红，红色。

紅 韩
bulk eul hong

1.红色。
2.茂盛。
3.幸运。

三国字——中日韩常用汉字详解

純

字形演变

綧 ＞ 純 ＞ 純 ＞ 纯

解字 战国楚简作綧，形声字，"糸"为形，"屯"为声，本义指没有杂质的丝。如《论语》："麻冕，礼也，今也纯。"引申出单纯、纯粹、纯朴等义。

純 中	純 日	純 韩
chún	jun	sun su hal sun
1.纯粹，没有异质的：单~｜~金｜~净。	1.纯净，纯洁。	1.纯粹。 2.真实。 3.纯朴。

紙

字形演变

紙 ＞ 紙 ＞ 纸

解字 小篆作紙，形声字，"糸"为形，"氏"为声，本义指用丝絮等材料制成的书写材料。《后汉书》："蔡伦造意，用树肤、麻头及敝布、渔网以为纸。"

紙 中	紙 日	紙 韩
zhǐ	shi、kami	jong i ji
1.纸张：~币｜~烟｜洛阳~贵。 2.量词，指书信、文件的张数：一~调令。	1.纸张。 2.文件，刊物。 3.报纸。	1.纸张。 2.新闻。

素

字形演变

素 〉 霧 〉 素

解字 战国楚简作霧，会意字，从"糸"、"垂"，丝绸光洁则柔顺下垂。素的本义是未经染色的丝帛，如《老子》："见素抱朴，少私寡欲。"又引申为白色、简单等义。

素 中
sù

1. 未染色的纺织品：尺~（用绸子写的信）。
2. 不艳丽：~净｜~妆｜~描。
3. 基本成分：元~｜毒~｜维生~。
4. 向来：~来｜~常｜~昧平生。
5. 非肉类的食品，与"荤"相对：~食｜~油｜~席。

素 日
so、su

1. 白色。
2. 原样不加修饰。
3. 通常，平常。
4. 元素。

素 韩
bon di so

1. 本来。
2. 性质。
3. 精诚。
4. 朴素。

細

字形演变

紃 〉 紬 〉 細 〉 細 〉 細

解字 小篆作紃，形声字，"糸"为形，"囟"（xìn）为声，本义指微小的丝。《老子》："天下大事，必作于细。"秦简作紬，后来"囟"讹变为"田"，比如汉马王堆帛书細，就搞不清音义关系了。

細 中
xì

1. 小的，微小的，与"粗"相对：~沙｜~面｜~水长流。
2. 注重细节的，精致的：~瓷｜~布｜~工｜~活儿。
3. 周密详尽：仔~｜精~｜胆大心~。

細 日
sai、hosoi、hosoru、komaka、komakai

1. 细小。
2. 贫穷。
3. 详细。

細 韩
ga neul se

1. 轻细。
2. 仔细。
3. 微微。

結

結
∨
結
∨
結
∨
結
∨
结

字形演变

解字 战国楚简作**結**，形声字，"糸"为形，"吉"为声，本义指给线或绳打结。《老子》："使民复结绳而用之。"

結 中

jié、jiē

jié
1.系，拴住：～网｜～绳｜～扎。
2.线、绳子等打成的疙瘩：打～｜蝴蝶～。
3.聚，合：～晶｜～交｜～集｜桃园～义。
4.收束，完成的：～账｜～局｜归根～底。
jiē
1.长出果实：开花～果。

結 日

ketsu、musubu、yuu、yuwaeru

1.结，连结，打结。
2.完了，结束。

結 韩

mae eul gyeol

1.结成。
2.凝聚。
3.错开。

絶

∨
絲
∨
絲
∨
絶
∨
絶

字形演变

解字 甲骨文作 、 ，由二"糸"和"刀"会意，表示用刀割断丝线或绳索。"绝"的本义也即断，断绝，如《淮南子·天文》："天柱折，地维绝。"也有写作四"糸"和"刀"会意的。如说战国的金文写作 ，《说文》古文写作 。小篆作 ，二糸简化作一"糸"，右边的"刀"增加"卩"，讹变为声符"色"，"绝"字就变成了形声字了。

絶 中

jué

1.中断，没有延续：～命｜～望｜空前～后。
2.极，极端的：～妙｜～密｜～无仅有。
3.独特的，极高水平的：～技｜～色｜～唱｜～代。
4.一定的，肯定的：～对｜～然。
5.旧体诗的一种体裁：～句｜七～。

絶 日

zetsu、taeru、tayasu、tatsu

1.断绝。
2.拒绝。
3.极好。
4.隔开，远离。

絶 韩

kken eul jeol

1.断绝。
2.死亡。
3.竭尽。

給

字形演变

絈 ＞ 拾 ＞ 給 ＞ 给

解字 小篆作絈，形声字，"糸"为形，"合"为声，本义指衣食丰饶。如《孟子·梁惠王下》："春省耕而补不足，秋省敛而助不给。"引申为供应、供给。

給 中
gěi、jǐ

gěi
1.交与，送与：送~｜献~。
2.施加到对方：~他一点颜色瞧瞧。
3.替，为：~大家帮忙。
4.被，表示遭受：钱~人偷走了。
jǐ
1.供应：补~｜~养｜自~自足。
2.富裕，充足：家~人足。

給 日
kyuu

1.给予，供给。
2.工资，薪金。
3.服务。
4.赐给。

給 韩
jul geup

1.给予。
2.提供。
3.添加。
4.丰富。

統

字形演变

繑 ＞ 統 ＞ 统

解字 小篆作繑，形声字，"糸"为形，"充"为声，本义指丝线的线头，抓住全部线头的一端，就统摄了全部丝绳。如《淮南子·泰族训》："茧之性为丝，然非得工女煮以热汤而抽其统纪，则不能成丝。""统"又引申为总领、统管的意思，如《尚书·周官》："统百官，均四海。"

統 中
tǒng

1.总共的，合并起来：~一｜~帅｜~战｜~筹兼顾。
2.事物的传承：系~｜血~｜正~。

統 日
tou、suberu

1.统一，统括。
2.血统，门第。

統 韩
ge ne ril tong

1.统带。
2.汇合。
3.系统。
4.法律。

糸部

三国字 —— 中日韩常用汉字详解

糸部

三国字——中日韩常用汉字详解

經

字形演变

巠 ＞ 經 ＞ 經 ＞ 经

解字 西周金文作巠，象形字，字形象织布机上布匹的纵向丝线。丝织品上的纵向丝线叫"经"，横向丝线叫"纬"。刘勰《文心雕龙·情采》："经正而后纬成，理定而后辞畅。"同时期有字形加注意符"糸"，如經。

緑

字形演变

絲 ＞ 繍 ＞ 绿 ＞ 绿

解字 甲骨文作絲，小篆作繍，形声字，"糸"为形，"录"为声，本义指绿色的丝帛，后转指绿色。《诗经·淇奥》："瞻彼淇奥，绿竹青青。"

經 中	経 日	經 韩
jīng	**kei、kyou、heru**	**ji nal gyeong**
1.织布时纵向的线，与"纬"相对：～线｜～天纬地。	1.经营，经理。	1.经过。
2.通过南北极与赤道成直角的线(亦作"子午线")：东～｜西～｜～度。	2.经文，经典。	2.治理。
3.核心的经典专著：诗～｜易～｜～书。	3.经过，经由。	3.经书。
4.通过：～过｜～历｜～受。	4.经线。	4.佛经。
5.妇女周期性子宫出血现象：月～｜～血。	5.经常。	

绿 中	緑 日	綠 韩
lǜ、lù	**ryoku、roku、midori**	**pu reul rok (nok)**
lǜ	1.绿，绿色。	1.翠绿。
1.绿色：～叶｜～化｜～洲｜～茶｜～水青山。	2.绿儿，幼小。	2.绿色。
lù		3.黑色。
1.义同lǜ，专用于某些名词：～林｜～营。		

綫

字形演变

緣 ∨ 綫 ∨ 线

解字 小篆作**緣**，形声字，"糸"为形，"戋"为声，本义指细长的丝缕。也有异体字替换声符"戋"替换为"泉"，作"線"。《周礼·缝人》："缝人掌王宫之缝线之事。"

綫 中 xiàn

1.像绳索，较纤细：毛~｜棉~｜~圈。
2.一个点移动所形成的图形：直~｜~条｜曲~。
3.像线的东西：光~｜视~｜生命~。
4.量词，数词限用"一"，表示极少：一~光明。

線 日 sen

1.线，线条。
2.路线，线路。
3.（数学上的）线。
4.神经，感觉。

線 韩 jul sen

1.绳子。
2.线条。
3.细绳。
4.线索。

練

字形演变

緤 ∨ 練 ∨ 練 ∨ 练

解字 小篆作**緤**，形声字，"糸"为形，"柬"为声，本义指通过浸泡、碱煮、椎击等多道工序将生丝变成洁白柔软的熟绢。引申为名词，指白色的绢，又引申为练习、熟练等义。《红楼梦》："世事洞明皆学问，人情练达即文章。"

練 中 liàn

1.白绢：素~｜澄江静如~。
2.反复学习，多次操作：排~｜~习｜~笔｜~功。
3.经验多，精熟：熟~｜老~｜干（gàn）~。

練 日 ren、neru

1.练习，熟练。
2.熟丝绸。

練 韩 ik hil ryeon (yeon)

1.练习。
2.训练。
3.锻炼。
4.熟练。
5.丰富。

糸部　网部

三国字——中日韩常用汉字详解

續

字形演变

繍 ＞ 續 ＞ 续

解字　小篆作繍，形声字，"糸"为形，"卖"为声，本义指断了的丝线连接上。本义即连接、延长，如《庄子·骈拇》："凫颈虽短，续之则忧。"引申出继续、陆续等义。

續 　中
xù

1.连接：连~｜陆~｜狗尾~貂。
2.在原来的基础再加：~编｜~集。

続 　日
zoku、tsuzuku、tsuzukeru

1.连续，继续。

續 　韩
i eul sok

1.连接。
2.继续。
3.继承。

罪

字形演变

辠 ＞ 網 ＞ 罪 ＞ 罪

解字　"罪"这一概念本写作"辠"，如秦简辠，小篆辠等，由"辛、自"会意，"辛"为刑具，"自"象鼻子形，表示用刑具割掉罪犯的鼻子。"辠"的本义即罪人，引申为恶行、错误等义。《元史·王利用传》："有功必赏，有罪必罚。"秦始皇自封为"皇帝"后，认为辠字字形与当时的"皇"（小篆作皇）字太相似，于是下令废除"辠"字，改由本义是捕鱼竹网的網来记录这一概念。汉代《乙瑛碑》演变为罪。

罪 　中
zuì

1.严重的违法的行为：~恶｜~名｜~大恶极。
2.把过失归到某人身上：功~｜~归~于人。
3.磨难，痛苦：受~。

罪 　日
zai、tsumi

1.罪，罪责。
2.干歹事，做坏事。

罪 　韩
heo mul joe

1.罪过。
2.过失。
3.罪人。
4.灾殃。

字形演变

字形演变

解字 西周金文作𦍌，象羊头形。《战国策·楚策》："亡羊而补牢，未为迟也。"

解字 原始岩画中有 等图像，描绘的是一个正面站立的人，张开双手载歌载舞，头部装饰了色彩鲜艳的羽毛。商代甲骨文字形 和西周早期金文字形 都是这一形象的简化符号，用来记录语言中的词语"美"，其本义是漂亮，好看。古人"美"的概念与人有关，人首先注意到人的美，同时也借助自然界美丽的事物来装扮自己。《庄子·齐物论》："毛嫱、丽姬，人之所美也；鱼见之深入，鸟见之高飞。"

羊　中
yáng

1.反刍类哺乳动物，头上有一对角：绵～｜羚～｜～羔。

羊　日
you、hitsuji

1.羊，绵羊。
2.羊字旁。日语汉字偏旁之一。

羊　韩
yang yang

1.一种常见哺乳动物。
2.祥端。
3.徘徊。
4.观瞻。

美　中
měi

1.好，善，漂亮：～丽｜心灵～｜～不胜收。
2.赞扬：赞～｜～言｜～誉。
3.美洲：北～｜南～。
4.指美国：～元｜～籍华人。

美　日
bi、utsukushii

1.美，美丽。
2.好，出色。
3.好吃，味美。

美　韩
a reum da ul mi

1.美丽。
2.美味。
3.喜事。

羊部　羽部

三国字——中日韩常用汉字详解

義

字形演变

〔羊〕〉〔我〕〉義〉義〉义

解字 甲骨文作〔羊〕、〔我〕等，象三联戈（参看"我"字条）的顶端装饰有羊角，这样缀饰的兵器可能是在一些庄严、重大的仪式中使用，因此，"义"是"仪"的初文，表示仪式、礼仪。仪式过程中有一些严格的行为规范、原则，因此，"义"字又表示"适宜、合乎法度"等，通常指人与人之间的关系的准则，如《淮南子·齐俗训》："义者，所以合君臣、父子、兄弟、夫妻、朋友之际也。"进一步用来表示儒家的核心价值观"仁、义、礼、智、信"之一，如《论语》："不义而富且贵，于我如浮云。"

西周金文演变为〔羊〕，也有字形作〔义〕，分离为"羊""我"两个独立的部分。小篆演变为義，秦简作〔義〕。

習

字形演变

〔羽日〕〉習〉習〉习

解字 甲骨文作〔習〕，字形上方为"羽"，下方为"日"，会意字，意思是在晴朗的日子里，鸟儿反复练习飞翔。后泛指练习。《论语》："学而时习之，不亦说乎？"战国楚简作〔習〕，小篆習中，字形下方的"日"讹变为"白"。

義 中 yì
1.公正合理的言行和准则：正~|仗~|~无反顾。
2.情谊：~气|恩~|~重如山。
3.内涵或概念：意~|含~|微言大~。
4.指认为亲属的：~父。
5.人造的（人体的部分）：~肢|~齿。

義 日 gi
1.道义。
2.道理，意义。
3.无血缘关系的人结为父子、母子、兄弟姐妹关系。

義 韩 ol eul ui
1.正义。
2.善良。
3.义气。

習 中 xí
1.反复地学，使熟练：温~|学~|实~。
2.对某事熟悉：~以为常。
3.长时间养成的不自觉的活动：~惯|积~|陈规陋~。
4.相因：世代相~。
5.姓。

習 日 shuu、nar au
1.学习，练习。
2.习惯，习性。

習 韩 ik hil seup
1.练习。
2.学习
3.复习。
4.习惯

老 考

字形演变

解字 "老"字甲骨文作 🦴，字形描绘的是弯腰驼背的老人，头上头发稀疏，拄着拐杖前行，本义是年岁大的人。《礼记·曲礼》说："七十曰老。"可知古代 70 岁以上可以称为老人。🦴 在西周以后分化为"老"和"考"两个字：字形中老人所拿的拐杖演变为"匕"形的，如西周金文 🦴、小篆 🦴 等，是"老"字；拐杖演变为"丂"形的，如西周金文 🦴、小篆 🦴 等，是"考"字。"老"和"考"这两个字同源，且都有年老的意思，东汉文字学家许慎认为这两个字在"六书"中是互为转注的关系。屈原《离骚》："老冉冉其将至兮，恐修名之不立。""考"字本义是年老、高寿，又指父亲。如《楚辞》："帝高阳之苗裔兮，朕皇考曰伯庸。"

老 【中】 lǎo

1.年岁大，时间长，有经验：~练｜~朋友｜少年~成｜~骥伏枥。
2.对年长的人的尊称：张~｜~人家｜~大爷。
3.老年人：敬~院｜扶~携幼。
4.极，很：~早｜~羞成怒。
5.总是，经常：~是迟到。
6.原来的：~地方。

老 【日】 rou、oiru、fukeru

1.年老。
2.老人。
3.对老人的敬称。
4.富有经验。
5.要职，重要人物。

老 【韩】 neul eul ro (no)

1.显老。
2.熟练。
3.恭敬。
4.古老。

考 【中】 kǎo

1.测试，评估能力等：~试｜~查｜~核。
2.推究：~古｜~证｜~据。
3.老，年纪大：寿~。

考 【日】 kou、kanngaeru

1.思考，考虑，思想。
2.调查，考查。
3.先考，亡父。

考 【韩】 saeng gak hal go

1.思考。
2.观察。
3.试验。
4.成就。

老部（言部）

三国字——

者 诸

字形演变

解字 西周金文作 ，造字本义不详，这个字形后来被假借为助词，常用在动词、形容词后，构成名词性短语。如《老子》："善者不辩，辩者不善。"

"诸"是由"者"分化出来的，在西周金文中，"者侯"就是"诸侯"。当然，当文字出现分化，必然是语言出现分化在先，所以，"诸"的本义和"者"字一样，都是助词，但后来就变化出更多的意思，其中"众多"之义是比较常用的。如《诗经·泉水》："问我诸姑，遂及伯姊。"

者 【中】 zhě

1. 指人或事物等：读~｜作~｜来~。
2. 助词，表示语气停顿并构成判断句：陈胜~，阳城人也。

者 【日】 sha、mono

1. 人，人物。
2. 物，事。
3. 表示顺接。

者 【韩】 nom ja

1. 人口。
2. 地方。
3. 群体。
4. 记载。

諸 【中】 zhū

1. 许多：~般｜~多。
2. "之于"或"之乎"的合音：君子求~己。

諸 【日】 sho

1. 诸，各种。
2. 这，此。
3. 表示疑问。

諸 【韩】 mo du je

1. 全部。
2. 所有。
3. 诸位。

耕

字形演变

〉耕
〉耕

解字 战国楚简作 ，由"力、田、口"会意，"力"象耒形，表示用耒耕田，口表示吆喝耕牛前进。这一字形由于易于和"男"字混淆，被形声字"耕"所淘汰。"耕"字小篆作耕，"耒"为形，"井"为声，本义指耕作。汉乐府《陌上桑》："耕者忘其犁，锄者忘其锄。"

耕 中
gēng

1.用犁翻松土地：～种｜～作｜笔～｜～读人家。

耕 日
kou、tagayasu

1.耕作。
2.辛勤劳作。

耕 韩
bat gal gyeong

1.农耕。
2.努力。
3.农事。

耳

字形演变

〉目
〉耳

解字 商代金文作 目，西周金文作 目，象人的耳朵形。《老子》："五音令人耳聋。"

耳 中
ěr

1.耳朵：～垂｜～濡目染｜～聪目明。
2.像耳朵的东西：银～｜木～。
3.像耳朵一样分列两旁的东西：～房｜鼎～。
4.听过，听说：～闻｜～软。

耳 日
ji、mimi

1.耳，耳朵。
2.(金钱、人员的)数目。

耳 韩
gwi i

1.耳朵。
2.熟悉。
3.发芽。

耳部

聖

字形演变

聖 ＞ 聖 ＞ 聖 ＞ 圣

解字 小篆作聖，形声字，"耳"为形，"呈"为声，本义指听觉敏锐，引申指德行高尚、有超凡智慧的人。《论语·子罕》："固天纵之将圣，又多能也。"

聞

字形演变

聞 ＞ 間 ＞ 聞 ＞ 闻

解字 甲骨文作聞，象一个跪立的人，头部夸张地绘出耳朵形，手挡在耳边，表示这个人正侧耳倾听远处传来的声音。"闻"的本义指听、听到。金文作聞，在演变中耳朵和人形分开。后来这一字形为形声字取代，如小篆聞，"耳"为形，"门"为声。《礼记·大学》："心不在焉，视而不见，听而不闻。"

聖 **中**

shèng

1.超凡脱俗的人：～人｜～贤。
2.最崇高的，带有神性的：神～｜～经｜～洁。
3.某一领域至高无上的：棋～｜诗～。

聖 **日**

sei

1.圣人，圣贤。
2.神圣。
3.对帝王的敬称，圣上。

聖 **韩**

him ssul gol

1.勤劳。
2.农耕。
3.圣人。

聞 **中**

wén

1.听见：充耳不～｜～道｜耳～。
2.消息：要～｜奇～｜趣～。
3.名气高：～人｜～名。
4.名声：秽～。
5.用鼻子嗅：～香｜～见。

聞 **日**

bun、mon、kiku、kikoeru

1.听，听见。
2.传说，新闻。

聞 **韩**

deul eul mun

1.听闻。
2.所闻。

聲

字形演变

磬 > 聲 > 聲 > 声

解字 甲骨文作 磬，由"殸"（qìng）与"耳"会意。殸甲骨文作 磬，字形左边是高高悬挂的敲击乐器石磬，右边"殳"字表示的是一个人手拿锤子敲击石磬，发出悦耳清脆的声音；字形 磬 中的耳朵形表示一个人正侧耳倾听这动听的音乐。声的本义指声音、声响。《老子》："大音希声。"

聲 **中**	声 **日**	聲 **韩**
shēng	sei、shou、koe、kowa	so li seong
1.声音：～波｜大～。	1.声音。	1.听见。
2.消息，音讯：悄无～息。	2.名声。	2.知道。
3.说出让人知晓，宣告：～张｜～讨。	3.说，发言。	3.闻名。
4.名望：～望｜～名狼藉。		
5.声调：四～。		

聽

字形演变

聽 > 聽 > 聽 > 听

解字 甲骨文作 聽，左边的"口"表示一个人在说话，右边是另一个人侧耳倾听。甲骨文也有相对较为简单的字形 聽，左为口，右为耳。小篆 聽 是形声兼会意字，由"耳、惪、壬"组成，"耳、惪"表示耳有所得，"壬"指示读音。《荀子·劝学》："耳不能两听而聪。"

聽 **中**	聴 **日**	聽 **韩**
tīng	chou、kiku	deul eul cheng
1.用耳朵感知声音：～讲｜～懂｜～歌。	1.听，听觉。	1.听见。
2.依任，顺服：～从｜～取。	2.听从。	2.争论。
3.放任，随意：～天由命｜～其自然。	3.打听。	3.判决。
4.审理，治理：～政｜～讼。	4.顺从，遵从。	
5.量词：一～啤酒。		

肉部

三国字 —— 中日韩常用汉字详解

字形演变

D
〉
D
〉
肉
〉
肉

解字 甲骨文作 D，象肉块形。小篆演变为 D，后来为了和"月"字不混淆，字形发生较大变化，如武威汉简演变为 肉。《论语》："子在齐闻韶，三月不知肉味。"

字形演变

惫
〉
糵
〉
育
〉
毓

解字 甲骨文 惫、商代金文 鬶 等字形中，上部分是一个正在分娩的女子，下部分是一个刚从母体中娩出的婴儿。因为胎儿出生时通常头部先出来，所以字形中的婴儿（子）头部朝下，字形中的小点表示胞衣破裂淌出的羊水。西周金文有字形 鬶、鬶，小篆演变为 糵，现在楷体写作"毓"。小篆同时也有字形 育，是个形声字，下方的 D（肉）为声符。育的本义指生孩子，引申出养育等义。《孟子·滕文公上》："后稷教民稼穑，树艺五谷，五谷熟而民人育。"

肉 **中**
ròu

1.人或动物体内的组织：~感｜~泥｜鲜~。
2.一些瓜果中可以食用的部分：果~。
3.软，不脆：这瓜~瓤儿。

肉 **日**
niku

1.肉，肌肉。
2.血缘，骨肉。
3.直接，肉眼。
4.身体，肉体。

肉 **韩**
go gi yuk

1.鲜肉。
2.身子。
3.血缘。

育 **中**
yù

1.生产（孩子）：生~｜繁~。
2.养活：保~｜哺~。
3.教育，培养：劳~｜美~｜~才。
4.培植：~苗｜~种。

育 **日**
iku、sodatsu、sodateru、hagukumu

1.养育，培养。
2.发育，成大。

育 **韩**
gi reul yuk

1.养育。
2.成长。
3.幼小。
4.生育。

胸

字形演变

多 ∨ 胸 ∨ 胸 ∨ 胸

解字 战国楚简作多，形声字，"月"（肉）为形，"匈"为声，本义指胸部，也引申为心胸、内心。如《庄子·田子方》："喜怒哀乐，不入于胸次。"小篆作胸，字形后来演变为左形右声结构，如颜真卿楷书胸。

能

字形演变

能 ∨ 能 ∨ 能 ∨ 能

解字 西周金文有字形能、能，象熊形。能的造字本义指熊一类的动物，《说文解字》："能，熊属，足似鹿。"《夏小正》："能罴（pí）则穴。"后来被假借用来表示贤能的"能"，其造字本义转而由原意是"熊熊火光"的"熊"来承担。

战国金文作能，原来的熊足掌形分开，秦简进一步演变为能。

肉部

三国字——中日韩常用汉字详解

胸

中 xiōng

1.身体颈和腹之间的部分：～针｜昂首挺～。

胸

日 kyou、mune、muna

1.胸，胸怀。
2.胸部，胸膛。

胸

韩 ga seum hyung

1.胸怀。
2.意志。
3.度量。

能

中 néng

1.本事，有本事的：智～｜技～｜～者多劳。
2.助动词，相当于"善于"：～事｜～屈～伸。
3.助动词，表示可能性或许可：这么大雨，他～来吗。
4.物理学上指"能量"：核～｜风～。

能

日 nou

1.能力，本事。
2.功效，效能。
3.古典歌舞剧。
4.好，高明。

能

韩 neng hal neng

1.擅长。
2.能力。
3.才能。
4.人才。

脱

字形演变

䏶 ＞ 脱 ＞ 脱

解字 小篆作䏶，形声字，"月"（肉）为形，"兑"为声，本义指把肉从骨头上剥离、分开。引申出离开、脱落等义。如《老子》："鱼不可脱于渊。"汉帛书作脱。

脱 中
tuō

1.（皮肤、毛发等）掉落：～发｜～毛｜～色。
2.离开：摆～｜～身。
3.取下，除掉：～水｜～靴。
4.遗漏：讹～｜～文。
5.自由，不拘束：洒～｜超～。

脱 日
tatsu、nugu、nugeru

1.脱，脱下。
2.脱落。
3.得到自由。
4.离开，分离。

脱 韩
bes eul tal

1.解脱。
2.赦免。
3.解决。

臣

字形演变

臣 ＞ 臣 ＞ 臣 ＞ 臣

解字 甲骨文作臣，西周金文作臣，"臣"的本义是俘虏。字形描绘的是俘虏因为内心畏惧被处死、严惩，匍匐在地，眼睛自下而上看人的样子。未处死的俘虏大多成为奴隶，因此上古称奴隶为臣，如《左传·僖公十八年》："男子为臣，女子为妾。"后来引申为帮助君王治国的人，即臣子。《国语·晋语》："事君不贰是谓臣。"

郭店楚简作臣，小篆演变为臣。

臣 中
chén

1.封建时代的官吏，有时也包括下层民众：～民｜忠～。
2.做臣子：～服。
3.官吏对君主说话时的自称：微～。

臣 日
shin、jin

1.臣，臣下。

臣 韩
sin ha sin

1.大臣。
2.百姓。
3.仆人。

自鼻

字形演变

臼
∨
自　鼻
∨　∨
自　鼻

解字 甲骨文 臼、西周金文 臼 等字形，象鼻子形。"自"的造字本义是鼻子，"自"因此也是"鼻"的初文。甲骨文中有"疾自"一词，意思是鼻子生病了。因为人在自称的时候往往用手反指自己的鼻子，所以"自"就有了称说本人的意思。《易·乾》："天行健，君子以自强不息。"大概到了战国的时候，"自"加注声符"畀"（bì）而成"鼻"，小篆写鼻，颜真卿楷书写鼻。《吕氏春秋·贵生》："鼻虽欲芬香，口虽欲滋味，害于生则止。"

自　中
zì

1. 自己,本身: ～我｜～动｜～考。
2. 介词,从,由: 来～｜～始至终。
3. 理当: 功到～然成｜～不待言。
4. 如果: ～非亭午夜分,不见曦月。

自　日
ji、shi、mizukara

1. 自,从。
2. 自己, 亲身。
3. 自然。

自　韩
seu seu ro ja

1. 自己。
2. 自然。
3. 真实。

鼻　中
bí

1. 嗅觉器官,也是呼吸的通道: 刺～｜～腔｜～梁。
2. 物体上可供穿过的小孔: 针～儿。

鼻　日
bi、hana

1. 鼻, 鼻子。
2. 创始, 鼻祖。

鼻　韩
ko bi

1. 鼻子。
2. 窟窿。
3. 开始。
4. 奴仆。

三国字——中日韩常用汉字详解

字形演变

ψ
∨
ψ̲
∨
至
∨
至

解字 甲骨文作ψ，指事字，字形上部为倒立的"矢"字，表示一支从远处飞来的箭；字形下部为"一"，指示目标。"至"的本义是射中目标，也就是到达、来到的意思。《论语·子罕》："凤鸟不至，河不出图，吾已矣乎！"

西周金文作至，秦简作至。汉代《曹全碑》演变为至。

字形演变

ψ
∨
ψ̲
∨
致
∨
致

解字 西周金文作ψ，形声兼会意字，左边是"至"，右边是"人"，表示由人把礼物或信息送到，"至"也是声符。"致"的本义是送到、送达。《荀子·解蔽》："远方莫不致其珍。"

西周金文另有字形ψ，人形下部分加上了"夊"（suī，象足形），表示这个人是跑腿的信使或差使。秦简作致，人形和足形分离；汉代帛书演变为致。唐代楷书演变为致。

至 中 zhì	至 日 shi、itaru	至 韩 i reul ji
1. 到达：朝发夕～|纷～沓来。 2. 达到最高程度，极，最：～尊|～爱。 3. 至于，到某种程度：乃～|直～。	1. 达，到达极限。 2. 最，极。	1. 到达。 2. 影响。 3. 过分。

致 中 zhì	致 日 chi、itasu	致 韩 i reul chi
1. 送达，交出：～文|～仕|～函。 2. 表达：～哀|～敬。 3. 招来：～命|～死。 4. 实现，达到：～富。 5. 景象，情趣：风～|雅～|韵～。 6. 细，密：细～|密～。	1. 致，招来。 2. 送，传递。 3. 风趣，风致。	1. 到达。 2. 竭尽。 3. 成就。

與

字形演变

臂 〉 臂 〉 與 〉 与

解字 金文作臂，形声字，"舁"为形，"𠂒"（牙）为声，小篆臂中，声符"牙"讹变为"与"，本义指授予、给予。《孟子·万章上》："非其义也，非其道也，一介不以与人，一介不以取诸人。"

與 中
yǔ、yù

yǔ
1. 给，送给：施~｜付~。
2. 交好，同盟：~国｜生死~共。
3. 和，同，表并列：错~对｜~世浮沉。
4. 等待：时不我~。

yù
1. 加入其中：~闻｜参~。

与 日
yo、ataeru

1. 给，授予。
2. 参与。
3. 一起，共同。
4. 与，及。

與 韩
de bul yeo

1. 一起。
2. 参与。
3. 许诺。
4. 帮助。

興

字形演变

𣎴 〉 𦥦 〉 興 〉 兴

解字 商代金文𣎴、甲骨文𣎴等字形表示众人用手共同抬起一架肩舆（简单的辇轿），本义是抬起、起轿，泛指起、兴起。《孟子·公孙丑下》："五百年必有王者兴，其间必有名世者。"

西周金文𦥦加上一个"口"形符号，前面说过，"口"形符号在古文字中经常被添加但无实际意义。小篆𦥦肩舆形和"口"演变为"同"，变成了由"同"和"舁"构成的字。

興 中
xīng、xìng

xīng
1. 起，起来：~风作浪｜夙~夜寐。
2. 创立，举办，发起：~学｜振~。
3. 繁荣，昌盛：~旺｜~隆｜~亡。
4. 新潮，时尚：新~｜时~。

xìng
1. 劲头，情趣：~趣｜~头｜酒~。

興 日
kou、kyou、okoru、okosu

1. 兴起，振兴。
2. 兴趣，趣味。

興 韩
il heung

1. 兴旺。
2. 开始。
3. 兴隆。
4. 成功。

舉

字形演变

𦥑 ＞ 𦥯 ＞ 舉 ＞ 擧 ＞ 举

解字 战国金文𦥯是形声字，"犬"为形，"與"为声，或是表示人高举手中食饵，狗跳起争夺。本义指举起、高举。《孟子·梁惠王上》："吾力足以举百钧，而不足以举一羽。"

小篆𦥯形符替换为"手"，秦简演变为擧。

舊

字形演变

𦐂 ＞ 舊 ＞ 舊 ＞ 旧

解字 甲骨文作𦐂，小篆作舊。上象长有两支毛角的鸟形，下为"臼"字。形声字，"雈"（huán，猫头鹰类）为形，"臼"为声。本义指鸺鹠，也即猫头鹰。"旧"字本义很少使用，多被假借为表示"古老的、陈旧的"等义。如《诗经·文王》："周虽旧邦，其命维新。"

舉 **中**	挙 **日**	擧 **韩**
jǔ	kyo、ageru、agaru	deul ge
1.向上托，向上抬：托～｜～起手来。	1.举，抬。	1.引起。
2.行为，动作：善～｜一～两得。	2.全，全部。	2.施行。
3.发动，创立：～兵｜～办。	3.计划，举行。	3.兴起。
4.推选出：公～｜～贤任能。	4.举止，动作。	
5.全：～目无亲｜～世闻名。		
6.揭发：～报｜检～。		

舊 **中**	旧 **日**	舊 **韩**
jiù	kyuu	ye gu
1.不新的，过去的：～闻｜～衣服｜～家具。	1.旧，陈旧。	1.长久。
2.过去：照～｜怀～。	2.往昔，以前。	2.古老。
3.有深厚交情的人：故～｜念～。	3.旧历，阴历。	3.老人。
		4.旧谊。

舌言

字形演变

解字 "舌"字甲骨文作 𠮋 ，字形下方为"口"，上部分叉形表示舌从口中伸出来。甲骨文 𠮋 、商代金文 𠮋 有小点，表示口中的唾液。《论语·颜渊》："驷不及舌。"意思是：一言既出，驷马难追。

"言"甲骨文字形作 𠮷 ，字形下部分为"舌"，"言"和"舌"的关系密切，所以"言"字应该是在"舌"字的基础上增加一个横画，加以区别，分化出新字来。《论语·公冶长》："听其言而观其行。"

舌 【中】 shé
1. 舌头：~战（形容激烈讨论）｜长~。
2. 类似舌头的东西：鸭~帽｜火~。
3. 说话：鹦鹉学~。

舌 【日】 zetsu、shita
1. 舌，舌头。
2. 说话。

舌 【韩】 hyeo seol
1. 舌头。
2. 语言。
3. 靶子。

言 【中】 yán
1. 说：~语｜~行。
2. 话：诺~｜风~风语｜~不及义。
3. 汉语的一个字或一句话：七~诗。

言 【日】 gen、gon、iu、koto
1. 语言。
2. 说话。

言 【韩】 mal sseum en
1. 语言。
2. 见解。
3. 言论。

舌部　舛部

三国字 —— 中日韩常用汉字详解

舍

字形演变

舍 〉 舍 〉 舍

解字 西周金文作舍，上部象人字形屋顶和支撑屋顶的梁柱，下部的口象房间形。舍的本义指客栈、客馆，泛指房屋。杜甫《客至》："舍南舍北皆春水。"由于客舍往往是住一夜或几夜随即离开，引申为舍弃意。这个意义后来由"捨"字承担。

舞

字形演变

舞 〉 舞 〉 舞 〉 舞

解字 甲骨文作舞，表示一个人手拿彩色羽毛一类的装饰物翩然起舞。西周金文舞在字形下方增加了象两只脚形的"舛"，小篆作舞。《论语·八佾》："八佾舞于庭，是可忍也，孰不可忍也。"

舍 中
shě、shè

shě
1.放弃，丢掉：割~｜~生取义。
shè
1.房子：寒~｜茅~｜农~。
2.停留，驻扎：~于河畔。

舍 日
sha

1.房舍，宿舍。
2.（谦语）我的。

舍 韩
jip sa

1.房屋。
2.旅舍。
3.舍弃。

舞 中
wǔ

1.舞蹈：伴~｜~会｜编~。
2.跳动，表演：飞~｜长袖善~。
3.玩弄，戏弄：营私~弊｜~文弄墨。

舞 日
bu、mai、mau

1.舞蹈，跳舞。
2.鼓舞，鼓励。

舞 韩
chum chul mu

1.跳舞。
2.飞舞。
3.鼓舞。
4.调戏。

船

字形演变

舟凸 > 舟凸 > 船

解字 战国金文作 ，形声字，"舟"为形，"沿"（省略氵）为声，本义是水上交通工具。《史记·夏本纪》："陆行乘车，水行乘船。"

船 中	船 日	船 韩
chuán	sen、fune、funa	bae sen
1.水上运输工具：货~|行~。	1.船，舟，艇。	1.船舶。 2.酒盏。 3.漕运。

良

字形演变

艮 > 艮 > 良

解字 甲骨文 艮、西周金文 艮 等，有人认为这些"良"字是"廊"的初文，字形中间是古人居住的洞穴，上下是连接洞穴的廊道。有了廊道之后，居住场所光线充足、空气流通，因此"良"又引申为明朗、良好义。《论语·学而》："夫子温良恭俭让以得之。"

良 中	良 日	良 韩
liáng	ryou、yoi	e jil ryang (yang)
1.优秀，好：~药|温~|坐失~机。 2.品行好的人：除暴安~|从~。 3.很，非常：收获~多|~久。	1.良，良好。 2.少许。 3.良，评分等级之一。	1.善良。 2.良好。 3.优良。

色部

三国字——中日韩常用汉字详解

字形演变

解字 战国楚简字形作 ，由"爪"和"卩"构成，"色"的本义指脸上的气色、神情。《晋书·阮籍传》："性任不羁，而喜怒不形于色。"后由脸色引申指女色、美丽的女子，如《论语·子罕》："吾未见好德如好色者也。"又泛指颜色。至于"色"造字的本意一直也说不清楚。不过后来出现了 字，就是在原来的字形上加注意符"页"，强调这字的意思与面部有关。

到了小篆，上部的"爪"字就讹成了"人"字，写作 ；后来又流行一句俗语："色字头上一把刀。"敢情到了楷书阶段，"色"头上已经变得像个"刀"字了。

战国末年至秦朝时期的睡虎地秦简

色	中

sè

1. 颜色：～泽｜彩～｜变～。
2. 脸上的神情、样子：神～｜气～。
3. 景象：秋～｜湖光山～。
4. 品种，类别：各～酒杯｜花～鲜艳。
5. 质量，品质：成～｜足～纹银。
6. 女子美貌：姿～｜才～。

色	日

shoku、shiki、iro

1. 颜色。
2. 脸色，神色。
3. 美色。
4. 风情。

色	韩

bich saek

1. 光彩。
2. 色彩。
3. 脸色。

花華

字形演变

羋 ＞ 鏖 ＞ 蕐 ＞

花 ＞ 華 ＞

花 ＞ 华

解字 西周有金文写作羋，上象花瓣和花蕊，下部分象茎叶形，本义是花朵。秦小篆加注意符"艹"而成鏖，产生出后起字"華"（简化字写作"华"）。《诗经·周南·桃夭》："桃之夭夭，灼灼其华。"后来"华"字主要用于表示引申义光华、结彩等义，汉代人又另造"花"字表示花朵，如汉《衡方碑》䔢。邵雍《安乐窝中吟》："美酒饮教微醉后，好花看至半开时。""花"字到南北朝以后才渐渐流行起来。

花　**中**　huā

1.花朵,植物的繁殖器官：开~｜~瓣｜繁～似锦。
2.形状类似花的东西：~灯｜窗～｜葱～。
3.说虚伪的话来迷惑人的：~~肠子。
4.模糊、看不清的：老~眼。
5.使用，消费：~钱｜~费。

花　**日**　ka、hana

1.花。
2.像花一样。

花　**韩**　kkot hwa

1.鲜花。
2.草木。
3.妓女。
4.漂亮。

華　**中**　huá、huà

huá
1.光彩艳丽的：~灯｜~美｜~增。
2.风采，才能：风~绝代｜英~。
3.开花：春~秋实。
4.繁荣，繁盛：荣~｜繁~。
5.指中国或中国人：~夏｜~人。

huà
1.~山：山名，位于中国陕西省。

華　**日**　ka、ke、hana

1.华美，美丽。
2.中华，中国的美称。
3.花，开花。
4.繁荣，繁华。

華　**韩**　bi nal hwa

1.灿烂。
2.华丽。
3.奢侈。
4.豪华。

字形演变

屮 ＞ 𦥯 ＞ 𦥯 ＞ 若

解字 甲骨文作𦥑，象女子梳理头发，使之柔顺的样子，"若"的本义为顺从。《资治通鉴》："故民入川泽山林，风雨时若。"西周金文加注"口"形符号写作𦥑，意义没有变化，小篆演变为𦥯。"若"多被假借用来表示"如果、像"等义。《庄子·逍遥游》："肌肤若冰雪，绰约若处子。"

字形演变

𦴩 ＞ 苦 ＞ 苦

解字 小篆𦴩，形声字，"艹"为形，"古"为声，本义是苦苓，引申为苦涩义。《诗经·采苓》："采苦采苦，首阳之下。" 汉帛书作苦。

若 中
ruò、rě

ruò
1.连词，表假设：～非｜如～。
2.好像，如同：视～无睹｜恍～一梦。
3.表约数：～干（gān）。
rě
1.般～：佛教用语，指智慧。

若 日
jaku、nyaku、wakai、moshikuwa

1.年轻，嫩。
2.或，或许。
3.听从，答应。
4.像……一样。
5.几个，若干。

若 韩
gat eul yak

1.一样。
2.幼小。
3.倘若。

苦 中
kǔ

1.味道辛涩的，与"甘"相对：～水｜～茶。
2.令人难受的：劳～｜尽甘来。
3.为某事所累：～旱｜凄风～雨。
4.全力的，耐心地：～熬｜～战｜～思冥想。

苦 日
ku、kurushii、kurushimu、kurushimeru、nigai、nigaru

1.苦味。
2.痛苦，苦恼。
3.劳苦，折磨。

苦 韩
sseul go

1.痛苦。
2.艰苦。
3.继续。

英

字形演变

芇 > 英 > 英 > 英

解字 小篆作芇，形声字，"艹"为形，"央"为声，本义指花朵。屈原《离骚》："朝饮木兰之坠露兮，夕餐秋菊之落英。"

汉帛书作英，汉代《朝侯残碑》作英。

英 **中** yīng	英 **日** ei	英 **韩** kkot bu ri young
1.花：蒲公～｜落～缤纷。 2.有才华，有能力的人：精～｜群～会。 3.杰出的，有才华的：～模｜～杰。 4.指英国：～语。	1.花。 2.英才。 3.英国。	1.花冠。 2.萌芽。 3.名誉。

茶

字形演变

芇 > 荼 > 茶

解字 小篆作芇，形声字，"艹"为形，"余"为声，楷书写作"荼"字。本义是一种苦菜。后来"荼"字减去一笔，分化出了"茶"字，专门表示我国一种著名的饮料。

汉隶写作茶，唐代楷书写作茶。唐陆羽《茶经》："茶者，南方之嘉木也。"

茶 **中** chá	茶 **日** cha、sa	茶 **韩** cha cha
1.茶树，常绿灌木：～农｜～园。 2.茶叶，茶叶水：～道｜～艺｜～气。 3.泛指一些饮料：奶～｜果～。	1.茶，茶叶泡成的饮料。	1.茶叶。 2.茶树。 3.喝茶。

草

字形演变

鼍 ＞ 草 ＞ 草

艸 ＞ 艹

解字 石鼓文写作鼍，由四个"屮"和"早"构成。是个形声字，本义是栎树的果实。后来意义扩大指草本植物总称。小篆省略两"屮"写作草，秦简演变为草。唐代崔颢《黄鹤楼》："晴川历历汉阳树，芳草萋萋鹦鹉洲。"

小篆中另有字写作艸，由两个"屮"组成，本义就是草本植物总称，楷书写作"艹"，这才是"草"字的正体。后来"草"字流行，"艹"退居为异体字，大部分只能在偏旁里混迹了。

草 中
cǎo

1.草本植物的总称：～坪｜～木。
2.稻麦之类的茎叶：～料。
3.粗心，不细致：潦～｜～菅人命。
4.草书，一种汉字字体：今～｜～体。
5.起初的，非正式的：～签｜～稿。
6.山野的、民间的：落～｜～寇。

草 日
sou、kusa

1.草，草本。
2.起草。
3.草书。
4.匆匆忙忙，草草。
5.开始，草创。

草 韩
pul cho

1.杂草。
2.草原。
3.草案。
4.草书。

菜

字形演变

菜 ＞ 菜 ＞ 菜

解字 西周金文作菜，由"艹"和"采"组成，"艹"表形，"采"表音，本义是可食用的蔬菜，又泛指菜肴。小篆写作菜。《国语·楚语下》："庶人食菜，祀以鱼。"

菜 中
cài

1.蔬菜：香～｜芹～。
2.供人食用的：～鸡｜～鸭。
3.菜品种类：川～｜粤～。
4.水平、能力低的：～鸟。

菜 日
sai、na

1.蔬菜。
2.菜肴。

菜 韩
na mul chae

1.蔬菜。
2.酒菜。

萬

字形演变

∨

∨

萬

∨

萬

∨

万

解字 商代金文作 、 、 等，象蝎子形。"万"字在甲骨文中已经有假借为表示数量"十千"的例子。后来"万"字专门用来表示数目，由"万"加注意符"虫"而分化出的"虿"（chài）来表示"蝎子"的造字本义。"万"字西周金文作 ，小篆演变为 ，秦简作萬。柳宗元《江雪》："千山鸟飞绝，万径人踪灭。"

萬 　中
wàn

1. 数目，相当于十个一千：一～｜～人大会。
2. 形容非常多：千山～水｜～象。
3. 很，非常：～恶｜～全。

万 　日
man、ban

1. 成千上万，众多。
2. 完全，绝对。
3. 充分。

萬 　韩
il man man

1. 一万。
2. 十分。
3. 大量。

落

字形演变

∨

落

∨

落

解字 小篆作 ，形声字，"艹"为形，"洛"为声，本义指树叶从枝头飘下。杜甫《登高》："无边落木萧萧下，不尽长江滚滚来。"

落 　中
luò、là、lào

luò
1. 物体往下降：～马｜花～。
2. 衰颓，败落：没｜～｜七零八～。
3. 被置于后：～榜｜～单｜～第。
4. 停留：～墨｜～座｜～草。
5. 聚居地：群～｜院～。
là
1. 遗忘，漏掉：别把他～下了。
lào
1. 多用于口语，义同luò，如"落不是"、"落枕"等。

落 　日
raku、ochiru、otosu

1. 落，落下。
2. 聚居之处。
3. 不及格，落第。
4. 脱落，遗漏。
5. 冷落，落寞。

落 　韩
tteol e jil
rak (nak)

1. 跌落。
2. 打落。
3. 落叶。
4. 冷落。

字形演变

屮 〉 㞢 〉 執 〉 藝 〉 艺

(解字) 商代金文屮、甲骨文㞢等字形，描绘的是一个人正在栽种植物。艺的本义也即种植。《孟子·滕文公上》："后稷教民稼穑，树艺五谷，五谷熟而民人育。"

甲骨文另有字形作㞢，强调的是将树木栽种在土堆上；对应的西周金文如㞢、秦篆㞢。有字形加声符"云"，如汉《张迁碑》作㞢，并加注意符"艹"，比如汉《夏承碑》㞢、唐楷书㞢等。

藝 中
yì

1.种植：树~五谷。
2.技术，才华：布~｜才~｜茶~。
3.限度，法则：欲无~。

芸 日
gei

1.艺术。
2.技能，才能。
3.标准，规则。

藝 韩
jae ju ye

1.才艺。
2.技艺。
3.法度。
4.学问。

字形演变

樂 〉 藥 〉 藥 〉 药

(解字) 小篆作藥，形声字，"艹"为形，"樂"为声，本义指可以治病的草，泛指一切可以用来治病的药剂。《周礼·天官》："疾医掌养万民之疾病，以五味、五谷、五药养其病。"汉《曹全碑》作藥。

藥 中
yào

1.用来治病的东西：~品｜~铺｜~草。
2.具有某些功效的化学物质：农~｜炸~。
3.医治：不可救~。
4.毒害：~死人。

薬 日
yaku、kusuri

1.药物。
2.能引起化学变化的物质。

藥 韩
kkot bap yak

1.花药。
2.花粉量。
3.药物。

虎

字形演变

> 演 ＞ 禹 ＞ 贺 ＞ 席 ＞ 虎

解字 甲骨文 虎、 虎 象老虎形。甲骨文 虎、西周金文 虎、 虎 字形简化，但仍然突出了老虎巨口、钳颚、爪牙锋利、尾巴上卷等特征。小篆演变为 席。《易·乾》："云从龙，风从虎。"

虎 〔中〕
hǔ

1. 老虎，哺乳动物：幼~｜狐假~威。
2. 形容人神勇、威猛：~势｜~威将军。

虎 〔日〕
ko、tora

1. 虎，老虎。
2. 醉汉。

虎 〔韩〕
beop ho

1. 老虎。
2. 勇猛。

處

字形演变

> 蒿 ＞ 漏 ＞ 處 ＞ 处

解字 西周金文作 蒿，字形由"人"、"几"会意，表示人靠在几案上休息，字形上方为声符"虍"（hū）。战国金文 処 省略声符"虍"。"处"的造字本义即人停留、歇息，引申为居住。《易·系辞下》："上古穴居而野处，后世圣人易之以官室。"

小篆有字形作 漏、刑，分别对应上述俩个字形，后来各自演变为"处、处"两字。

處 〔中〕
chǔ、chù

chǔ
1. 位于，置身：~境｜~变不惊。
2. 相处，交往：共~｜独~。
3. 惩罚，办理：~治｜惩~。

chù
1. 地方：暗~｜四~。
2. 事情的某一方面：坏~｜短~。
3. 机关部门：财务~｜研究生~。

処 〔日〕
sho

1. 处置，处理。
2. 场所，地方。
3. 未嫁，未做官。

處 〔韩〕
gos cheo

1. 地方。
2. 时间。
3. 地位。

虍部 虫部

三国字——中日韩常用汉字详解

虚

字形演变

𤞤 〉 𧇠 〉 虚

解字 小篆作𤞤，形声字，"丘"为形，"虍"为声，本义指大的山丘，引申为广阔的区域。《易·系辞传》："周流六虚。"由广阔的区域又引申为虚空、虚无等义。汉碑作𧇠，下方的"丘"因为形似讹变成了"业"。

虚 中
xū

1.空，不实：避实就～｜～文｜～空。
2.假，不真实：～报｜名不～传｜弄～作假。
3.内心胆怯，没勇气：心发～。
4.谦逊，不骄傲：～心｜～怀若谷。
5.体质差：身子～｜气～。
6.没有实在意义的：～字。

虚 日
kyo、ko

1.虚，虚空。
2.虚假。

虚 韩
bil heo

1.空缺。
2.空虚。
3.薄弱。

蟲

字形演变

𧖅 〉 𧕄 〉 𧑐 〉 蟲 〉 虫

解字 战国包山楚简里写作𧖅，由三个"虫"组成，"蟲"的本义是动物的总称。比如《大戴礼记》中说："毛虫之精者曰麟，羽虫之精者曰凤，介虫之精者曰龟，鳞虫之精者曰龙，倮虫之精者曰圣人。"连人都可以算到"虫"里了，老虎还有个别名叫"大虫"呢。后世"蟲"意义缩小，主要指的是昆虫一类。比如小篆写作𧑐，睡虎地秦简写作𧑐。

西周金文中有字𧖅，象小蛇的形状，本义是蛇。战国金文线条化后写作𧖅，小篆婉曲变形为𧖅，秦简演变为虫，楷体字写作"虫"。"虫"字后来又分化出了"小虫子"的意思，就和"蟲"意思一样了。现在"虫"作为"蟲"的简化字。

蟲 中
chóng

1.虫子，节肢动物的一类：昆～｜害～。
2.动物的通称：长～（蛇俗称）｜大～（老虎）。
3.形容有某种特点的人：跟屁～｜书～｜网～。

虫 日
chuu、mushi

1.虫，昆虫等小动物的总称。

蟲 韩
bel re chung

1.虫子。

血

字形演变

（解字）甲骨文写作𝌆，战国楚简写作𝌆，下部为"皿"，象器皿形，皿中的小点象液体形，整字象液体滴入器皿的形状。血是动物循环系统中的不透明液体，从造字上来说，应该很多表现方式，但是古人为什么选择这种表现方式呢？可见血在古代生活中具有特殊的地位，动物（甚至人）被宰杀用于祭祀，用器皿盛放鲜血奉献给神灵。所以《说文解字》就说"血，祭所献牲血也"。《左传·襄公九年》说："与大国盟，口血未干而背之，可乎？"这里的血，也是对天盟誓时所用的通神之物。

小篆线条化作𝌆，汉帛书演变为血 。

眾

字形演变

（解字）甲骨文作𝌆，字形上方是"日"，下方表示很多人聚集，众的本义也即人多。《国语·周语上》："人三为众。"

西周金文上面的"日"字讹变为"目"字，如𝌆，进一步演变为战国楚简𝌆、小篆𝌆等字形。汉代《华山神庙碑》演变为眾，已经看不出任何造字信息了。

血 中	血 日	血 韩
xuè、xiě	ketsu、chi	pi hyeol

xuè
1.血液：～案｜～管｜～肉。
2.有血缘关系的：～脉｜～亲。
3.烈性的，刚强的：铁～男儿。
xiě
1.义同"血"（xuè），常用于口语。如"流血了""采血"。

1.血，血液。
2.血缘。
3.激烈的，热血。

1.血液。
2.近亲。
3.月经。

眾 中	眾 日	眾 韩
zhòng	shuu、shu	mu li jung

1.数目多：～生｜～所周知｜～望所归。
2.许多人：从～｜当～。

1.众多。
2.众人。
3.众议院。

1.群众。
2.百官。
3.百姓。

行部

三国字 —— 中日韩常用汉字详解

行

字形演变

𣅀 > 𡗆 > 行 > 行

解字 甲骨文作𣅀，象十字路口形，因此"行"的本义是道路。如《诗经·豳风·七月》："女执懿筐，遵彼微行。""微行"意思是墙边小路。道路是方便人们行走的，因此引申出行走的意思。《老子》："使我介然有知，行于大道，唯施是畏。"又引申为传播、流行，如《左传·襄公二十五年》："言之无文，行而不远。"战国金文作𤔡，小篆作𤙗，汉帛书演变为行。

街

字形演变

𣜱 > 𧗹 > 𧗣 > 街

解字 甲骨文作𣜱，字形中间是夯实路面的工具，表示经过修葺、夯实平整的城市道路，后来演变为形声字，如小篆𧗣，"行"为形，"圭"为声，"街"的本义即城市的大道。《韩非子·外储说左上》："子产退而为政五年，国无盗贼，道不拾遗，桃枣荫于街者莫有援也。"

行 **中**	行 **日**	行 **韩**
háng　háng、xíng	kou、gyou、an、iku、yuku、okonau	da nil haeng
1.行列，数组：～伍｜～距。		1.通行。
2.排行：排～第四。	1.行事。	2.观察。
3.有专长；职业：～家｜外～｜转～。	2.去，往，出行。	3.流行。
4.一些营业场所：商～｜银～。	3.做，举行。	4.巡视。
xíng	4.行，列。	
1.走，驶离：～驶｜～船｜～车。	5.行书。	
2.流通，传播：盛～｜通～｜销～。		
3.做，开展：～窃｜～医。		
4.举止、行为：恶～｜丑～｜～德。		
5.表许可：唯独这件事不～。		

街 **中**	街 **日**	街 **韩**
jiē	gai、kai、machi	ge ri ga
1.道路：～头｜～心｜沿～。	1.街道，大街。	1.街道。
2.方言指集市：赶～。		2.马路。
		3.通路。

衣

字形演变

个 ＞ 命 ＞ 衣 ＞ 衣 ＞ 衣

解字 古人穿在上身的为衣，穿在下身的为裳。"衣"字甲骨文作个，西周金文作命，象上衣形，左右开口处为袖子。字形下部分像衣襟下摆交叉迭合处。《诗经》："岂曰无衣，与子同袍。"小篆演变为命，汉帛书作衣。

衣 [中]	衣 [日]	衣 [韩]
yī	i、koromo	os ui
1.衣服：～摆｜风～。	1.衣，衣服。	1.衣服。
2.包裹在物体外部的东西：炮～｜糖～。	2.（油炸食品、点心等的）面衣，糖衣。	2.上衣。
		3.毛衣。

表

字形演变

愈 ＞ 愈 ＞ 表

解字 战国楚简作愈，字形中间为"毛"，上下为"衣"，会意字，古代人用兽皮制成衣裘以御寒，有毛的一面露在外面，这样的衣服叫做"表裘"，是一种比较随意的穿着，如《礼记·玉藻》："表裘不入公门。""表"的本义为皮毛外翻，引申为表面、外面等义，和"里"相对。

小篆作愈，秦简作愈，唐代楷书演变为表。

表 [中]	表 [日]	表 [韩]
biǎo	hyou、omote、arawasu	geot pyo
1.外面，外部：～里如一｜一～人才。	1.表面，前面。	1.表面。
2.使显露：～现｜～明。	2.表现，显现。	2.外面。
3.公布，宣告：～扬｜～彰｜～示。	3.标记，标志。	3.图表。
4.表格：制～｜课～。	4.表，图表。	4.标志。
5.计量某种量的器具：秒～｜电～｜水～。		
6.表亲关系：～姐｜～妹。		

三国字——中日韩常用汉字详解

衣部 西部

三国字——中日韩常用汉字详解

製

字形演变

鷪 〉 ㄓ 〉 製 〉 製

䘏 〉 㓞 〉 制

解字 春秋金文作鷪，字形左边为"未"字，像一棵根枝繁多的树木；右边为刀字，中间的小撇为"彡"字。由"未、彡、刀"会意，表示用刀砍削树木繁密的细枝，清理表层树皮等工序之后，露出木材的纹理（彡）。可以开始制作器具。《说文解字》古文㓞传承了这一字形，小篆演变为㓞，汉碑作制。后来加注意符"衣"分化出"製"字，小篆作鷪，形声字，"衣"为形，"制"为声，本义指裁制衣服。如《诗经·东山》："製彼裳衣。"

西

字形演变

𠧪 〉 㴴 〉 㺔 〉 西 〉 西

解字 甲骨文作𠧪，象树枝、干草等材料编织成的鸟巢形。春秋金文㴴、战国楚简㺔的上部分有挂钩形，表示鸟巢悬挂在树上。"西"的造字本义也即鸟巢。当太阳下山的时候，古人很容易发现，全部的鸟都会飞回鸟巢栖息。所以"西"和"栖"的意思是密切联系的。因为太阳下山的方向是西，所以"西"被假借来表示与"东"相对的方向，不仅仅是发音相同那么简单。现代城居的人们是很难发现成群鸟儿在日落时分归巢的壮观景象了。《乐府诗集·长歌行》："百川东到海，何时复西归？少壮不努力，老大徒伤悲。"

汉帛书作㺔，汉《张迁碑》西书写趋于规整。

製 **中**	制（製）**日**	製 **韩**
zhì	sei	jeol je hal je
1. 拟定，规定：～定｜创～。	1. 制度，规定。	1. 节制。
2. 强行约束：管～｜强～｜遍～。	2. 制造。	2. 抑制。
3. 制度：私有～｜税～。	3. 制止，限制。	3. 禁止。
4. 依照规定做的：～钱｜～服。		
5. 做，加工：～药｜～鞋。		

西 **中**	西 **日**	西 **韩**
xī	sei、sai、nishi	se nyeok se
1. 方位词，与"东"相对：～北｜～欧。	1. 西，西方。	1. 西边。
2. 样式或方法来自西方的：～服｜～式｜～药。	2. 西风。	2. 西洋。
	3. 西天，净土。	3. 移动。

要

字形演变

要
∨
要
∨
要
∨
要

解字《古文四声韵》小篆作，字形左右是两只夸张的大手，中间是人正面站立，字形表示的人两手叉腰站立。也有字形作，可见"要"是"腰"的初文，造字本义即"腰部"。《墨子·兼爱中》："昔者楚灵王好士细要，故灵王之臣皆以一饭为节。"这一造字本义后来由加注意符"肉"（月）而分化出的"腰"字来承担，"要"字则表示相对抽象的"要点、重要"等概念，并引申出"需求、索取"等义。

《说文》小篆作，秦简作，汉代《曹全碑》演变为要。

东汉时期的《礼器碑》是汉隶的经典

要 **中**
yào、yāo

yào
1. 要求，索取：～钱｜～饭。
2. 值得重视的：～隘｜～闻｜～旨。
3. 应当，必须：～做好。
4. 即将：快～｜将～。
5. 表假设或选择：～是｜～不。

yāo
1. 强求，胁迫：～挟。

要 **日**
you、kaname、iru

1. 要点，要领。
2. 需要，要求。

要 **韩**
yo gin hal yo

1. 重要。
2. 摘要。
3. 要求。
4. 成就。

三国字 —— 中日韩常用汉字详解

見 視

字形演变

見 → 見 → 视 → 视 → 视

見 → 見 → 見 → 見 → 见

解字 甲骨文 ，西周金文 描绘的都是一个呈跪坐姿势的人，头部只画出"目"形，突出强调五官中"看"的作用。甲骨文、金文中"见"字与"视"字形相近，区别特征在于"见"字中的人呈跪坐姿势，而"视"字中的人呈站立姿势，如 。春秋以后，这种区别特征渐渐不明显，"视"字多加注声符"氏"或"示"，如 ，战国楚简 ，小篆 等。《诗经·采葛》："一日不见，如三秋兮。"《易经·履》："眇能视，跛能履。"

見 〔中〕 jiàn

1.看到：瞧～｜眼～为实。
2.触到，碰到：～光。
3.表现出：功夫～长｜病情～轻。
4.相见，会面：回～｜拜～。
5.观点：愚～｜远～。
6.用在某些动词前表被动：～罪｜～怪。

見 〔日〕 ken、miru、mieru、miseru

1.看见。
2.见面，相见。
3.见解，见地。
4.显现。

見 〔韩〕 bol gyeon

1.看见。
2.遭受
3.见解。

視 〔中〕 shì

1.看：～角｜～若无睹。
2.探查，考察：检～｜巡～。
3.看待：珍～｜轻～。
4.探望：省（xǐng）～｜探～。

視 〔日〕 shi

1.视，看。
2.视力。
3.认为，当做。

視 〔韩〕 bol si

1.看见。
2.窥视。
3.看作。

親

字形演变

觀 ＞ 親 ＞ 親 ＞ 亲

解字 小篆作觀，"见"为形，"亲"为声，本义指父母，如《庄子·养生主》："可以全生，可以养亲。"后来引申为亲人、亲戚，又泛指基于血缘或情感基础上的密切关系。

觀

字形演变

觀 ＞ 觀 ＞ 觀 ＞ 观

解字 战国金文作觀，形声字，"见"为形，"藋"为声。本义是仔细察看。《周易·系辞下》："仰则观象与天，俯则观法与地。"

三国字 —— 中日韩常用汉字详解

親　中
qīn、qìng

qīn
1.有血统或婚姻关系的：～友｜～情。
2.感情深厚，关系好：～疏｜～近。
3.称呼家乡的人：父老乡～。
4.亲自：～临｜～身｜～手。
5.用唇脸接触表示喜欢：～脸。
qìng
1.～家：夫妻双方的父母彼此的关系或称呼。

親　日
sin、oya、shitashii、shitashimu

1.父母。
2.亲戚关系。
3.亲近。
4.亲自。

親　韩
chin hal chin

1.亲密。
2.亲近。
3.亲爱。
4.父母。
5.婚姻。

觀　中
guān、guàn

guān
1.仔细看：～察｜～测。
2.景物、景象：壮～｜概～。
3.理解，认识：人生～｜～念。
guàn
1.道教的庙宇：道～。

観　日
kan

1.看，眺望。
2.样子，状态。
3.看法。

觀　韩
bol gwan

1.观看。
2.表现。
3.占卜。
4.面貌。

角部

三国字 —— 中日韩常用汉字详解

角

字形演变

解字 商代金文 ，甲骨文 ，象牛角形，泛指兽角。《墨子·经说下》："牛有角，马无角。"西周金文作 ，小篆演变为角，秦简作 角。

解

字形演变

解字 "解"字的本义是指宰牛的过程中把牛角从牛头割下这一动作，是令古人印象深刻的一个残酷场景。在描绘这一意象时，有的字形强调割取、卸下牛角的工具，如战国金文 ，由"角"、"牛"、"刀"会意，小篆解、秦简解也是如此；西周金文 由"角"、"牛"、"攴"会意，意符"刀"替换为"攴"。

甲骨文 突出描绘的是一个人用双手把割下的牛角取下，字形中的小点代表血滴。引申出割裂、分开义，如《庄子·养生主》："庖丁为文惠君解牛。"

角 【中】

jiǎo、jué

jiǎo
1. 一些动物头部坚硬的尖状东西：犄～｜圭～。
2. 物体边沿相交的地方：棱～｜～死～。
3. 古代一种军乐器：号～。
jué
1. 古代酒器。
2. 指演员所扮演的角色：名～｜～配。
3. 争斗，较量：～逐。

角 【日】

kaku、kado、tsuno

1. （动物的）角，角状物。
2. 角落。
3. 四角形。
4. （数学）角，角度。
5. 比较，角逐

角 【韩】

ppul gak

1. 犄角。
2. 角落。
3. 角度。

解 【中】

jiě、jiè、xiè

jiě
1. 剖，分开：～构｜～冻｜庖丁～牛。
2. 松开，使自由：～绳子｜～困。
3. 分析，讲明：讲～｜～析｜～答。
4. 懂得，知晓：了～｜～悟。
5. 劝说：劝～｜～和。
jiè
1. 押送财物或犯人：～运｜～押。
xiè
1. 套数，武艺：浑身～数。

解 【日】

kai、ge、toku、tokasu、tokeru

1. 解开，消解，溶解。
2. 理解，了解。
3. 想法，主张。

解 【韩】

pul hae

1. 解决。
2. 觉醒。
3. 分割。

計

字形演变

計 ∨ 計 ∨ 計 ∨ 计

解字 小篆作計，由"言"、"十"会意，"言"在汉字中可以代表思维，"十"代表数字，"计"字表示与数字有关的运算。诸葛亮《出师表》："可计日可待也。"

計 中
jì

1.计算：不~其数丨~价。
2.测量时间、温度等的器具：体温~丨湿度~。
3.想法，策略：中~丨妙~。
4.策划，谋划：估~丨从长~议。

計 日
kei、hakaru、hakarau

1.计算，计量。
2.处置，处理。
3.计划，估计。
4.计量器具。

計 韩
sel gye

1.数数。
2.计算。
3.数学。

訓

訓

字形演变

訓 ∨ 訓 ∨ 训

解字 小篆作訓，形声字，"言"为形，"川"为声，本义通常指上级对下级、长辈对晚辈的教诲、诫勉。《左传·哀公元年》："越十年生聚，而十年教训，二十年之外，吴其为沼乎！"

訓 中
xùn

1.用言语开导，教诲：~斥丨~令。
2.训导的话，名言：古~丨祖~。
3.准则，法则：不足为~。
4.训练：军~丨集~。
5.解释字词的含义：反~丨~诂

訓 日
kun

1.教导，训诫。
2.训读。
3.读，解释。

訓 韩
ga reu chil hun

1.引导。
2.训诫。
3.模范。
4.标准。

記

字形演变

記 > 記 > 記 > 记

解字 春秋金文作記，形声字，"言"为形，"己"为声，本义指记住，如《尚书·益稷》："挞以记之。"引申为记录、记忆等义。

記 中
jì

1. 记住：～得｜～认｜～事。
2. 写下：～分｜～功。
3. 专门记录人、事、物的书籍或文字：碑～｜杂～｜传～。
4. 记号，痕迹：划～｜标～。

記 日
ki、shirusu

1. 记，记录。
2. 记叙文，传记。
3. 记忆，记住。

記 韩
gi rok hal gi

1. 记录。
2. 背诵。
3. 记忆。

訪

字形演变

訪 > 訪 > 訪 > 访

解字 小篆作訪，形声字，"言"为形，"方"为声，本义指就某一问题广泛地展开询问。如《左传·僖公三十二年》："穆公访诸蹇叔。"引申为拜访、探求等义。

訪 中
fǎng

1. 调查，询问：～查｜～谈｜～家～。
2. 探视，看望：回～｜拜～。

訪 日
hou、otozureru、tazuneru

1. 访问，询问。
2. 探访，寻求。

訪 韩
cha eul bang

1. 深求。
2. 访谈。
3. 调查。

設

字形演变

䛇 > 設 > 设

解字 小篆作䛇，由"言"、"殳"（shū）会意，"言"表示命令、使唤，殳表示手拿棍棒、皮鞭等驱使。"设"的本义指命令、驱使他人完成某项安排。引申为施行、设计等义，如《周易·观》："圣人以神道设教而天下服矣。"

設 【中】
shè

1. 排列，布置：铺～｜安～。
2. 计划，筹谋：～伏｜～局｜～计。
3. 假托，假定：假～｜不堪～想。

設 【日】
setsu、moukeru

1. 设立，陈设，布置。
2. 准备，设备。
3. 如果，假设。

設 【韩】
be pul sel

1. 施放。
2. 陈列。
3. 设立。

許

字形演变

訏 > 訹 > 許 > 许

解字 西周金文作訏，形声字，"言"为形，"午"为声，本义指听从、认可。《左传·僖公五年》："弗听，许晋使。"

許 【中】
xǔ

1. 答应：默～｜～诺。
2. 称赞：称～｜推～。
3. 表推测：应～｜兴～。
4. 地方：何～人也。
5. 表示对数量的估计：些～｜稍～

許 【日】
kyo、yurusu

1. 准许，许可。
2. 大体数量，些许。

許 【韩】
heo rak hal heo

1. 许诺。
2. 承诺。
3. 约定。

言部

三国字——中日韩常用汉字详解

字形演变

齝 ＞ 試 ＞ 试

解字 小篆作齝，形声字，"言"为形，"式"为声，本义指使用，《礼记·乐记》："兵革不试，五刑不用。"引申为考查性、试探性的使用，又引申为考查、考试。

字形演变

齝 ＞ 齝 ＞ 詩 ＞ 诗

解字 战国楚简作齝，小篆作齝，形声字，"言"为形，"寺"为声，本义指诗歌。"诗言志，歌永言。"

試 中	試 日	試 韩
shì	shi、kokoromiru、tamesu	si heom si
1.实验性测试：～手｜～飞｜～行。 2.考察，考试：初～｜面～。	1.考试。 2.试，试验。	1.考试。 2.暂时。 3.试验。 4.检查。

詩 中	詩 日	詩 韩
shī	shi	si si
1.诗歌，文学体裁的一种：～词｜古～｜～句。 2.《诗经》的简称。	1.诗，诗歌。 2.文学。	1.诗歌。 2.《诗经》。 3.记录。

話

字形演变

諙 〉 話 〉 话

解字 小篆作諙，形声字，"言"为形，"昏"（guā）为声，本义指谈论、会话。如李商隐《夜雨寄北》："何当共剪西窗烛，却话巴山夜雨时。"楷书写作"話"或者"话"，后来"話"字渐废，"话"字流行起来。

言部

三国字——中日韩常用汉字详解

話	中
	huà

1.语言，或记录下来的文字：白～｜长～短说。
2.谈说：说短～长。

話	日
	wa、hanasu、hanashi

1.说话，谈话。
2.故事。

話	韩
	mal sseum hwa

1.说话。
2.谈话。
3.良言。

認

字形演变

靭 〉 認 〉 認 〉 认

解字 小篆作靭，形声字，"言"为形，"刃"为声，本义指识别、认识。《元史·王克敬传》："临事不认真，岂尽忠之道乎。"汉代《曹全碑》演变作認，声符由"刃"替换为"忍"。

認	中
	rèn

1.辨识：～路｜～得。
2.接受：～罚｜～命。
3.同意，认可：公～｜～同。

認	日
	nin、mitomeru

1.承认，允许。
2.认识，分辨。

認	韩
	in jeong hal in

1.认定。
2.认识。
3.认知。

言部

三国字——中日韩常用汉字详解

語

字形演变

誩 ＞ 語 ＞ 語 ＞ 语

解字 战国金文作 ，形声字，"言"为形，"吾"为声，本义指讲论、对某人说，如《庄子·秋水》："井蛙不可以语于海者，拘于虚也；夏虫不可以语于冰者，笃于时也。"

誠

字形演变

誠 ＞ 誠 ＞ 誠 ＞ 诚

解字 小篆作誠，形声字，"言"为形，"成"为声，本义指真切的、可信的。如《礼记·大学》："所谓诚其意者，毋自欺也。"

語 中	語 日	語 韩
yǔ	go、kataru、katarau	mal sseum e
1.话：话~｜~气。 2.传达一定意义的动作：手~｜旗~。 3.语言：汉~｜英~。 4.说：~无伦次。	1.语言，单词。 2.说话，交谈。 3.故事，传说。	1.语言。 2.说话。 3.告知。

誠 中	誠 日	誠 韩
chéng	sei、makoto	jeong seong seong
1.真心实意：至~｜热~｜~信。 2.相当于的确，实在：~然。	1.诚，真诚。 2.的确，诚然。	1.精诚。 2.真实。 3.果然。 4.仔细。

字形演变

誤 〉 䛦 〉 误 〉 误

解字 小篆作䛦，形声字，"言"为形，"吴"为声，本义指谬误、错误。李清照《如梦令》："兴尽晚回舟，误入藕花深处。"

字形演变

說 〉 說 〉 說 〉 说

解字 小篆作䜌，形声字，"言"为形，"兑"为声，本义指解释、劝说；引申为言谈等义，如辛弃疾《西江月·夜行黄沙道中》："稻花香里说丰年，听取蛙声一片。"

误 〔中〕
wù

1.差错：勘～｜口～。
2.耽误，错过：～了大好时光｜不～学业。
3.因自己过错而使受损害：～判｜～杀｜～诊

误 〔日〕
go、ayamaru

1.错，错误。
2.弄错，耽误。

误 〔韩〕
geu reu chil o

1.耽误。
2.错误。
3.疑惑。

说 〔中〕
shuō、shuì

shuō
1.用语言传达想法：～破｜～话。
2.从中劝解，介绍：～情｜～亲。
3.观点，主张：异端邪～｜谬～。
4.批评：～了他一顿。
shuì
1.用言语劝说使听从：～客。

说 〔日〕
setsu、zei、toku

1.说明，解释。
2.学说。
3.议论，传说。

说 〔韩〕
mal sseum seol

1.说话。
2.叙述。
3.谈话。

誰

字形演变

誰 ＞ 誰 ＞ 谁

解字 小篆作雖，形声字，"言"为形，"隹"（zhuī）为声，本义指疑问代词，哪一个、何人，如高适《别董大》："莫愁前路无知己，天下谁人不识君？"

誰 【中】
shuí

1.用作疑问人称代词：～在那里？
2.任何人，用于虚指：～做的自己清楚。

誰 【日】
dare

1.问人（名）。
2.某某人，指不特定的人。

誰 【韩】
nu gu su

1.什么人。
2.什么。
3.昔日。

課

字形演变

課 ＞ 課 ＞ 課 ＞ 课

解字 小篆作課，形声字，"言"为形，"果"为声，本义指考核。如《韩非子》："操杀生之柄，课群臣之能者也。"

課 【中】
kè

1.教学过程的一个片段：下～｜听～。
2.科目：语文～｜主～。
3.征缴赋税：～役。

課 【日】
ka

1.课程。
2.科，日本公司、政府等的下属部门。
3.试验，考试。

課 【韩】
gong bu hal gwa

1.上课。
2.试验。
3.课程。

調

字形演变

調 > 調 > 调

解字 小篆作調，形声字，"言"为形，"周"为声，本义指将各要素调节、搭配均匀，使恰到好处。如《诗经·车攻》："弓矢既调。"又引申为调动、选拔等义。

調 中

tiáo、diào

tiáo
1.分配均匀，恰当：失～｜风～雨顺。
2.协调：众口难～｜微～。
3.劝说使和解：～解｜～停。
4.训练：～教。

diào
1.乐曲的旋律：～子。
2.说话的口音：语～。
3.重新分配：～离｜选～｜遣～。
4.考查：～查｜～研。

調 日

chou、shiraberu、totonou、totonoeru

1.调整，调制。
2.调查，检查。
3.调子，风格。
4.整理，准备。

調 韩

go reul jo

1.选择。
2.调整。
3.适合。

談

字形演变

談 > 談 > 谈

解字 小篆作談，形声字，"言"为形，"炎"为声，本义指说话、谈论。刘禹锡《陋室铭》："谈笑有鸿儒，往来无白丁。"

談 中

tán

1.说，讨论：～笑自若｜～资｜～商～。
2.言论，话语：美～｜奇～｜无稽之～。

談 日

dan

1.谈，谈话。

談 韩

mal sseum dam

1.谈话。
2.谈论。
3.言论。
4.玩笑。

言部

三国字——中日韩常用汉字详解

請

字形演变

請 ∨ 請 ∨ 请

解字 小篆作請，形声字，"言"为形，"青"为声，"请"的本义是拜谒、拜见，如《汉书·张汤传》："其造请诸公，不避寒暑。"引申为请求。

請 中
qǐng

1.要求：～辞｜～赏｜恳～。
2.敬辞，用于希望对方做某事：～问｜烦～。
3.邀约：宴～｜回～。

請 日
sei、kou、ukeru

1.请，请求。
2.赎，赎出。
3.承包，承揽。

請 韩
cheong hal cheong

1.请求。
2.请问。
3.请托。

論

字形演变

論 ∨ 論 ∨ 論 ∨ 论

解字 小篆作論，形声字，"言"为形，"仑"为声，本义指辨析，并说明事理。引申为辩论、评论等。《庄子·齐物论》："六合之外，圣人存而不论。"读作 lún 时，专用于《论语》。

論 中
lùn、lún

lùn
1.分析、辨明事理：～述｜～理｜～及。
2.分析事理的观点、学说：公～｜相对～。
3.判定，衡量：～处｜～罪。
lún
1.～语，儒家经典之一。

論 日
ron

1.讨论，议论。
2.意见，见解。
3.议定，决断。

論 韩
non hal non

1.商量。
2.叙述。
3.谈论。
4.讨论。

講

講 ∨ 講 ∨ 讲

字形演变

解字 小篆作講，形声字，"言"为形，"冓"（gòu）为声，本义是双方和解、讲和。《战国策·秦策四》："寡人欲割河东而讲。"引申为讲解等义。

講 〔中〕
jiǎng

1.叙述，解说：～话｜～学。
2.注重：～文明｜～团结。
3.商量，商议：～价｜～条件。

講 〔日〕
kou

1.讲，讲解。
2.和好，讲和。

講 〔韩〕
oe ol gang

1.背诵。
2.学习。
3.研究。
4.说明。

謝

謝 ∨ 謝 ∨ 谢 ∨ 谢

字形演变

解字 小篆作謝形声字，"言"为形，"躲"（古文"射"字）为声，《桐柏庙碑》演变为謝。本义指推辞、辞去。如李白《留别金陵崔侍御》："挥手谢公卿。"由离开义引申为凋落。在古籍中，谢又表示道谢、谢罪等义。

謝 〔中〕
xiè

1.表达感激：拜～｜～词｜多～。
2.致歉：～罪。
3.拒绝：～却｜婉～。
4.指叶子、花、头发等脱落：凋～｜萎～｜～顶。

謝 〔日〕
sha、ayamaru

1.感谢。
2.道歉。
3.拒绝，辞退。
4.衰败，凋谢。

謝 〔韩〕
sa rye hal sa

1.谢意。
2.报答。
3.谢绝。

言部

三国字——中日韩常用汉字详解

證

字形演变

證 ＞ 證 ＞ 证

解字 小篆作證，形声字，"言"为形，"登"为声，本义指证实，《论语·子路》："其父攘羊，其子证之。"引申为验证、证明等义。

證 中
zhèng

1. 判定事物的客观性：考~｜指~｜力~。
2. 凭据：罪~｜票~。

証 日
shou

1. 证明，证据。
2. 证件。

證 韩
gan hal jeong

1. 进谏。
2. 谏劝。
3. 证明。

識

字形演变

識 ＞ 識 ＞ 识

解字 小篆作識，形声字，"言"为形，"戠"（zhí）为声，本义指识别并记住，如《论语》："默而识之，学而不厌，何有于我哉？"又由记住引申为认识、知识等义。汉代《衡方碑》作識。

識 中
shí、zhì

shí
1. 懂得，了解：~相｜~趣｜不~抬举。
2. 辨认出：~别｜~货。
3. 知识，才干：才~｜胆~。

zhì
1. 记忆：博闻强~。

識 日
siki

1. 知晓，识别。
2. 见识，知识。

識 韩
al sin

1. 认识。
2. 分别。
3. 知识。

議

字形演变

議 〉 議 〉 議 〉 议

解字 小篆作議，形声字，"言"为形，"义"为声，本义指谈话、议论，引申为谋划、商讨。《尚书·周官》："议事以制，政乃不迷。"

讀

字形演变

讀 〉 讀 〉 读

解字 小篆作讀，形声字，"言"为形，"卖"为声，本义指诵读诗书。《孟子·万章下》："诵其诗，读其书，不识其人可乎？"

議 **中**
yì

1.意见，言论：倡～｜力排众～｜异～。
2.讨论：参～｜共～｜面～。
3.评论：无可非～｜谤～。

議 **日**
gi

1.商讨。
2.提议，意见。

議 **韩**
ui non hal ui

1.讨论。
2.意见。
3.主张。

讀 **中**
dú、dòu

dú
1.看着文字念出：朗～｜～课文。
2.浏览，阅览：泛～｜默～。
3.上学：在～｜陪～。
dòu
1.语句中的停顿：句～。

読 **日**
doku、toku、tou、yomu

1.读，念，阅读。
2.逗号。

讀 **韩**
ilk eul dok

1.阅读。
2.理解。
3.计算。

言部

三国字——中日韩常用汉字详解

字形演变

彎
∨
孌
∨
變
∨
变

解字 小篆作彎，形声字，"攴"（pū）为形，"䜌"（luán）为声，本义指更改，苏东坡《赤壁赋》："盖将自其变者而观之，则天地曾不能以一瞬。"

變 中 biàn	变 日 hen、kawaru、kaeru	變 韩 byeon hal byeon
1.更改：～色｜～天｜～样。2.发生改变的重大事件：兵～｜巨～。	1.变化，变更。2.事变。3.古怪，异常。	1.变化。2.变更。3.变通。

字形演变

讓
∨
讓
∨
讓
∨
让

解字 小篆作讓，形声字，"言"为形，"襄"为声，本义指责备。《左传·僖公五年》："夷吾诉之，公使让之。"又引申为避让、谦让等义。汉代《曹全碑》演变为讓。

讓 中 ràng	讓 日 jou、yuzuru	讓 韩 sa yang hal yang
1.避开：～路｜礼～｜避～。2.有礼貌地邀请动作：～茶｜～进门。3.容许，使：～他进来。4.放任：～他去骂。5.有代价地转移所有权：割～｜转～。	1.让，让给，谦让。2.让步。	1.谦让。2.谦虚。

字形演变

豆 〉 豆 〉 豆 〉 豆

解字 甲骨文作豆，西周金文豆等字形象高脚器皿形，在古代用于盛放肉食。《国语·吴语》："觞酒、豆肉、箪食。"汉代以后假借为豆类植物的总称，如贾思勰《齐民要术·种豆》："四月时雨降，可种大小豆。"秦简演变为豆。

字形演变

豐 〉 豐 〉 豐 〉 丰

解字 西周金文作豐，描绘的是豆形器皿中盛满了玉料（字形用两串玉料表示很多），本义即丰富、丰盛。又引申为丰满等义，如《诗经·丰》："子之丰兮，俟我乎巷兮。悔予不送兮！"小篆演变为豐。

豆 中	豆 日	豆 韩
dòu	tou、zu、mame	kong du
1.古代食器，形状像高脚盘：俎~。 2.豆类作物的统称，或指这些植物的种子：蚕~｜绿~。 3.形状类似豆粒的东西：花生~｜糖~。	1.豆，谷物的一种。 2.大豆，赤豆等食用豆类的总称。	1.豆子。 2.祭器。 3.食器。

豐 中	豐 日	豐 韩
fēng	hou、yutaka	pung chae pung
1.丰盛，富足：~衣足食｜~实｜~厚。 2.美好的姿态或容貌：~姿卓越｜~采｜~韵。 3.高，大：~碑。	1.丰收。 2.宽裕，丰盈，丰富。	1.丰富。 2.丰足。 3.风采。 4.伟大。

三国字——中日韩常用汉字详解

贝

字形演变

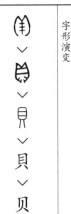

解字 商代金文作，象海贝形。这种海贝对生活于中原的夏商时期的人看来，是一种不易得到的珍宝，并在一定时期充当了货币的角色。汉代桓宽《盐铁论·错币》："教与俗改，币与世易，夏后以玄贝，周人以紫石，后世或金钱刀布。"因此，以"贝"为形符的汉字，往往多与财物、经济有关。西周金文作，小篆演变为。

贝　中
bèi

1.蛤蜊、刀蚌等有介壳软体动物的总称。～壳｜～母。
2.古代用贝壳做的货币。

贝　日
kai

1.贝壳。
2.贝，螺、蛤等有壳软体动物的总称。

贝　韩
jo gae pae

1.贝壳。
2.财货。
3.财宝。

财

字形演变

解字 小篆作，形声字，"贝"为形，"才"为声，本义指金钱等财物。《荀子·成相》："务本节用财无极。"

财　中
cái

1.金钱和物资的总称：～宝｜～神｜～势。

财　日
zai、sai

1.财宝，金钱。
2.对人有益处的东西，家财。

财　韩
jae mul jae

1.财物。
2.财产。
3.物品。

貧

字形演变

少 〉 賞 〉 貧 〉 贫

解字 战国楚简作 贅，形声字，"贝"为形，"分"为声，本义指贫穷，和富相对。《论语》："贫而无怨难，富而无骄易。"

贫 中
pín

1. 穷，与"富"相对：～困｜～苦。
2. 短缺：～矿｜～血。
3. 玩弄语言游戏：～嘴。

貧 日
hin、bin、mazushii

1. 贫穷，贫困。
2. 缺乏，缺少。

貧 韩
ga nan hal bin

1. 贫穷。
2. 不足。
3. 缺乏。

貨

字形演变

貨 〉 頂 〉 貨 〉 货 〉 货

解字 战国楚简作 貨，形声字，"贝"为形，"化"为声，本义指有价值的物品。《易·系辞下》："日中为市，致天下之民，聚天下之货，交易而退。"

货 中
huò

1. 商品：～源｜～舱。
2. 货币：通～。
3. 出售：～卖。
4. 骂人的话：蠢～｜贱～。

貨 日
ka

1. 钱，货币。
2. 货品，物品。

貨 韩
jae mul hwa

1. 财物。
2. 货物。
3. 货币。

字形演变

中 〉 贊 〉 責 〉 責 〉 责

解字 商代金文作贲，形声字，"贝"为形，"朿"（cì）为声，本义是要求欠钱人还债。《老子》："是以圣执左契而不责于人。"引申为索取、责备等义。《尚书·泰誓》："责人斯无难，惟受责俾如流，是惟艰哉！"西周金文作贲，秦简演变为責。

字形演变

𣱵 〉 貯 〉 贮

解字 小篆作𣱵，由"贝"、"宁"会意，"宁"（zhù）是箱、柜子一类的器具。贮的本义表示把金钱等财物收纳、存放起来。引申为贮藏。《世说新语·任诞》："厨中有贮酒数百斛。"

責 中	責 日	責 韩
zé	seki、semeru	kku ji eul cheak
1.承担的义务：卸~|问~|~有攸归。 2.命令，要求：~令。 3.批评，训斥：~骂|呵~。 4.惩罚：重~四十大板|杖~。	1.责任。 2.责备，指责。	1.指责。 2.责备。 3.污蔑。

貯 中	貯 日	貯 韩
zhù	cho、takuwaeru	ssah eul jeo
1.储藏：~备|~存。	1.储存，储备。	1.堆放。 2.存款。 3.等待。

貴

字形演变

貴 ＞ 貴 ＞ 貴 ＞ 贵

解字 小篆作貴，形声字，"贝"为形，"臾"为声，本义指价格高，与"贱"相对。晁错《论贵粟疏》："是故明君贵五谷而贱金玉。"引申为社会地位高。汉马王堆帛书演变为貴。

柳公权的《玄秘塔碑》是楷书的成熟样貌

贵 **中**
guì

1. 价值高：昂~｜~贱。
2. 地位较高的：达官~人｜~族。
3. 敬辞，称呼与对方有关的东西：~恙｜高抬~手。

貴 **日**
ki、tattoi、toutoi、toutobu

1. 高贵，珍贵。
2. 有关对方事物的敬称。
3. 贵，贵重。

貴 **韩**
gwi hal gwi

1. 贵重。
2. 重要。
3. 恭敬。
4. 尊敬。

買
賣

字形演变

買 〉 買 〉 買 〉 买

賣 〉 賣 〉 賣 〉 卖

解字 甲骨文作🦀，西周金文作🦀，字形上面为"网"，下面为贝，是个会意字，因为"贝"是有价值的东西，所以网住"贝"就是一种获利的行为，这种行为指的是利用买卖而获利。"买"在古代同时具有购进和售出双向的含义，《孟子》所说的"必求垄断而登之，以左右望而网市利"指的就是这种商业活动。"网"同时也表声。后来"买"专门用来表示购进之义，如白居易《琵琶行》："商人重利轻别离，前月浮梁买茶去。"就分化出"卖"来表示售出之意。小篆作🦀，由"出、买"会意，晁错《论贵粟疏》："是有卖田宅、鬻子孙以偿债者矣。"

汉字中"受"也是这种情况（参"受"字条）。

買 中
mǎi
1.用钱交换物品，与"卖"相对：～账｜～主。
2.引来：～罪。

買 日
bai、kau
1.买，购买。

買 韩
sal mae
1.购买。
2.出租。
3.雇佣。

賣 中
mài
1.用商品交换货币：变～｜甩～。
2.背叛：出～｜叛～。
3.尽量使出（力气等）：～命｜～力。
4.故意展现自己引人注意：～嘴｜～功｜装疯～傻。

売 日
bai、uru、ureru
1.卖，销售。

賣 韩
pal mae
1.出卖。
2.欺骗。
3.夸张。

賀

字形演变

賀 〉 賀 〉 賀

解字 战国金文作 ，形声字，"贝"为形，"加"为声，本义指赠送财物以庆祝、庆贺。小篆作賀，《国语·晋语》："叔向见韩宣子，宣子忧贫，叔向贺之。"

賞

字形演变

賞 〉 賞 〉 賞

解字 战国金文作 ，形声字，"贝"为形，"尚"为声，本义指把财货赐给有功之人。《战国策·齐策》："群臣吏民能面刺寡人之过者，受上赏。"

三国字——中日韩常用汉字详解

賀 **中**	賀 **日**	賀 **韩**
hè	ga、gasuru	ha rye hal ha
1.贺喜，庆祝：～卡｜～岁｜～词。	1.庆贺，祝贺。	1.贺仪。 2.祝贺。 3.增添。

賞 **中**	賞 **日**	賞 **韩**
shǎng	shou、shousuru	sang jul sang
1.赏赐：～罚｜受～。 2.观看，欣赏：奇文共～｜～析｜～玩。 3.称赞，给予肯定：称～｜赞～。 4.敬辞：～光｜～面子。	1.奖赏，奖品。 2.赞赏。	1.赠予。 2.表扬。 3.享受。

贝部

三国字——中日韩常用汉字详解

賢

字形演变

臤 ∨ 賢 ∨ 賢 ∨ 賢 ∨ 贤

解字 西周金文作臤，形声字，"贝"为形。"臤"（qiān）为声，本义指多财，如《老子》："不尚贤，使民不争；不贵难得之货，使民不为盗。"通常情况下，生财有道的人往往智力、能力出众，因此"贤"字又引申出有才能、质量优秀等意思。

質

字形演变

所貝 ∨ 質 ∨ 質 ∨ 质

解字 小篆作質，形声字，"贝"为形，"所"（zhì）为声，本义是用价值对等的实物作为抵押。由质押的实物引申出朴实、质朴等义，如《论语》："质胜文则野，文胜质则史，文质彬彬，然后君子。"

賢 **中** xián	賢 **日** ken、kashikoi	賢 **韩** e jil hyeon
1.德行好的，有才能的：～达丨～哲。 2.德行好的人，有才能的人：礼～下士丨选～举能。 3.敬辞，多用来指称平辈或晚辈：～侄丨～弟。	1.贤明。 2.贤人。 3.对对方的敬称。	1.贤惠。 2.明智。 3.尊敬。 4.善良。

質 **中** zhì	質 **日** shitsu、shichi、chi	質 **韩** ba tang jil
1.事物本体或根本属性：体～丨音～丨实～。 2.朴素，纯良：～朴丨～直。 3.问讯：～疑丨对～。 4.抵押，抵押物：典～丨人～。	1.品质。 2.质，性质。 3.抵押，抵押物。	1.本质。 2.品质。 3.性质。

赤

字形演变

解字 甲骨文、西周金文中，会意字，上象人形，是"大"字，下为"火"，表示祭祀仪式中焚烧俘虏或奴隶。"赤"又引申指火焰燃烧时具有的红色。《礼记·曲礼》："周人尚赤。"相比较而言，"朱"是深红色，"赤"是稍浅的红色。

赤 中
chì

1.红色，比朱色浅：面红耳~｜~子。
2.忠诚：~诚｜~胆忠心。
3.裸露着：~露｜~身｜~膊上阵。

赤 日
seki、shaku、aka、akai、akaramu、akarameru

1.红色。
2.婴儿。
3.变红，使变红。

赤 韩
bulk eul jeok

1.红色。
2.空缺。
3.脱光。

走

字形演变

解字 西甲骨文作，象一个人双臂一前一后摆动，奋力奔跑的样子。"走"的造字本义即奔跑。西周金文作，战国金文作、小篆作，字形下方为"止"（指代脚），强调用脚奔跑。《孟子》："弃甲曳兵而走。"但到了后世，"走"字字义发生变化，由"奔跑"义变为了"行走"义了，现在我们还能在"飞沙走石""走马观花"等成语中还能体会到"走"字的本义了，中国南方的一些方言中都还保留着这种用法。

走 中
zǒu

1.步行，移动：竟~｜~动｜手表不~了。
2.跑：~马观花。
3.改变原状：~样｜~形。
4.婉言指去世：他奶奶昨晚~了。
5.泄露：~漏风声｜说~了嘴。
6.通过：~南门｜~形式。

走 日
sou、hashiru

1.快跑。
2.（交通工具）行驶。
3.偏向，向某个方向倾斜。

走 韩
dal ril ju

1.奔跑。
2.走上。
3.离去。

起

字形演变

起 〉 起 〉 起 〉 起

解字 战国楚简作起，形声字，"走"为形，"己"为声，本义指站立、起立，如《庄子·齐物论》："曩子坐，今子起。"小篆作起，声符替换为"巳"。汉代《曹全碑》作起。

起 中
qǐ

1.由躺而坐或由坐而立：早~ | ~居 | 平~平坐。
2.向上：抬~头 | 捡~。
3.产生，发生：~疑 | ~义 | 祸~萧墙。
4.开始：~源 | ~笔。
5.建立：白手~家 | 另~炉灶。

起 日
ki、okiru、okoru、okosu

1.起来。
2.起始，开始。
3.发生。

起 韩
il e nal gi

1.起来。
2.开始。
3.发生。

足

字形演变

足 〉 足 〉 足

解字 由商代金文、甲骨文字形上部分凸起的膝盖形可知，"足"这一概念最初是指人的下肢膝盖以下的部分，包括小腿和脚，后来专指脚，并引申出足够、充分之义，如《老子》："损有余而补不足。"西周金文作足，字形下方是"止"，上部分的"口"是由膝盖形演变而来。

足 中
zú

1.脚：~迹 | 远~ | 捶胸顿~。
2.器物下部的支撑部分：鼎~。
3.指足球运动：女~。
4.充分，圆满：丰衣~食 | 美中不~ | 知~。
5.达到某种程度：参赛队员~有千人。
6.值得，称得上：微不~道 | 不~为据。

足 日
soku、ashi、tariru、taru、tasu

1.足，脚。
2.足，够，满足。
3.增加，添补。
4.走，步行。

足 韩
bal jok

1.脚。
2.根本。
3.充足。

路

字形演变

路 〉 踰 〉 路

解字 西周金文作踰，形声字，"足"为形，"各"为声，本义指道路，如屈原《九歌·国殇》："平原忽兮路超远。"

路 中
lù

1. 可供通行的地方：水～｜高速～。
2. 思想、行为的方式或方法：思～｜～子｜广开言～。
3. 区域：大～货｜耳听六～，眼观八方。

路 日
ro、zi

1. 路，道路。
2. 道理，条理。
3. 走路，旅行。
4. 重要地位，要道。

路 韩
gil ro

1. 道路。
2. 道理。
3. 方法。

身

字形演变

 〉 鼻 〉 身

解字 甲骨文作 ，象一个侧面站立的女子，腹部凸起，表明已有孕在身。西周金文 、 等字形中，隆起的腹部中间有一小点，表示孕育中的胎儿。身的本义指有孕在身，如《诗经·大明》："大（tài）任有身，生此文王。"后引申为身子、身体。

身 中
shēn

1. 人或动物的躯体，也指事物的主体：亲～｜投～｜机～。
2. 生命；一生：献～｜奋不顾～｜终～。
3. 亲自，本人：亲～｜随～｜感同～受。
4. 指人的品质修养：修～｜立～处世。

身 日
shin、mi

1. 身，身体。
2. 自己，我。
3. 亲自，自身。

身 韩
mom sin

1. 身体。
2. 自身。
3. 身份。

車

字形演变

∨
∨
車
∨
車
∨
车

解字 商代金文 、甲骨文 等，象古代的车形，主要结构包括左右两个轮子、中间一个车舆（用以乘坐）以及正中间一根车轴。西周早期金文作 ，省略车舆部分，西周晚期金文 ，小篆車等字形进一步省略，用局部指代整体，只剩下车轮形。《礼记·中庸》："今天下车同轨，书同文。"

車

車 中 chē

1. 有轮子的交通工具：火～｜货～｜兵～。
2. 靠轮轴转动工作的器具，也泛指机器：水～｜纺～。
3. 机械：～间。
4. 用车床加工零件：～光｜～零件。

車 日 sha、kuruma

1. 车，一种交通工具。
2. 车轮。

車 韩 su re cha

1. 板车。
2. 车轮。
3. 车夫。

軍

字形演变

∨
∨
軍
∨
∨
軍
∨
军

解字 周朝时，一万二千五百人为一军，每军配置五百辆战车。军队驻扎时，营盘在外围绕成弧形以防御敌人偷袭。春秋金文 ，小篆軍等字形，由"勹"（bāo）、"车"会意，"勹"有环绕、围绕义，车代表军队中的战车。由此意象，"军"有驻扎义，如银雀山汉简《孙子兵法》："凡军好高而恶下，贵阳而贱阴。"也有战场义，如《老子》："入军不被甲兵。"战国金文作 ，秦简演变为 。

軍

軍 中 jūn

1. 部堆：参～｜～规｜充～。
2. 军队的编制单位：～长｜义勇～。
3. 军种：陆～｜空～。

軍 日 gun

1. 军队，士兵。
2. 战争。
3. 进行同一活动的小组。

軍 韩 gun sa gun

1. 军士。
2. 阵地。
3. 对阵。

字形演变

輕 ＞ 輕 ＞ 轻

解字 小篆作輕，形声字，“车”为形，“巠”（jīng）为声，本义指一种小型、轻便的车，如《楚辞·九辩》里有“前轻辌之锵锵兮，后辎乘之从从”。引申为轻重之轻。司马迁《报任安书》：“人固有一死，或重于泰山，或轻于鸿毛。”

字形演变

十 ＞ 〒 ＞ 竿 ＞ 辛

解字 商代金文作竿，象一种有弧形锋刃的刀，常用作处罚罪犯或俘虏的刑具。西周金文作竿、竿，第二个字形上方增加一横作为饰笔。小篆演变为辛。因为刑具会给人带来痛苦，后来就产生了“辛辣、辛苦”等义。《左传·昭公三十年》：“视民如子，辛苦同之。”早在甲骨文时，“辛”就被假借用来表示天干里的第八位。

輕 [中]
qīng

1. 重量小，数量少，负载小：年～｜～盈｜～车简从。
2. 程度小：～伤｜人微言～。
3. 没有负担：～松｜～音乐。
4. 考虑不周，随意：～信。
5. 小看，不重视：～视｜～敌。
6. 不严肃；随便的：～浮｜～佻。

軽 [日]
kei、karui、karoyaka

1. 轻的，轻松。
2. 轻薄，轻率。
3. 轻视，轻蔑。

輕 [韩]
ga byeo ol gyeong

1. 轻松。
2. 轻视。
3. 低贱。

辛 [中]
xīn

1. 辣：～辣｜五～。
2. 艰苦：～苦｜艰～｜～勤。
3. 悲伤：～酸｜悲～。
4. 天干的第八位，也用来指称第八：～亥年。

辛 [日]
sin、karai

1. 辣，五味之一。
2. 难受，痛苦，辛苦。

辛 [韩]
mae ul sin

1. 辛辣。
2. 辛苦。
3. 悲伤。

字形演变

萯 〉 萯 〉 𦦎 〉 農 〉 农

解字 甲骨文作萯，字形上方为"林"，中间为"辰"，左下为"又"（手）；西周金文作𦦎，由"田、辰、又"会意。"辰"象农具形，从上述两个字形看，"农"是表示手拿农具在山林、田间耕作，后泛指农业，如《汉书·文帝纪》："夫农，天下之本也。"。西周金文有字形萯，小篆演变为𦦎。

農 **中**
nóng

1.种植粮食蔬菜的行业：务～｜～业。
2.以种植粮食蔬菜为生的人：～民｜果～｜～户。

農 **日**
nou

1.农业，耕作。
2.农民，农户。

農 **韩**
nong sa nong

1.农事。
2.农夫。
3.努力。

迎

字形演变

迎 〉 迎

解字 小篆作迎，形声字，"辵"（chuò）为形，"卬"（yǎng）为声，本义是向对方走去，引申为迎接、欢迎等义。如《老子》："迎之不见其首，随之不见其后。""辵"字甲骨文写作迎，由"彳"（或"行"）和"止"组成，所以以"辵"为偏旁的字都与道路或行走有关。"辵"经过演变，就成了现在的"辶"。

迎 **中**
yíng

1.接：～接｜～亲｜～新。
2.冲着，面向：～战｜～头赶上｜～刃而解。

迎 **日**
gei、mukaeru

1.迎，迎接。

迎 **韩**
ma eul young

1.欢迎。
2.迎接。

近

字形演变

徔 ＞ 訢 ＞ 近

解字 战国楚简作徔，形声字，"辵"为形，"斤"为声，本义指距离短，与"远"相对。引申为接近、靠近等义，如《庄子·养生主》："为善无近名，为恶无近刑。"

近 中
jìn

1. 距离或时间短：～景｜～代｜～日。
2. 靠近：相～｜～水楼台。
3. 亲密：～亲｜～臣｜～邻。
4. 直白，浅显：言～旨远。

近 日
kin、chikai

1. 近，邻近。
2. 接近，靠近。
3. 亲近的人。
4. 近日，最近。

近 韩
ga kka ul gun

1. 亲近。
2. 亲密。
3. 亲戚。

追

字形演变

 ＞ 徟 ＞ 鎚 ＞ 追

解字 甲骨文作 ，会意字，字形上方的""（duī）代表军队；字形下方为"止"（趾），脚趾方向朝上，表示朝敌军的方向跑，"追"的本义是追赶敌军。《左传·僖公二十五年》："楚令尹子玉追秦师，弗及。" 又表示字的读音。

　　西周金文徟增加了意符"彳"。小篆演变为鎚。

追 中
zhuī

1. 赶上，紧随：～捕｜～赶｜～寻。
2. 探究，查明：～问｜～查｜～根究底。
3. 回溯：～忆｜～悼｜～思。

追 日
tsui、ou

1. 追赶。
2. 追溯，回忆。
3. 以后又，后来又。

追 韩
jjoch eul chu

1. 追赶。
2. 连接。
3. 追溯。

辵部

三国字——中日韩常用汉字详解

退

字形演变

解字 甲骨文作 🔲，字形上部分是盛有供品的器皿，下部分为"止（趾）"，脚趾朝下，表示放下祭品后，从祭祀的地方退下或退出。甲骨文 🔲 上方为"皿"，表示放下装有祭品的的器皿后退下；甲骨文 🔲 则表示放下祭祀用的酒尊而退下。西周金文 🔲 添加意符"彳"，小篆演变为 🔲。《周易·乾》："进退无恒。"

退 中
tuì

1.往后移动，使后移：～步｜进～维谷｜～兵。
2.离开：～学｜～伍｜～席。
3.减，降：～热｜～烧｜～潮。
4.返还；取消：～回｜～亲。

退 日
tai、shirizoku、shirizokeru

1.退，后退。
2.退职。
3.衰退。
4.谢绝，回避。

退 韩
mul re nal toe

1.退出。
2.变化。
3.谦让。

送

字形演变

解字 《说文》籀文作 🔲，会意字，"辵"为道路，字形右边表示手举火把，护送客人，"送"的本义指护送。《诗经·燕燕》："之子于归，远送于野。"

和 🔲 相比，小篆省略"人"作 🔲，秦简书写平直化，作 🔲。居延汉简演变为 🔲。

送 中
sòng

1.将东西递至他处或别人：运～｜～礼｜赠～。
2.在起点陪同要出行的人：～行｜欢～｜～别。
3.终止，丢弃：断～。

送 日
sou、okuru

1.赠送。
2.派遣。
3.送行。

送 韩
bo nael song

1.传送。
2.传达。
3.送行。
4.礼物。

逆

字形演变

解字 甲骨文中有字写作 ψ，象一个倒的人形，表示人迎面走来。这个字楷书写作"屰"，就是"逆"字的最初写法。所以"逆"的本义是相反方向、顺序。如《孟子·滕文公下》："当尧之时，水逆行，泛滥于中国。"

甲骨文中有字写作 或 ，或 （西周金文写作 ），分别是在 ψ 的基础上增加"止"、"彳"和"辵"，都强调了行走的意思，由此产生了迎接、迎击的引申义。如《左传·成公十四年》："宣公如齐逆女。"

后来增加"辵"的字形占主流，楷化以后就写作"逆"。

逆 【中】

nì

1. 反向：～行｜～水｜～序。
2. 冒犯：～反｜违～｜忠言～耳。
3. 背叛：叛～｜～臣。
4. 事先，提前：～料｜～知。

逆 【日】

gyaku、saka、sakarau

1. 逆，倒，反。
2. 叛逆。
3. 不好，逆境。
4. 预先，事先。

逆 【韩】

ge seu ril yeok

1. 违逆。
2. 拒绝。
3. 背叛。

通

字形演变

解字 西周金文作 ，形声字，"辵"为形，"甬"为声，本义指通达。《易·系辞》："往来不穷谓之通。"

通 【中】

tōng、tòng

tōng

1. 可以穿过；贯穿；使贯穿：～行｜～气。
2. 知晓，熟悉：神～广大｜博古～今。
3. 连接：～电｜沟～｜～商。
4. 传达，告知：～报｜～知｜～缉。
5. 普遍的，完全的：～名｜普～｜～体。

tòng

量词，遍：把他说了一～。

通 【日】

tsuu、tsu、tooru、toosu、kayou

1. 通过，穿过。
2. 往返。
3. 广泛。
4. 精通，通晓。

通 【韩】

tong hal tong

1. 通往。
2. 来往。
3. 通知。
4. 知道。

走部

三国字 —— 中日韩常用汉字详解

速

字形演变

遫 ＞ 速

解字 小篆作遫，形声字，"辵"为形，"束"为声，本义指快、迅疾。《论语·子路》："无欲速，无见小利。欲速则不达，见小利则大事不成。"

速 中
sù

1. 快：～成｜～写｜兵贵神～。
2. 速度：车～｜时～｜航～。
3. 邀请：不～之客。

速 日
soku、hayai、hayameru、hayamaru、sumiyaka

1. 速，快速。
2. 加速，加快。
3. 召见。

速 韩
ppa reul sok

1. 迅速。
2. 加速。
3. 成功。
4. 到来。

造

字形演变

窖 ＞ 譸 ＞ 造 ＞ 造

解字 西周金文作窖，形声字，由"宀、辵、告"组成，"宀"表示房屋，"辵"表示行走，"告"为声符，字形表示到对方家中造访、拜访。陶渊明《五柳先生传》："造饮辄尽，期在必醉。"小篆作譸，和窖相比，省去"宀"。"造"也被假借为制作等义。

造 中
zào

1. 制作，生产：～句｜塑～｜～房子。
2. 收成：早～｜晚～。
3. 成就：～诣｜登峰～极。
4. 培育：可～之材。

造 日
zou、tsukuru

1. 造，做，制造。
2. 成为，做完。
3. 达到极限，造诣。
4. 突然，短时间。

造 韩
ji eul jo

1. 制造。
2. 成就。
3. 培养。
4. 造假。

連

字形演变

軼 ＞ 連 ＞ 連 ＞ 连

解字 春秋金文作軼，由"车、辵"会意，表示道路上的车一辆接一辆，连绵不断。引申为连续，不停止。如杜甫《春望》："烽火连三月，家书抵万金。"

連 **中**

lián

1.相接：～年｜～任｜～贯。
2.附加，带上：～带｜牵～｜～坐。
3.联合，组织到一起：～缀｜里外勾～。
4.军队的编制单位：八～｜～长。

連 **日**

ren、tsuranaru、
tsuraneru、tsureru

1.连接，联合。
2.接连不断。
3.跟随。
4.同伴。

連 **韩**

is dah eul ryeon
(yeon)

1.连接。
2.连续。
3.牵扯。

進

字形演变

 ＞ 進 ＞ 進 ＞ 进

解字 甲骨文作，上部分为"隹"，表示短尾鸟；下部分为"止"（趾），古人观察到鸟类的脚趾只能往前走，无法往后退，因此用这一字形表示前进的意思。西周金文作進，小篆演变为進，《诗经·桑柔》："进退维谷。"

進 **中**

jìn

1.往前移；使前移：～出｜以退为～｜～军。
2.由外而内：～城｜～见｜～屋。
3.收入，买入：～账｜～货。
4.献出，奉上：～言｜～贡。
5.吃，喝：～食｜～餐。

進 **日**

shin、susumu、susumeru

1.升级，提升。
2.前进，推进。
3.赠送。

進 **韩**

na a gal jin

1.进步。
2.上涨。
3.临近。

三国字——中日韩常用汉字详解

走部

三国字——中日韩常用汉字详解

遇

字形演变

遇 〉 遇

解字 小篆作遇，形声字，"辵"为形，"禺"为声，本义指相逢、遇见。《诗经·中谷有蓷》："遇人不淑矣。"

遇 中
yù

1. 相逢：巧~｜~难｜不期而~。
2. 对待：礼~｜厚~｜优~。
3. 机会：机~｜知~之恩。

遇 日
guu、guusuru、au

1. 遇见，遭遇。
2. 待遇，款待。
3. 偶然，偶尔。

遇 韩
man nal u

1. 遇到，遇见。
2. 礼遇。

遊

字形演变

〉 〉 〉 〉
〉 〉
〉 游 遊

解字 "斿"字甲骨文作，西周金文作，象飘扬的旗杆下站着个人，本义是旌旗上的飘带。遊和游这两个字都是"斿"字基础上加注意符而产生，因此同音，意义也常常相通，都有流动义。"斿"加注意符"氵"而成"游"字，如春秋金文形，小篆，本义是在水上游动。如《诗经·谷风》："泳之游之。"遊字是"斿"加注意符"辵"而产生，如春秋金文，战国楚简，本义是在陆地上遨游、游玩。如《诗经·卷阿》："岂弟君子，来遊来歌。"

遊 中
yóu

1. 人或动物在水中运动：~泳｜~动｜~轮。
2. 江河的某段：上~｜中~。
3. 行走：~动｜~历｜~子。
4. 来往，交流：交~。

遊 日
yuu、yu、asobu

1. 游玩。
2. 游手好闲。
3. 到远处去。
4. 自由活动。

遊 韩
nol yu

1. 遊玩。
2. 遊览。
3. 流浪。

運

字形演变

𨍋 ＞ 運 ＞ 运

（解字）小篆作𨍋，形声字，"辵"为形，"军"为声，本义指移动、运行。《孟子·梁惠王上》："天下可运于掌。"

過

字形演变

𦉥 ＞ 過 ＞ 过 ＞ 过

（解字）小篆作𦉥，"辵"为形，"咼"（wǒ）为声。本义指经过、走过。如《孟子·滕文公上》："禹八年于外，三过其门而不入。"汉代帛书作過。

運 **中**

yùn

1. 移动：～行｜～动｜～转。
2. 输送，搬移：～输｜贩～｜航～。
3. 使用：～用｜～算｜匠心独～。
4. 境遇，前程的方向：幸～｜噩～｜走～。

運 **日**

un、hakobu

1. 命运，运气。
2. 送，搬。
3. 动，运行。

運 **韩**

olm gil un

1. 移动。
2. 运输。
3. 运用。
4. 转动。

過 **中**

guò

1. 由一处到另一处：～河｜～户｜～年。
2. 经过处理：～目｜～秤。
3. 超出界限：～期｜～多｜事情做得太～。
4. 错误：罪～｜～失｜悔～自新。
5. 用于动词后表，示动作的完结：走～｜穿～｜飞～。

過 **日**

ka、sugiru、sugosu、ayamatsu、ayamachi

1. 过，通过。
2. 过去。
3. 过分，过多。
4. 过失。

過 **韩**

ji nal gua

1. 过去。
2. 流经。
3. 往来。
4. 交往。

.369.

辵部

三国字——中日韩常用汉字详解

走部

三国字——中日韩常用汉字详解

道

字形演变

衒 衒 ＞ 衒 ＞ 導 ＞ 導 ＞ 导

趰 ＞ 道 ＞ 道

解字 西周时期的金文写作衒衒等，由"行""止（趾）"和"首"组成，战国金文写作憊，由"辵"和"首"组成。前面说过"行""止""辵"这些符号都表示与行走、道路有关，在当偏旁的时候，意思是一样的。这是个形声字，"首"表音，本义是道路。人走路是为了到达某个目的地，因此"道"又引申为达到某个目标的途径、方法。《论语·泰伯》："任重而道远。"小篆作讁，汉代居延简演变为道。

另外，西周金文里还有个写法，如散氏盘写作衒，由"行""又（手）"和"首"组成，"又"与手上动作有关，所以这个这形包含了"指路"的意思，后世分化"导"字。

道 中
dào

1.路：铁~｜轨~｜人行~。
2.方向，方法：头头是~｜生财有~。
3.正义，准则：正~｜~义｜孝~。
4.技术，技能：茶~｜医~。
5.与道教有关的：~士｜~场｜~观。
6.说：~谢｜~别｜一语~破。

道 日
dou、tou、michi

1.道路。
2.道义，道德。
3.方法，手段。
4.说话，讲述。
5.引导，领导。

道 韩
gil do

1.道路。
2.道理。
3.方法。
4.根源。
5.思想。

達

字形演变

韃 ＞ 達 ＞ 达

解字 小篆作韃，形声字，"辵"为形，"羍"（dá）为声，本义指到达。《尚书·禹贡》："浮于济漯，达于河。"引申为畅通、通达等义。

達 中
dá

1.通：~德｜四通八~。
2.到：抵~｜直~｜通宵~旦。
3.明白；使知晓：谙~｜传~｜知书~理。
4.身份显要；声望高：~官显贵。

達 日
tachi、tassuru

1.送到，送达。
2.传达，转告。
3.到达。
4.领悟，有卓越的见识。
5.通过，穿过。

達 韩
tong dal hal dal

1.精通。
2.到达。
3.传送。

遠

字形演变

讹
∨
遠
∨
远

解字 小篆作讹，形声字，"辵"为形，"袁"为声，本义指距离长，和"近"相对。《论语·卫灵公》："人无远虑，必有近忧。"

遠 中
yuǎn

1. 距离或时间长：～景｜辽～｜～古。
2. 关系不亲近：疏～｜～房。
3. (差别) 程度深：～不如｜相去甚～。
4. 高深：言近旨～。

遠 日
en、on、tooi

1. 远处。
2. 深远，远大。
3. 疏远，远离。

遠 韩
mel won

1. 遥远。
2. 深奥。
3. 远去。

適

字形演变

讹
∨
適
∨
适

解字 适在小篆中作讹，"辵"（辶）为形，"啇"（chì）为声，本义指前往某处，如《诗经·硕鼠》："适彼乐土。"引申为子女出嫁，再引申为"适应、相宜"等义。

適 中
shì

1. 到，前往：无所～从。
2. 合宜，恰当：～用｜～龄｜～可而止。
3. 舒服，安逸：舒～｜闲～｜安～。
4. 刚好，恰巧：～逢｜～值。
5. 古指女子出嫁：～人。

適 日
teki、kanau

1. 适合，符合。
2. 去，往。
3. 偶尔，有时。
4. 确实，的确。

適 韩
ppa reul gwal

1. 快速，迅速。
2. 适当。

選

字形演变

斢 ＞ 選 ＞ 选

解字 小篆作斢，形声字，"辵"为形，"巽"为声，本义指选择。《礼记·礼运》："大道之行也，天下为公，选贤与能。"

選 中
xuǎn

1.挑取，择拣：～取｜～择｜～修。
2.以表决形式推举人选：～举｜评～。
3.被挑中的人或物：人～｜备～｜～手。
4.编辑成册的作品：～辑｜文～｜作品～。

選 日
sen、erabu

1.选择。
2.当选，入选。

選 韩
ga ril sen

1.选择。
2.分辨。
3.任用。

遺

字形演变

辥 ＞ 讃 ＞ 遺 ＞ 遺 ＞ 遺

解字 西周金文作辥，字形上方象双手捧米，米粒从指缝间遗漏的样子，字形下方为意符"辵"。小篆作讃，遗的本义指遗失、丢失。《后汉书·列女传》："羊子尝行路，得遗金一饼。"

遺 中
yí

1.丢弃，漏掉：～失｜～忘｜～弃。
2.丢掉的东西：～物｜路不拾～。
3.留下；（已故的人）留下的东西：～存｜～迹｜～书。
4.排泄：～尿｜～精。

遺 日
i、yui

1.留下，遗留。
2.忘却，遗失。
3.丢弃，遗弃。
4.送给，遗赠。

遺 韩
nam gil yu

1.遗留。
2.传承。
3.遗弃。

部

字形演变

解 ＞ 詔 ＞ 部

解字 小篆作 ，形声字，"邑"（阝）为形，"音"（pǒu）为声，本指地名，在今甘肃省天水市附近。后被假借用来表示门类、部门等义。许慎《说文解字序》："分别部居，不相杂厕。"

现在楷书里的"左耳旁"和"右耳旁"都写作"阝"，但是在古代，它们是不同的。"部"字的右耳旁是由"邑"字演变过来的，"邑"的本义是都城，以"邑"为形旁的字一般都与地名有关。左耳旁则是由"阜"字演变过来的，"阜"字象山的阶梯之状，本义是山坡，所以以"阜"为形旁的字一般与地形有关。

部 中 bù	部 日 bu	部 韩 tyae bu
1.组成成分：～分｜全～｜～落。 2.机关或军队组织的名称：编辑～｜指挥～。 3.量词，用于电子产品等：一～手机。	1.部分。 2.部门。 3.部，册，份。 4.部首。	1.部落。 2.集团。 3.村庄。 4.官厅。

都

字形演变

＞ ＞ 都

解字 西周金文作 ，形声字，左边为声符"者"，右边为形符"邑"（阝），"都"的本义指祖先宗庙所在地，后引申为都城、国都等义。《左传·庄公二十八年》："凡邑，有宗庙先君之主曰都，无曰邑。"汉代《孔宙碑》演变为 都。

都 中 dōu、dū	都 日 to、miyako	都 韩 do eup do
dū 1.大城市：～会｜～市。 2.特指首都：国～｜古～｜～城。 3.某一产业中心：钢～｜瓷～。 dōu 1.全：全～｜～完成了。 2.已经：雨～下这么大了。	1.都市。 2.都，东京都。	1.都城。 2.城市。 3.村庄。 4.国家。

鄉

字形演变

郷 ＞ 卿 ＞ 齊 ＞ 鄉 ＞ 乡

解字 甲骨文作 郷，中间象食器形，两边象两人张口对食物形，本义两人相对而食。所以它是饗（飨）字的初文。又因为相向而食，所以它又有朝向、面向的意思。以上两种意思，后来都通过增加符号分化出去了。到了西周的时候（卿），"鄉"又有了卿士之义，因为古代"鄉"和"卿"的读音是相通的，因为意思不同，所以"卿"字后来也分化出不同的写法。在这之后，"鄉"又出现了"鄉里"的意思，一是因为读音相同，另一个可能是因为"鄉"字两侧张口而食的人形已经演变成了正反两个"邑"字：郷，所以《说文》解释"乡"为"国离邑"，也就是国家周边的都城，"乡"成了古代一种地方行政单位。《老子》："修之于家，其德有余；修之于乡，其德乃长。"

鄉 中	郷 日	鄉 韩
xiāng	kyou、gou	si gol hyang
1.农村或小镇：～村｜～下｜～镇。	1.故乡，老家。	1.乡村。
2.从小生活的地方：～音｜故～｜衣锦还～。	2.先前，从前。	2.故乡。
3.行政区划的一级，归县级统属。	3.地方，土地。	3.地方。
		4.接待。

酒

字形演变

酒 ＞ 酒 ＞ 酒

解字 甲骨文作 酒，由"水"、"酉"会意，表示装在酒尊中的美酒。《礼记·乐记》："酒食者，所以令欢也。""酉"同时也有表音功能。

酒 中	酒 日	酒 韩
jiǔ	shu、sake、saka	sul ju
1.粮食或水果酿造的饮料：白～｜啤～｜葡萄～。	1.一种酒精饮料。	1.酒浆。
	2.饮酒，酒宴。	2.酒宴。
		3.喝酒。

醫

字形演变

醫 ＞ 醫 ＞ 醫 ＞ 医

解字 小篆作醫，形声字，"酉"为形，"殹"为声。本义指医生，也有治病义。如《国语·晋语八》："上医医国，其次疾人。"秦简作醫。医生和"酉"又有啥关系呢？原来在古代，医生和巫师是分不开的，即便到了近代，用巫术治病的方法也不少见。而在施行巫术时，经常要用酒来祭天地神灵，所以"医"字也许能让我们了解原始医学的性质。

里

字形演变

里 ＞ 里 ＞ 里

解字 西周金文作里，上为田，下为土，表示有田有土，可以耕作、居住，"里"的本义指居住的地方。先秦以二十五家为一里，后泛指左邻右居。陶渊明《归园田居》："暧暧远人村，依依墟里烟。"

醫 **中** yī	医 **日** i	醫 **韩** ui won ui
1.治病：～治丨～术丨～疗。 2.治病的人：～生丨牙～丨～德。 3.医学：中～丨西～。	1.医生。 2.治病，医治。	1.医院。 2.医生。 3.医术。 4.医学。

里 **中** lǐ	里 **日** ri、sato	里 **韩** ma eul ri (i)
1.家乡：乡～丨邻～丨故～。 2.长度单位，一里等于500米：走了三～路。	1.故里，乡下。 2.路程，里程。 3.孩子的寄养人家。	1.乡村。 2.故乡。 3.邻居。

重

字形演变

野

字形演变

解字 商代金文作𤳊，𤲒等，由左边的"人"和右边的"东"组成，字形用一个人背着一个沉重行囊的意象，来表示"沉重"的概念。在西周金文中演变为𡩁，"东"字被移动在人的下方；战国金文𡩁、小篆𡲢又在"东"下增加充当意符的"土"字。《老子》："重为轻根，静为躁君。"

解字 甲骨文作𣜩，西周金文作𡐣，字形中间为"土"，两边为"林"，表示树木丛生的地方。这个字楷书写作"埜"，现在是"野"的异体字。《说文》古文𡐣在甲骨文和金文字形的基础上加注声符"予"，小篆野将义符"林"替换为"田"，于是"埜"就这样变成了"野"字。"野"的本义是郊外，欧阳修《醉翁亭记》："野芳发而幽香。"

重 [中]

zhòng、chóng

zhòng
1.分量：载～｜超～｜～体。
2.分量大：～型机器｜货物很～。
3.程度深：严～｜情深意～。
4.地位高或影响大的：～点｜～要。

chóng
1.又，再：～逢｜～来｜～整旗鼓。
2.层：双～｜困难～～。

重 [日]

juu、chou、e、omoi、kasaneru、kasanaru

1.沉重，严重。
2.重视，尊重。
3.重复，重叠。

重 [韩]

mu ge ul jung

1.沉重。
2.贵重。
3.重复。

野 [中]

yě

1.乡下，郊外的：田～｜山～｜～生。
2.分界：视～｜分～。
3.不当政的：朝～｜在～党。
4.没礼貌：粗～｜撒～｜～蛮。
5.自由的，不受拘束的：～性｜玩～了。

野 [日]

ya、no

1.野外，田野。
2.范围，视野。
3.粗野。
4.自由生长，没有教养。
5.民间。

野 [韩]

deul ya

1.田野。
2.民间。
3.乡村。
4.野生。

量

字形演变

解字 甲骨文作量，字形下方为"东"，象囊袋形，上有口，表示可以向里面装东西。西周金文量，字形上方加一点，表示装进去的物品。量的本义指测量粮食等物品的量器，引申为测量、衡量。《庄子·胠箧》："为之斗斛以量之，则并与斗斛而窃之。"

量 中
liàng、liáng

liàng
1. 测定物体体积的器具，如升、斗等。
2. 容纳限度；胸襟：气～｜胆～｜海～。
3. 数目：数～｜产～｜质～。
4. 根据，估计：～体裁衣｜～入为出。

liáng
1. 用仪器计测：测～｜丈～｜衡～。
2. 揣摩：思～｜估～｜端～。

量 日
ryou、hakaru

1. 量，衡量。
2. 重量，容量，数量。
3. 考虑，酌量。
4. 度量，力量。
5. 本领，本事。

量 韩
he a ril ryang (yang)

1. 推测。
2. 测量。
3. 饱满。
4. 分量。

金

字形演变

解字 西周金文作金，字形左边象两团饼状的青铜锭，右边是尖顶的战斧形(也即"王"字)。"金"的本义表示可以冶炼、铸造武器的青铜，后泛指金属，又专指黄金。《老子》："金玉满堂，莫之能守。"

战国金文线条化为金，小篆演变为金。

金 中
jīn

1. 金属：五～｜冶～。
2. 一种化学元素，赤黄色，质软：点石成～。
3. 钱币：奖～｜押～｜资～。
4. 颜色像金子的：～黄｜～橘｜～条。
5. 珍贵的：～贵｜～口难开｜～玉良言。

金 日
kin、kon、kane、kana

1. 金，金属元素。
2. 金属。
3. 金色。
4. 钱，金钱。

金 韩
seong ssi kim

1. 姓。
2. 现金。
3. 贵重。
4. 黄金。

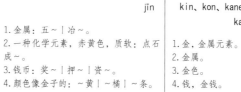

針

字形演变

鍼 ∨ 針 ∨ 針 ∨ 针

解字 小篆作鍼，形声字，"金"为形，"咸"为声，本义是缝衣针。小篆中又有字写作箴，较早的针可能是用竹子制作而成，所以字形以"竹"为意符。在汉代的时候，已经有替换声符"咸"写作"针"的俗字，如汉代《衡方碑》針，唐代颜真卿楷书针。

銀

字形演变

銀 ∨ 银 ∨ 银

解字 小篆作銀，形声字，"金"为形，"艮"（gèn）为声，本义指白银，也指像银子一般的颜色，如杜牧《秋夕》："银烛秋光冷画屏，轻罗小扇扑流萤。"

針 [中]
zhēn

1. 缝织衣物的用具：~线｜绣花~。
2. 形状像针的：松~｜指南~。
3. 中医治病用的针状金属：~灸。
4. 注射药物的器具：~管｜打~｜扎~。

針 [日]
shin、hari

1. 缝衣针。
2. 指针。
3. 医针，针灸。

針 [韩]
ba neul chim

1. 指针。
2. 时针。
3. 刺头。
4. 打针。

銀 [中]
yín

1. 一种化学元素，白色金属，质软：白~｜~牌。
2. 颜色像银的：~白｜~发。
3. 与金钱有关的：~行｜~钱｜~根。

銀 [日]
gin

1. 银，金属元素。
2. 银色。
3. 银行。
4. 银钱。

銀 [韩]
eun eun

1. 银子。
2. 银色。
3. 货币。
4. 锋利。

錢

字形演变

錢 ＞ 錢 ＞ 錢 ＞ 钱

解字 小篆作錢，形声字，"金"为形，"戋"为声，本义指古代一种类似于铲的农具，读作 jiǎn。后来用"钱"字表示铜钱，泛指货币。《史记·平准书》："或钱，或布，或刀，或龟贝。"

錢 [中] qián

1. 铜钱：～眼儿丨一串～。
2. 形状像铜钱的：荷～丨纸～。
3. 财货：～币丨～财丨金～。
4. 货币耗费：饭～丨车～。
5. 重量单位，十分为一钱。

銭 [日] sen、zeni

1. 钱，货币。
2. 钱（货币单位）。

錢 [韩] don jeon

1. 货币。
2. 硬币。
3. 资金。
4. 基金。
5. 费用。

鐘

字形演变

鐘 ＞ 鐘 ＞ 鐘 ＞ 鐘 ＞ 鍾 ＞ 鐘 ＞ 钟

解字 西周金文作鐘，形声字，"金"为形，"童"为声，本义指金属铸造而成的乐钟，有字形以"甬"为声符，如战国楚简鐘、《说文解字》小篆或体鏞。张继《枫桥夜泊》："姑苏城外寒山寺，夜半钟声到客船。"

"鍾"字春秋金文作鍾，小篆作鍾，形声字，"金"为形，"重"为声，本义是一种盛酒的器皿。《说文解字》："鍾，酒器也。"

鐘 [中] zhōng

1. 一种金属响器，敲击发声：编～丨洪～丨～声。
2. 定时器具：挂～丨～表。
3. 指时间：～点丨～头。

鐘 [日] shou、kane

1. 钟，乐器。
2. 吊钟。
3. 钟声。

鐘 [韩] soe buk jong

1. 铜钟。
2. 酒盏。
3. 酒瓶。
4. 赋予。

鐵

鐵 ＞ 铁 ＞ 鐵 ＞ 铁

字形演变

解字 小篆作鐵，形声字，"金"为形，"戴"（zhì）为声，本义即指一种现在常见的金属。《管子·地数》："山上有赭者，其下有铁。"也有字形将声符替换，如唐代颜真卿楷书作**铁**。

長

＞ 肖 ＞ 長 ＞ 长

字形演变

解字 甲骨文作 ，西周金文作 等，造字本义不明，有人说字形象一位拄着拐杖的长者。"长"的基本意义是距离长，如《诗经·蒹葭》："溯洄从之，道阻且长。"也引申为时间久远，如《老子》："天长地久。"

鐵 〔中〕 tiě

1. 一种化学元素，银白色金属，质硬：～器｜～质。
2. 武器：手无寸～。
3. 牢固的，坚硬的，无情的：～石心肠｜～骨铮铮｜～面无私。
4. 不易改变的：～证｜～了心｜～饭碗。

鉄 〔日〕 tetsu

1. 铁。
2. 铁路。
3. 比喻坚硬的东西。
4. 武器。

鐵 〔韩〕 soe cheol

1. 黑铁。
2. 黑色。
3. 武器。
4. 铠甲。
5. 坚固。

長 〔中〕 cháng、zhǎng

cháng
1. 距离：～度｜周～。
2. 距离远或时间久：～夜｜～跑。
3. 优势，做得好：～处｜专～｜～于。

zhǎng
1. 年纪大，排行靠前：～老｜～子｜～房。
2. 总管，负责人：组～｜首～｜～官。
3. 生出，产生：～草｜滋～｜拔苗助～。

長 〔日〕 chou、nagai

1. 长久，长远。
2. 年长，长辈。
3. 首长。
4. 长处。
5. 长度。

長 〔韩〕 gil jang

1. 长远。
2. 成长。
3. 长辈。
4. 老大。

門

字形演变

丽
∨
門
∨
門
∨
門
∨
门

解字 甲骨文丽、西周金文門等，象两扇门形。《诗经·出其东门》："出其东门，有女如云。虽则如云，匪我思存。"

門 **中**

mén

1. 房屋或车船等的出入口：～卫｜～票｜～牌。
2. 形状或作用像门的：球～｜电～。
3. 家庭，家族：寒～｜～第｜～风。
4. 方法：～路｜旁～左道。
5. 与老师有关的：～徒｜师～｜班～。
6. 种类，类别：分～别类｜五花八～。

門 **日**

mon、kado

1. 门。
2. 出入口，通道。
3. 同门。
4. 门第。

門 **韩**

mun mun

1. 家族。
2. 门阀。
3. 专门。
4. 课程。

閉

字形演变

∨
閂
∨
閉
∨
閉
∨
闭

解字 西周金文作閂，秦简作閉，门中的十字形，象用来关锁门户的门闩。闭的本义是关门。《易·复》："先王以至日闭关，商旅不行。"汉代帛书作閉，在十字形门闩上加上一点，后来类化为"才"字，如颜真卿楷书閉。

閉 **中**

bì

1. 关，封，合：关～｜～嘴｜～关自守。
2. 阻塞，不顺畅：～塞｜～气。
3. 结束，停止：～幕｜～馆｜～会。

閉 **日**

hei、tojiru、tozasu、shimeru、shimaru

1. 关闭，封闭。
2. 停止，结束。

閉 **韩**

dat eul pe

1. 闭关。
2. 遮挡。
3. 隐藏。

開

字形演变

鬧 ＞ 開 ＞ 開 ＞ 开

解字 《说文解字》古文作鬧，会意字，由"门"、"一"、"廾"（廾 gǒng）组成，象双手拨开门栓形。《老子》："善闭无关键而不可开。"小篆開则是"一"形与"廾"讹变为"开"。

開 中 kāi

1.和"关"相对：～灯｜打～｜～关。
2.起始，初始：～学｜～课｜～篇。
3.疏通，疏导：～路｜～通｜～导｜～胃。
4.加热后沸腾：～水｜水～了。
5.发动，引动：～车｜～炮｜～机。
6.举行，开办：～会｜～店。
7.列出，写明：～发票｜～清单。

開 日 kai、hiraku、hirakeru、aku、akeru

1.开，和"关"相对。
2.开始，打开，拉开。
3.开化。

開 韩 yeol gae

1.打开。
2.开花。
3.开拓。
4.开始。
5.领悟。

閑

字形演变

閒 ＞ 閒 ＞ 閑 ＞ 闲

解字 西周金文作閒，由"门"、"月"会意，在漆黑的夜晚，关上门后，仍然可以看见月光，表明门之间有缝隙。闲的本义指缝隙、空隙。《庄子·养生主》："彼节者有闲，而刀刃者无厚。"由空间上的空隙引申为时间上的空闲、闲暇。在这一义项后来往往和"闲"字混用。小篆作閒。后世用"日"取代门中的"月"，另造一出个"间"字来表示"闲"字"空隙、间隔"的义项。

閑 中 xián

1.没事做：得～｜游手好～｜空～。
2.不在使用中的：～职｜～钱｜～置。
3.舒适，清静：～适｜～情逸致｜清～。
4.不正式的，正事之外的：～话｜～聊｜～言碎语。

閑 日 kan

1.闲静。
2.空闲。
3.忽视。

閑 韩 han ga hal han

1.空闲。
2.忽视。
3.阻拦。
4.保卫。

間

字形演变

間
∨
間
∨
間
∨
间

解字 "间"是"闲"的俗字，"间"的本义是空间上的缝隙、间隔。王维《山居秋暝》："明月松间照，清泉石上流。"

　　"间"字汉代始出现，《曹全碑》作間。

間 中 jiān、jiàn

jiān
1. 交接处：～距｜瞬～｜水云～。
2. 时间或空间范围内：期～。
3. 房屋：车～｜试衣～。

jiàn
1. 空，空隙：～隙｜亲密无～。
2. 相隔：～断｜～接｜～歇。
3. 挑唆使人不和：离～｜反～计。

間 日 kan、ken、aida、ma

1. 间，中间。
2. 空隙，间隔。
3. 探听，侦探，间谍。

間 韩 sai gan

1. 之间。
2. 时候。
3. 差别。
4. 空隙。

關

字形演变

閅
∨
關
∨
䦙
∨
關
∨
关

解字 战国金文作閅，"门"中间构形象门闩，或是门背后两根用来撑住门的木棍，"关"的本义即锁门、关门。宋叶绍翁《游园不值》："春色满园关不住，一枝红杏出墙来。"小篆作關，演变为形声字，"门"为形，"𨶏"（guān）为声。秦简演变为䦙。

關 中 guān

1. 闭，使合拢或停止：～闭｜～门｜～灯。
2. 使进去，不准出来：～押｜～禁闭。
3. 重要的军事守卫建筑：城～｜～卡｜一夫当～，万夫莫开。
4. 重要或不易度过的时期：年～｜难～。
5. 起特殊作用的环节：～键｜～节。
6. 牵连，有干系：～涉｜相～｜利害攸～。

関 日 kan、seki、kakawaru

1. 关口，出入口。
2. 关键之处。
3. 有关系，关联。

關 韩 us eul so

1. 发笑。
2. 嘲笑。
3. 开花。
4. 关系。

防

字形演变

𨸜 〉 防 〉 防

解字 小篆作𨸜，形声字，"阜"（fù）为形，"方"为声，本义是堤坝，引申为阻挡、防止。《国语·周语上》："防民之口，甚于防川。" 汉代《衡方碑》演写作防。

现在楷书里的"左耳旁"和"右耳旁"都写作"阝"，但是在古代，它们是不同的。"防"字的左耳旁是由"阜"字演变过来的，"阜"字象山的阶梯之状，本义是山坡，所以以"阜"为形旁的字一般与地形有关。

防 中
fáng

1.认真准备以避免灾祸：~范｜提~。
2.守护，守卫：~守｜国~｜~线。
3.堤坝：~堤。

防 日
bou、fusegu

1.提防。
2.防守，防备。

防 韩
mak eul bang

1.防止。
2.防守。
3.对峰。

降

字形演变

𨸤 〉 降 〉 𨺠 〉 降

解字 甲骨文写作𨸤，西周金文写作𨸤，由"阜"、两个脚趾朝下的"止"（夅）组成，脚趾朝下意味着人是从上往下走。"降"的造字本义就是人从高坡处往下走。如《左传·僖公二十三年》："公降一级而辞焉。"引申为下降、降落等义。

战国金文作𨺠，增加了"土"这个符号；战国楚简作降，小篆作𨺠。

降 中
jiàng、xiáng

jiàng
1.由高往低：~落｜~雨。
2.减少，使变低：~价｜~格｜~温。
3.出世：~生｜~世。

xiáng
1.归顺，顺从：~服｜投~｜劝~。
2.压制：~龙伏虎｜~敌。

降 日
kou、oriru、orosu

1.下降，落下。
2.以后。
3.投降。
4.下，拿下。

降 韩
nae ril gang

1.下降。
2.降低。
3.赐予。

限

字形演变

限 > 閒 > 限 > 限

解字 西周金文作限，小篆作限，形声字，"阜"为形，"艮"为声，本义是险阻，如《战国策·秦策一》："南有巫山黔中之限。"一说本义是门坎，如《后汉书·臧宫传》："夜使人锯断城门限。"后来引申为限制、限定等义。

限 中
xiàn

1. 规定的范围：界～｜年～。
2. 控制、掌控：～额｜～量｜～行。
3. 门槛：门～。

限 日
gen、kagiru

1. 界限，期限。
2. 限制。

限 韩
han hal han

1. 怨恨。
2. 限定。
3. 整齐。
4. 相同。

除

字形演变

除 > 除 > 除 > 除

解字 小篆作除，形声字，"阜"为形，"余"为声，本义指宫殿的台阶。我们现在常说的"大扫除"原本就是指把台阶打扫干净，迎接尊贵客人。如《史记·魏公子列传》："赵王扫除自迎，执主人礼。"由于"扫除"有"去掉、清除台阶上的杂物"的意思，除字也引申出"去掉、清除"等义，并进一步引申为一种数学运算规则。

汉帛书作除，汉代《曹全碑》演变为除。

除 中
chú

1. 台阶：阶～｜庭～。
2. 去掉：拆～｜扣～｜删～。
3. 不计算在内：～了｜～非｜～外。
4. 一个数被另一个数等分：3 ÷ 6 得 2。

除 日
jo、ji、nozoku

1. 解除。
2. 除外。
3. 除法。

除 韩
deol je

1. 删除。
2. 免除。
3. 排除。
4. 肃清。

阜部

三国字——中日韩常用汉字详解

陰

字形演变

僉 ＞ 陰 ＞ 陰 ＞ 陰 ＞ 阴

解字 春秋金文作僉，字形上方是声符"今"，字形下方是"阜"。"阴"和"阳"是一对相反的概念，它们的造字也都以日光为视角，所以"阴"在造字上的意思是太阳照不到的地方或者没有阳光。而"阜"则暗示了古人对自然的观察。在北回归线以北的黄河流域，太阳永远在南面，所以山的北面一直受不到阳光的照射，是阴面。古代观察到了这点，所以"阴"和"阳"都用"阜"作为偏旁。"阴"和"阳"后来成为中国哲学中一对重要的概念。《周易·系辞上》："一阴一阳谓之道。"

小篆演变为陰，仌声。汉代《张迁碑》作陰。

陸

字形演变

陸 ＞ 陸 ＞ 陸 ＞ 陸 ＞ 陆

解字 商代金文作陸，春秋金文作陸，由阜、坴（介、土组成，音ｌù，）会意，指高峭的山，介象房屋形。陆的本义是高山上开阔而平坦，可以用来建筑房屋的地方，后泛指陆地。周敦颐《爱莲说》："水陆草木之花，可爱者甚蕃。"小篆作陸，汉代《礼器碑》作陸。

陰 **中**	陰 **日**	陰 **韩**
yīn	in、kage、kageru	geu neul eum
1.矛盾的一方，与"阳"相对：～阳｜～盛阳衰。 2.指月亮：太～｜～历。 3.阳光被遮蔽的自然现象；黑暗处：～天｜～影｜～暗。 4.背地里，不为人知的：～功｜阳奉～违｜～谋。 5.与鬼神有关的：～魂｜～曹地府。 6.指时光：寸～｜光～。	1.背阴处。 2.背地，暗中。 3.时光：光阴。 4.阴郁。 5.光阴。	1.背光。 2.阴气。 3.影子。 4.岁月。

陸 **中**	陸 **日**	陸 **韩**
lù、liù	riku	mut ryuk (yuk)
lù 1.高出水面的土地：大～｜内～｜着～。 2.接连的，纷杂的：～～续续｜光怪～离。 liù "六"的大写。	1.陆地。 2.陆续。 3.艳丽。 4.陆军。	1.陆地。 2.土地。 3.山岗。 4.道路。

雄

字形演变

潍

∨

雄

解字 小篆作潍，形声字，"隹"为形，"厷"（hóng）为声，本义是雄性的鸟，后泛指雄性的动物，与雌相对，如汉《木兰诗》："雄兔脚扑朔，雌兔眼迷离；双兔傍地走，安能辨我是雄雌？"

集

字形演变

集（鸟形）

∨

（鸟形）

∨

（鸟形）

∨

集

解字 商代金文作（鸟形），描绘了很多小鸟（绘出三只表示很多）停留、集中在同一棵树上这一意象，对应的小篆字形作（鸟形）；也有一些字形为了书写简便、省时，只绘出一只鸟，如甲骨文（鸟形）、西周金文（鸟形），小篆（鸟形）等。造字本义即群鸟停在树上，如《诗经·葛覃》："黄鸟于飞，集于灌木。"引申为聚集，如王羲之《兰亭序》："群贤毕至，少长咸集。"

雄 中

xióng

1.能产生精细胞的，相对"雌"而言：雌～｜～性｜～狮。
2.强有力的，有气魄的：～壮｜～劲｜～姿｜～心壮志。
3.强有力的人物或组织：～杰｜～英｜～枭～。

雄 日

yuu、o、osu

1.雄伟，出众。
2.雄性。

雄 韩

su keot ung

1.雄性。
2.勇敢。
3.战胜。
4.雄壮。

集 中

jí

1.聚合，会聚：～合｜～体｜～思广益。
2.乡镇交易场所：赶～｜～市。
3.汇编而成的书：文～｜选｜～邮～。
4.中国古代图书分类法：～部｜经史子～。

集 日

shuu、atsumaru、atsumeru、tsudou

1.集合，收集，集会。
2.诗歌，文章的结集。

集 韩

mo eul jip

1.召集。
2.聚集。
3.平安。
4.到达。

難

字形演变

鸂 ＞ 難 ＞ 難 ＞ 难

解字 小篆作 鸂，形声字，"隹"为形，"堇"为声。 本义是一种鸟类，后来被假借用来表示困难等义，与"易"相对，如《老子》："天下难事，必作于易。"也有将意符替换为"鸟"的字形鸂，楷书写鸂。"鸟"和"隹"作为形旁时，意义相同，所以经常可以替换，比如"雅"和"鸦"，"鸡"和"難"。《辟雍碑》作鸂。

字形演变

⻗ ＞ 雨 ＞ 雨 ＞ 雨

解字 商代甲骨文有⻗，上面的一横为"天"，从天上掉下来的小点是雨滴形。商代时期，人们认为雨由天帝所降，而且雨水和农作物收成密切相关，因此，甲骨文中有大量与下雨、祈求丰年的占卜记录，字形有的写作⻗。《老子》："飘风不终朝，暴雨不终日。"

3000 多年前的商代晚期青铜器"子雨己鼎"上"雨"字作⻗。战国时期的郭店楚简字形为雨，之后的秦代小篆雨和我们现在使用的"雨"字已经相差不大。

難 【中】

nán、nàn

nán
1. 费力，不容易：～题｜～写｜一言～尽。
2. 让人感到困难：～保｜为～。
3. 不好：～吃｜～看｜～闻。

nàn
1. 不幸：灾～｜遇～｜患～。
2. 指责：非～｜发～。

難 【日】

nan、katai、muzukashii

1. 难，困难。
2. 痛苦，灾难。
3. 责备，责难。
4. 缺点。

難 【韩】

eo ryeo ul nan

1. 困难。
2. 讨厌。
3. 灾难。

雨 【中】

yǔ、yù

yǔ
1. 从云层中降落的水滴：细～｜～点｜～过天晴。

yù
1. 下雨；落下：～雪霏霏。

雨 【日】

u、ame、ama

1. 雨，云层中降落的水滴。
2. 雨天。

雨 【韩】

bi u

1. 天雨。
2. 比喻。
3. 下雨。

雪

字形演变

（解字）商代甲骨文有 ，字形上部分表示"天"，下部分像羽毛一般的两个符号是雪花形。甲骨文字形中有的表达的其实是"雨夹雪"的气象和概念，如 、 等。秦代小篆字形为 。《诗经·小雅·采薇》："昔我往矣，杨柳依依。今我来思，雨雪霏霏。"

雪 中	雪 日	雪 韩
xuě	setsu、yuki	nun seol
1.云气在摄氏零度以下凝结而飘落的白色晶体：初~｜滑~。 2.颜色像雪的：~白｜~亮。 3.清除：~冤｜报仇~恨。	1.雪，云层降下的白色结晶。 2.洗掉，昭雪。	1.白雪。 2.白色。 3.下雪。 4.高洁。

雲

字形演变

（解字）甲骨文字形"云"字写作 ，字形上部分表示天和天上的云层，下部分是云团翻卷涌动的形状。也有的甲骨文字形中的"云团"是向左翻卷的，比如 。后来这个字被借来用在"子曰诗云"等语句中，表示"说"的概念；为了加以区别，又加注意符"雨"造出后起字"云"，专门用来记录"云"的概念。如《素问·阴阳应象大论》："地气上为云。"

雲 中	雲 日	雲 韩
yún	un、kumo	gu reum un
1.高空中水汽聚集形成的物体：浮~｜~朵。 2.说：不知所~｜人~亦~。	1.云彩。 2.比喻许多东西聚集在一起状。 3.比喻身份高。	1.白云。 2.天空。 3.银河。

雨部 青部

三国字 —— 中日韩常用汉字详解

露

字形演变

雨子 ＞ 露 ＞ 露 ＞ 露

解字 先秦货币上有字形，货币上的这个"露"字，是国族名，形声字，字形上部是义符"雨"，下部为声符"各"。秦代小篆字形，声符变为和当时"露"字语音更相近的"路"。《老子》："天地相合以降甘露。"古人认为"露"在宇宙阴阳和谐的状态下才产生，称之为可润泽万物的"甘露"。汉印上有表示姓氏的字形，该姓氏可能是古代露族人后裔。

青

字形演变

岺 ＞ 青 ＞ 青 ＞ 青

解字 西周金文作岺，字形上方是声符"生"，下方是意符"丹"，表示颜色。青的本义指青绿色。李白《送友人》："青山横北郭，白水绕东城。"

小篆演变为青，汉代马王堆帛书作青，字形下方的"丹"讹变为"月"。

露 中	露 日	露 韩
lù、lòu	ro、rou、tsuyu	i seul ro (no)
lù	1.露水。	1.露水。
1.靠近地面的水蒸气夜间遇冷而凝结成的水珠：白~｜~珠｜寒~。	2.露天，无遮盖。	2.好酒。
2.室外的，无遮蔽的：~宿｜~天｜~营。	3.露出。	3.透露。
3.表达，表现：表~｜暴~｜揭~。	4.俄罗斯。	4.浸湿。
lòu	5.饮料，甘露。	
显现，表现出来：~丑｜~风｜~马脚。		

青 中	青 日	青 韩
qīng	sei、shou、ao、aoi	pu reul cheong
1.深绿色或浅蓝色：~菜｜~苔｜~翠。	1.青，蓝色。	1.翠绿。
2.黑色：~丝｜~眼｜~衣。	2.年轻。	2.年青。
3.未成熟的；年轻的：~年｜~春｜知~。		3.寂静。
4.青色的竹简：汗~｜杀~。		4.绿色。
		5.春天。

静

字形演变

趮 > 靜 > 静 > 静

解字 西周金文作趮，小篆作靜，形声字，"青"表义，"争"表声。但是问题来了，表示颜色的"青"如何与"安静"联系在一起呢？《说文解字》里还有一个字"竫"，清代的文字学家段玉裁认为这才是"安静"这个意思是本字，而"静"其实是假借字，这样解释似乎还是有道理的。王籍《入若耶溪》："蝉噪林逾静，鸟鸣山更幽。"

非

字形演变

非 > 非 > 非 > 非

解字 甲骨文作非，象两个相背的翅膀，本义是相违背，由此产生否定的意义，与"是"相对。《庄子》："故有儒墨之是非，以是其所非，而非其所是。"

这个字形在周朝以后逐渐讹变，如西周金文非、战国金文非、小篆非等。

靜 中 jìng

1.停止不动的：～止｜～态｜风平浪～。
2.没有声音的：寂～｜宁～｜～悄悄。
3.使安定，使平和：～心｜平心～气。

静 日 sei、shizu、shizuka、shizumaru、shizumeru

1.安静，平静。
2.安静下来。
3.不动的，非活动的。

靜 韩 go yo hal jeong

1.安静。
2.干净。
3.休息。

非 中 fēi

1.表否定：无～｜～常｜物是人～。
2.错误，过失：是～｜无事生～。
3.不合乎：～法｜～礼｜～分之想。
4.反对，责怪：～难｜无可～议。
5.前缀，表示后接成分在某范围之外：～金属｜～卖品。

非 日 hi

1.非，不对。
2.诽谤，说坏话。
3.不，不是。

非 韩 a nil bi

1.不是。
2.不好。
3.背叛。
4.诽谤。

面

字形演变

〉圙
〉圙
〉面

解字 甲骨文字形中，用眼睛这一局部指代头部正面整体，眼睛外面一周表示面部的完整轮廓。"面"的本义指脸部、面部。唐朝崔护《题都城南庄》："去年今日此门中，人面桃花相映红。人面不知何处去，桃花依旧笑春风。"

小篆作圙，汉帛书作圙，后来可能是为了和田（回）保持区别，加上一横一点，如汉《曹全碑》作面。

革

字形演变

〉䷀
〉革
〉革

解字 甲骨文作、等，字形上部象兽头，下部象一条长长的尾巴，中间则象向左右两边摊开的兽皮。"革"字本义指去除兽皮上的毛，也指加工后的皮革。《诗经·羔羊》："羔羊之革，素丝五緎（yù）"。、西周金文等字形中的小点，可能是指代去掉兽毛后皮革上的毛孔。革又引申为革除、革新、改变等义。《易经·革》："天地革而四时成。"

面 中

miàn

1. 头的前部：～孔｜～貌｜～颊。
2. 向，对：～对｜～壁思过。
3. 一条线移动所形成的图形：平～｜桌～。
4. 会见，见面：～谈｜～晤｜～谢。
5. 方向，部分：对立～｜片～。

面 日

men、omo、omote

1. 面，脸。
2. 表面。
3. 方面。
4. 报纸的版面。
5. 相对，会面。

面 韩

nach myeon

1. 面容。
2. 表情。
3. 面貌。

革 中

gé

1. 去毛后经过加工的兽皮：～履｜皮～。
2. 改变：～命｜改～｜洗心～面。
3. 取消，开除：～除｜～职。

革 日

kaku、kawa

1. 革，皮革。
2. 改革。

革 韩

ga juk hyeok

1. 皮革。
2. 铠甲。
3. 士兵头盔。

韓

字形演变

斡 > 韓 > 韓 > 韩

解字 用做周朝时的诸侯国名时，"韩"的初文是"斡"，战国金文中有字形作斡，由"旦"、"放"（yǎn，旗帜）会意，本义是太阳刚刚升起，阳光照在鲜艳的旗帜上，光芒闪耀。《韩非子·定法》："韩者，晋之别国也。"小篆加注"韦"作韓，形声字，"韦"为形，"斡"为声，本义指水井周围的墙垣。

音

字形演变

音 > 音 > 音

解字 春秋金文作音，字形是在古文字"言"下部分的"口"中加注一短横，表明音的本义是口中发出的动听的声音。《列子·汤问》："昔韩娥东之齐，匮粮，过雍门，鬻歌乞食。既去，而余音绕梁栅，三日不绝。"

韓 **中**	韓 **日**	韓 **韩**
hán	kan	han guk han
1.周代诸侯国名，战国七雄之一，故地在今河南中部，山西东南部。 2.指"韩国"，位于亚洲朝鲜半岛南部。	1.大韩民国，韩国。	1.韩国。 2.三韩。 3.战国七雄之一。 4.周代诸侯国。

音 **中**	音 **日**	音 **韩**
yīn	on、in、oto、ne	so ri eum
1.声，也专指有节奏的声响：~乐｜~律。 2.消息，声讯：~信｜杳无~讯｜话外~。 3.音节，指听觉上能分辨的最小语音单位：复~词。	1.音，声音。 2.读音。 3.音讯，音信。	1.声音。 2.语言。 3.音乐。 4.音律。

頁部

三国字 —— 中日韩常用汉字详解

頂

字形演变

𪔗 ＞ 鼒 ＞ 㥹 ＞ 頂 ＞ 顶

解字 西周金文作𪔗，左边"鼎"字是声符，右边"页"字是义符。以"页"为部首的字，字义通常和头部有关；"顶"的本义是头顶，后泛指物体的顶端、顶部，如杜甫《望岳》："会当凌绝顶，一览众山小。"

《说文》籀文鼒，也是形声字，"页"为形，"鼎"为声。因为声符"鼎"笔画较多，不便书写，小篆㥹将声符替换为"丁"。

頂 中	頂 日	頂 韩
dǐng	chou、itadaku、itadaki	jeong su ei jeong
1.人或物的最高部：山~｜~端。	1.头顶。	1.头顶。
2.托住，支撑：~住｜~起｜~梁柱。	2.顶，顶上。	2.额头。
3.用言语或头部冲撞：~撞｜~嘴。	3.领受，接受。	3.顶峰。
4.面向，迎着：~风。		
5.代替：~罪｜~名。		
6.比得上，相当：~用｜一人~十人。		
7.副词，表示程度高：~好｜~多。		

順

字形演变

𦓨 ＞ 𦔮 ＞ 㥹 ＞ 㥹 ＞ 順 ＞ 顺

解字 甲骨文作𦓨，象一个人的长发经过梳洗后变得又直又顺。造字本义是头发顺直，引申为通畅、顺从等义。《论语·子路》："名不正，则言不顺，言不顺，则事不成。"

西周金文𦔮中，字形中的头发形和人形彻底分离，讹变成为"川"、"页"两字。

順 中	順 日	順 韩
shùn	jun	sun hal sun
1.向着同一方向，通畅的：~风｜~路｜~畅｜~当。	1.顺序。	1.温顺。
2.沿着，朝着：~藤摸瓜｜~水推舟。	2.顺从。	2.顺应。
3.依次：~序｜~次｜~延。	3.顺利。	3.教授。
4.随，趁着：~手关门｜~势。		4.继承。
5.适合，符合：~心｜~意。		
6.依从，归附：归~｜和｜百依百~。		

須

字形演变

須 > 鬚 > 须

解字 甲骨文作 ，突出描绘了一个人下巴部分生长的胡须形。古代不同部位的胡子有不同的名称，长在下巴部位的为"须"；长在嘴唇上方的叫"髭"（zī）；长在两颊的叫"髯"。《新唐书·窦怀贞传》："宦者用事，尤所畏奉，或见无须者，误为之礼。"西周金文作，小篆演变为，秦简作。后来"须"假借作表示"需"，则加注意符"彡"，分化出"鬚"字来表示原义。

須 <中>	須 <日>	須 / 鬚 <韩>
xū	su、shu	mo reum ji gi su
1. 胡子：胡~｜~眉。	1. 胡须。	1. 必须。
2. 胡须状的：萝卜~｜玉米~。	2. 需要，需求。	2. 终于。
3. 应该，必定：必~｜务~｜考试~知。	3. 等，等待。	3. 暂时。
4. 逗留，停留：~留。	4. 用。	4. 本来。
	5. 应该，必须。	

領

字形演变

領 > 领 > 领

解字 小篆作，形声字，"页"为形，"令"为声，本义指脖子，如《左传·召公七年》："引领北望。"引申为衣领、率领等义。

領 <中>	領 <日>	領 <韩>
lǐng	ryou	geo neu ril ryeong(young)
1. 颈部，衣服上围绕脖子的部分：引~而望｜圆~｜~带。	1. 统治，领有。	1. 带领。
2. 提要：纲~｜要~。	2. 首领。	2. 治理。
3. 带，引：引~｜~军｜~路。	3. 大纲，要点。	3. 统率。
4. 拿，接受：~罪｜~命｜~情。	4. 接受，收受。	4. 领悟。
5. 占据，有管辖权的：~土｜~属｜~域。	5. 了解。	
6. 理解，体会：~悟｜~会｜心~神会。		

三国字——中日韩常用汉字详解

頭

字形演变

∨頭
∨頭
∨头

解字 春秋金文作 ，形声字，"页"为形，"豆"为声，本义指头部。杜甫《春望》："白头搔更短，浑欲不胜簪。"

頭 〔中〕 tóu

1.脑袋：～顶｜～发｜点～。
2.头发或发型：梳～｜平～｜光～。
3.事物的开始或剩余部分：笔～｜针～｜线～｜铅笔～儿。
4.为首的，第一的，领导者：～等舱｜新闻～条｜教～。
5.前面的，先前的：～几天。

頭 〔日〕 tou、zu、to、atama

1.头，脑袋。
2.首领，头目。
3.头发。
4.上端，顶上。
5.开头。

頭 〔韩〕 me ri du

1.头脑。
2.头顶。
3.头目。
4.开始。

題

字形演变

題
∨題
∨題
∨題

解字 小篆作題，形声字，"页"为形，"是"为声，本义指额头。《韩非子·解老》："是黑牛也而白题。"文章的标题通常在开头部分，好比额头在人身的位置，因此"题"又引申出题目、问题等义。

題 〔中〕 tí

1.文章的总名：标～｜跑～｜主～。
2.要求解答的问题：出～｜答～｜难～。
3.写：～字｜～签｜～诗。

題 〔日〕 dai

1.问题。
2.写，作诗文。
3.题目，标题。

題 〔韩〕 je mok je

1.题目。
2.额头。
3.文章。
4.评论。

願

字形演变

解字 小篆作 ，形声字，"页"为形，"原"为声，本义指大头。后来被假借为用来表示愿意、心愿等义。《诗经·野有蔓草》："邂逅相遇，适我愿兮。"它的本义反而没有在文献中见到过使用。颜真卿楷书有字形作 願。

《说文解字》中另有一个字写作 ，"心"为形，"原"为声。本义是恭谨。如《荀子·富国》："污者皆化而修，悍者皆化而愿。"后来也借用表达愿意、心愿等义，成了愿的异体字。

願 中
yuàn

1.乐意：~意｜情~｜~志~。
2.希望：民~｜意~｜如~以偿。
3.对神佛所抱有的期许：许~｜还~。

願 日
gan、negau

1.请求，心愿。
2.祈祷，祈求。

願 韩
won hal won

1.愿意。
2.祈愿。
3.诚实。
4.恭敬。

風

字形演变

解字 "风"无形无象，不容易用象形等造字方法来表示，因此古人假借同音的"凤"字来记录"风"的概念，如甲骨文 ，象凤鸟形；后来在右上角加注声符"凡"，如 、 等。甲骨文字形 中，凤鸟的尾部有三个象眼睛的花翎羽毛，这种眼形花翎羽毛和"凡"组成"风"字的最初结构，如《说文解字》古文 ；后来眼睛状的花翎讹变为"虫"，如战国楚简 、小篆 ，秦简 、汉代帛书 等。《孔子家语·致思第八》："树欲静而风不止，子欲养而亲不待。"

風 中
fēng

1.空气流动现象：刮~｜~能｜逆~。
2.风力作用下的：~干｜~化。
3.像风一样(迅速)传播的：~传｜~靡一时。
4.没有根据的：~闻｜~言风语。
5.习俗：~气｜~土｜~味。
6.行为、文章、地势等外在特征：~采｜~格｜~景。

風 日
fuu、fu、kaze

1.风，空气流动现象。
2.风习。
3.式样。
4.风景。
5.样子。

風
ba ram pung

1.风俗。
2.习俗。
3.景观。
4.气质。

字形演变

飛 〉 飛 〉 飛 〉 飞

解字 小篆作飛，字形象鸟张开翅膀翱翔形。《诗经·旱麓》："鸢飞戾天，鱼跃于渊。"唐代颜真卿楷书有字形作飛，也有笔画简化的字形作飞。

字形演变

食 〉 食 〉 食 〉 食

解字 甲骨文作食，象器皿中装有黍稷等食物，上面盖子打开，表示准备吃饭。食的本义是吃。《诗经·东门之枌》："岂其食鱼，必河之鲂？"春秋金文讹变为食，小篆演变为食。

飛　**中**
fēi

1.生物或机器在空中活动：～鸟｜～翔｜～旋｜～行。
2.形容速度快：～奔｜～走｜山上～泉。

飛　**日**
hi、tobu、tobasu

1.飞，飞翔。
2.快速，快跑。
3.勇猛前进。
4.高。

飛　**韩**
nal bi

1.飞翔。
2.坠落。
3.快速。

食　**中**
shí、sì

shí
1.吃，也特指吃饭：吸～｜节～。
2.可以吃的(东西)：～盐｜觅～｜面～。
3.日月亏缺或不能看到的现象：日～｜月～。
sì
拿东西给人吃：鼻～。

食　**日**
shoku、jiki、kuu、kurau、taberu

1.饭食，食品。
2.吃。

食　**韩**
bap sik

1.米饭。
2.饮食。
3.祭祀。
4.生活。

飯

字形演变

解字 春秋金文作𩚀，小篆作䬱，形声字，"食"为形，"反"为声，本义指吃饭，如《论语·述而》："饭疏食，饮水，曲肱而枕之，乐亦在其中矣。不义而富且贵，于我如浮云。"后来引申为米饭等谷类食物。

飯 【中】
fàn

1.煮熟的谷类食物：～团｜斋～。
2.每天定时吃的食物：吃～｜～局｜～馆。
3.吃饭：～疏食饮水，曲肱而枕之，乐亦在其中矣。

飯 【日】
han、meshi

1.米饭。
2.吃饭。

飯 【韩】
bap ban

1.米饭。
2.用餐。
3.饲育。

飲

字形演变

解字 甲骨文有字形作𩝔，象人张开大口，伸长舌头在酒尊中啜酒的样子，本义是饮酒。李白《将进酒》："古来圣贤皆寂寞，惟有饮者留其名。"

西周金文有字形作𩜵，口舌形和人形分离，逐步和象酒尊形的"酉"组合，演变为声符"酓"（yǐn），如小篆䬼、秦简䬼，"欠"旁，"酓"声，也即"㱃"。有的字形演变为表义的意符"食"，如春秋时期金文𩚑，左为"食"，右为"欠"，也即后起的饮字。

飲 【中】
yǐn、yìn

yǐn
1.喝：～茶｜～酒｜一～而尽。
2.可以喝的东西：～品｜～料｜热～。
3.汤药的一种：～子｜人参～。
4.心中饱含：～恨｜～誉。
yìn
1.给……喝：～马。

飲 【日】
in、nomu

1.喝。
2.饮料，饮酒。

飲 【韩】
ma sil eum

1.饮用。
2.呼吸。
3.饮食。
4.饮料。

食部

三国字——中日韩常用汉字详解

養

字形演变

解字 商代金文 、甲骨文 、《说文》古文 等字形由"羊"、"攴"会意，表示手拿皮鞭在放羊。"养"的本义即养羊，后来泛指饲养所有家畜，并进一步引申为养育、养护等义。《庄子·养生主》："吾闻庖丁之言，得养生焉。"

小篆字形作 ，改由"食"、"羊"会意，"羊"同时表声。秦简作 。

養 中	養 日	養 韩
yǎng	you、yashinau	gi reul yang
1.在物质和精神上给予帮助和关怀：抚~｜~老｜~儿育女。	1.培养。	1.培养。
2.种植，饲养：~花｜~牛。	2.抚养的。	2.领养。
3.收养或被收养的：~女｜~母。		3.供养。
4.坚持而形成的(习惯)：~成｜培~｜教~。		
5.使身心得到休整：~神｜~生。		

餘

字形演变

解字 小篆作 ，形声字，"食"为形，"余"为声，本义指食物充足。引申为在财富、能力等方面绰绰有余，如《论语·学而》："行有余力，则以学文。"

餘 中	餘 日	餘 韩
yú	yo、amaru、amasu	nam eul yeo
1.剩下的，多出来的：~生｜~粮｜~晖。	1.余，剩余。	1.富馀。
2.十、百、千等整数后的零数：共千~人。		2.剩馀。
3.后：暇~｜茶~｜饭后｜工作之~。		3.业馀。

首

字形演变

 ＞ ＞ 首

解字 甲骨文有字形作 ，象马、牛等动物头部侧面的样子。"首"的本义即头部。《左传·襄公十四年》："荀偃令曰：'鸡鸣而驾，塞井夷灶，唯余马首是瞻。'"

西周金文演变为 、 等，小篆写作 。

香

字形演变

 ＞ ＞ 香 ＞ 香

解字 甲骨文字形作 ，字形上方为"禾"，周围的小点指代稻花的香气；字形下方的"口"指品味芳香。"香"的本义指禾、黍等谷物的香气，后泛指花草等事物的香味。辛弃疾《西江月·夜行黄沙道中》："稻花香里说丰年，听取蛙声一片。"

西周金文作 ，小篆演变为 香，由"黍、甘"会意。

首 中 shǒu

1. 头，脑袋：～级｜畏～畏尾。
2. 为首的，领导（的人或物）：～相｜～长｜群龙无～。
3. 位次最高的，最先的：～都｜～位｜榜～。
4. 最先：～先｜～创｜～届。
5. 出面认罪或告发：自～｜出～。

首 日 shu、kubi

1. 颈，脖颈。
2. 首领，长官。
3. 第一，开始。
4. 坦白，招认。
5. 职位，饭碗。

首 韩 me ri su

1. 头脑。
2. 首长。
3. 君主。
4. 第一。

香 中 xiāng

1. 气味好闻：～水｜芳～｜～皂。
2. 味道好：这道菜吃起来很～。
3. 胃口好；睡眠质量好：吃得～｜睡得～。
4. 受欢迎：很吃～。
5. 用木屑与香料掺杂而成条状或圆形物体：蚊～｜上～｜～炉。

香 日 kou、kyou、ka、kaori、kaoru

1. 香，香味。
2. 散发出香味。
3. （日本将棋）香车。

香 韩 hyang gi hyang

1. 香气。
2. 香料。
3. 甘味。

馬部

三国字——中日韩常用汉字详解

馬

字形演变

~ > ~ > 馬 > 馬 > 马

解字 象形字。甲骨文 、 等字形，生动地刻画了马的形象，包括头、嘴、眼、耳、腿、身、颈项部的鬃毛、尾巴等特征。一些字形为书写便利，逐渐简略，如甲骨文 ，商代金文 、西周金文 等。春秋金文作 ，小篆演变为 。韩愈《马说》："世有伯乐，然后有千里马。千里马常有，而伯乐不常有。"

馬 中
mǎ

1.哺乳动物，面部长，颈上有鬃，尾有长毛，四肢强健，善奔跑：~车｜~鞍｜脱缰之~。
2.大：~蜂｜~勺。

馬 日
ba、uma、ma

1.马，马科哺乳动物。

馬 韩
mal ma

1.一种常见哺乳动物。
2.地气，田野间的浮气。
3.盛大。

驚

字形演变

驚 > 驚 > 驚 > 驚 > 惊

解字 小篆作 驚，形声字，"马"为形，"敬"为声，本义指马受惊骇。《战国策·赵策》："襄子至桥而马惊。"后来泛指惊骇、震惊。汉代帛书作 驚。后来另造一字表示这一概念，如唐代颜真卿楷书有字形作 驚，他还写了一个异体字惊，"惊"也是形声字，"忄"（心）为形，表示受惊吓是一种心理感受，"京"为声。

驚 中
jīng

1.骡马等因害怕而脱离控制：马受了～。
2.因突发事件而紧张、恐惧或欣喜：～诧｜～恐｜～喜。
3.触动：触目～心｜～弓之鸟。

驚 日
kyou、odoroku、odorokasu

1.惊恐，吃惊，感到意外。
2.惊动，使人吃惊。

驚 韩
nol ral gyeong

1.惊讶。
2.害怕。
3.悲伤。
4.伤心。

骨

字形演变

Ⅳ ＞ 笒 ＞ 骨 ＞ 骨

解字 商代金文作 Ⅳ、甲骨文有字形作 Ⅱ、冯 等，象骨节相连形。因为上述字形用象形的方式来描绘"骨头"不够生动明显，一些字形如战国楚简 笒、小篆 骨 等，增加意符"月"（肉），因为骨肉相连，可进一步暗示、表明"骨"这一概念。《孟子·告子下》："故天将降大任于斯人也，必先苦其心志，劳其筋骨，饿其体肤，空乏其身。"

骨 〔中〕

gǔ、gū

gǔ
1. 人和脊椎动物体内支撑身体的坚硬组织：白～｜～折｜～瘦如柴。
2. 类似于骨头的支撑物：伞～。
3. 风格、质量或气概：风～｜～气。
gū
1. 花～朵儿：未开的花朵。

骨 〔日〕

kotsu、hone

1. 骨头，骨骼。
2. 火化后的死者骨灰。
3. 身体。
4. 人品，内心，意气。
5. 要领，要害。

骨 〔韩〕

ppyeo gol

1. 骨头，骨骼。
2. 人品。
3. 刚强。

體

字形演变

體 ＞ 䯏 ＞ 體 ＞ 体

解字 小篆作 體，形声字，"骨"为形，"豊"为声，本义指肢体。《论语·微子》："四体不勤，五谷不分。"泛指身体、全身的总称。汉帛书作 軆，颜真卿楷书有字形作 體。

體 〔中〕

tǐ、tī

tǐ
1. 人或动物的全身：身～｜～型｜～魄。
2. 事物的形态：固～｜液～｜集～。
3. 文字、文章的样式或风格：文～｜楷～。
4. 亲身经历，切身体会：～验｜～贴。
tī
体己
1. 家庭成员的个人积蓄：～钱。
2. 贴心的，中听的：～话｜～语。

体 〔日〕

tai、tei、karada

1. 身体。
2. 形态，样子，姿态。
3. 本性，实质。

體 〔韩〕

mom che

1. 身体。
2. 形状。
3. 物体。
4. 格式。

高

字形演变

龠 > 高 > 高 > 高

解字 甲骨文龠、西周金文龠等字形像上古时期高高的建筑物，以表达古人心中"高"这一抽象概念。字形中的"口"象窗户形。《诗经·卷阿》："凤凰鸣矣，于彼高岗。"

高 〔中〕

gāo

1.由下到上距离远，和"低"相对：～山｜～大｜～空。
2.两端的距离：身～｜～度。
3.平均水平之上的，程度深的：～级｜～仿｜～水平。
4.品质好，身份尊贵：清～｜～尚。

高 〔日〕

kou、takai、taka、
takamaru、takameru

1.高，高等。
2.高涨，提高。
3.优秀，出色。
4.高中。

高 〔韩〕

nop eul go

1.出众。
2.盛大。
3.高雅。
4.尊敬。

魚

字形演变

> 象 > 魚 > 鱼

解字 鱼是典型的象形字。如商代金文、，甲骨文、，西周金文、等，是古人生活中各种鱼的生动形象。《老子》："鱼不可脱于渊。"

　　战国金文、战国楚简以及小篆、秦简等字形中，鱼尾讹变成"火"字，并合其他字的"火"字底一样，渐渐类化写作"灬"，"魚"字就产生了。

魚 〔中〕

yú

1.脊椎动物的一类，靠水存活，一般有鳞和鳍，用鳃呼吸：～尾｜如～得水。

魚 〔日〕

gyo、uo、sakana

1.鱼，一种水生动物。

魚 〔韩〕

mul go gi e

1.鲜鱼。
2.鱼袋。
3.打鱼。

鮮

字形演变

鮮 → 鱻 → 鮮 → 鱻 → 鮮

解字 鮮字本作"鱻"，如西周金文，小篆。鱻的本义是指很多活鱼、鲜鱼。如《老子》："治大国若烹小鱻。"和羴（shān）表示羊的膻腥味类似，鱻字也用来表示很多鱼在一起时所散发出的鱼腥味，这种鱼腥味往往意味着鱼比较新鲜，因此"鱻"字后来又引申出"新鲜"的意思。

汉代开始用"鲜"取代"鱻"表示这一意义，可能是字形包含鱼、羊，能较好地概括所有鲜味的食物。鲜字本义是一种鱼的名称，西周金文作，战国金文作，小篆演变为鱻。

鳥

字形演变

 → 鳥 → 鳥 → 鳥 → 鸟

解字 商代金文有字形作、、、等，象鸟形。甲骨文因为是用刀在甲骨上契刻，字形线条化且相对简洁，如、。小篆作。唐代颜真卿楷书写作鳥。《诗经·伐木》："伐木丁丁，鸟鸣嘤嘤。"

鲜 中	鮮 日	鮮 韩
xiān、xiǎn	sen、azayaka	go ul sen
xiān 1.新的；味美的：～血｜～奶。 2.有光泽的，有生气的：～花｜～亮｜～活。 3.味美的食物，有时也专指鱼虾等水产：时～｜海～｜尝～。 xiǎn 1.少：～有｜～为人知｜寡廉～耻。	1.新鲜。 2.鲜艳。 3.少，稀少。	1.鲜明。 2.新鲜。 3.生鲜。

鸟 中	鳥 日	鳥 韩
niǎo	chou、tori	sae jo
1.脊椎动物的一类，体温恒定，卵生，有羽毛，前肢变为翅，后肢能行走，一般能飞：飞～｜害～｜一石二～。	1.鸟类。	1.飞鸟。 2.凤凰。

鳥部 麥部

三国字——中日韩常用汉字详解

鳴

字形演变

解字 甲骨文作[图]，由"口"、"鸟"会意，造字本义即鸟的鸣叫，后来泛指鸟兽、昆虫的叫声。如《诗经·鹿鸣》："呦呦鹿鸣，食野之苹。"

麥

解字 "来"甲骨文写作[图]，象成熟的麦子形状，本义即小麦。《诗·周颂》："贻我来麰。"（麰即大麦）后"来"多被假借为来往的意思。如《礼·曲礼》："礼尚往来。往而不来，非礼也。来而不往，亦非礼也。"真的麦子只好在"来"字下面加上"止"变成[图]。姜夔《扬州慢·淮左名都》："过春风十里。尽荠麦青青。"所以"来"和"麦"正好交换了一下身份。

西周金文作[图]，小篆演变为[图]，汉代《西狭颂》演变为[图]。

鳴　中　míng

1.鸟兽或昆虫叫：鸟～｜～啭｜鸡～狗盗。
2.物体发声，使发声：金鼓齐～｜电闪雷～｜～笛。
3.表达，显露：～谢｜～冤｜共～。

鳴　日　mei、naku、naru、narasu

1.啼，鸟或虫等鸣叫。
2.响，有响声。

鳴　韩　ul myeong

1.鸣叫。
2.鸣响。
3.说话。
4.惊讶。

麥　中　mài

1.一种草本植物，可研磨成面粉或用来酿酒：～田｜～片｜～浪。
2.专指小麦：燕～。

麦　日　baku、mugi

1.麦芽，麦秋。
2.小麦。

麥　韩　bo ri maek

1.大麦。
2.燕麦。
3.荞麦。
4.埋葬。

黄

字形演变

(解字) 甲骨文有字形作 、 、 等字形，描绘的是人的腰部带有玉佩。黄的本义指半圆形或扇形的璜、珩等玉佩，"黄"也是"璜"的初文。后来被假借为表示黄色。《易·坤》："天玄而地黄。"

西周金文演变为 ，有字形上方加"廿"形，演变成黄。小篆作黄，秦简演变为黄。

黑

字形演变

(解字) 甲骨文字形作 、西周金文作 ，造字本义不明确。有人说象人的脸部遭受墨刑，留有黑色的印记。黑的本义即黑色，在先秦常指动物的毛色，如《诗经·北风》："莫赤匪狐，莫黑匪乌。"

春秋金文有字形讹变为 ，进一步演变为小篆 、汉代帛书黑、唐代楷书黑等。

黄 中	黄 日	黄 韩
huáng	kou、ou、ki	nu reu hwang
1.像金子或葵花那样的颜色：金~｜~牛｜蜡。 2.蛋壳内发黄的部分：鸭~｜蛋~｜双~蛋。 3.事情、计划失败：事~了。 4.与色情有关的：扫~｜~片。 5.指黄河：~灾｜治~。	1.黄，黄色。	1.姜黄。 2.黄金。 3.皇帝。 4.老头儿。

黑 中	黑 日	黑 韩
hēi	koku、kuro、kuroi	geom eul hok
1.类似于碳或墨的颜色：~白｜~色｜~碳。 2.光线暗，夜晚：~暗｜~夜。 3.隐蔽的，秘密的：~帮｜~钱｜~社会。 4.坏，歹毒：手~｜~心。 5.算计，攻击：被~了。	1.黑，黑色。	1.黝黑。 2.恶毒。 3.邪恶。 4.陷害。

點

字形演变

黐 〉 點 〉 點 〉 点

解字 小篆作黐，形声字，"黑"为形，"占"为声，本义指小黑点。《晋书·文苑传》："如彼白珪，质无尘点。"

齒

字形演变

 〉 齿

解字 甲骨文作，象牙齿形。战国金文齿，小篆齒在牙齿形的基础上加注声符"止"，成为形声字。《淮南子·原道》："齿坚于舌而先之弊。"

點 〔中〕 diǎn

1. 微小的痕迹：斑~｜污~｜两~。
2. 一定的位置或标示：景~｜熔~｜立足~。
3. 部分，方面：优~｜要~｜疑~。
4. 头或手落下后即刻恢复原来的状态，落下：~头｜~穴｜~种。
5. 评论，启迪：可圈可~｜~化｜~拨。
6. 办法，方法：~子。
7. 引着：~灯｜~燃。

点 〔日〕 ten

1. 点，一点点。
2. 一定的场所。
3. 分，分数。
4. 论点，观点。
5. 点火。

點 〔韩〕 jeom jeom

1. 斑点。
2. 圈点。
3. 侧面。
4. 纠正。

齒 〔中〕 chǐ

1. 牙，牙齿：口~｜唇红~白。
2. 像牙齿的：锯~｜~轮。
3. 年龄：序~｜马~徒增。
4. 谈及：不足挂~。

齒 〔日〕 shi、ha

1. 牙齿。
2. 岁数，年纪。

齒 〔韩〕 i chi

1. 牙齿。
2. 年龄。
3. 白齿。

附　录

部首索引

附
录

三国字 —— 中日韩常用汉字详解

部首索引

三国字——中日韩常用汉字详解

附录

三国字——中日韩常用汉字详解

部首索引

三国字——中日韩常用汉字详解

414.

附录

三国字
——
中日韩常用汉字详解

.415.

部首索引

三国字——中日韩常用汉字详解

附录

三国字——中日韩常用汉字详解

部首索引

三国字——中日韩常用汉字详解

拼音索引

拼音索引

三国字——中日韩常用汉字详解

.421.

拼音索引

三国字——中日韩常用汉字详解

拼音索引

三国字——中日韩常用汉字详解

附录

三国字——中日韩常用汉字详解

拼音索引

三国字——中日韩常用汉字详解

附录

三国字——中日韩常用汉字详解

拼音索引

三国字——中日韩常用汉字详解

图书在版编目（CIP）数据

三国字：中日韩常用汉字详解 / 吴文文，殷学侃，陈喜富
编著.—杭州：浙江古籍出版社，2017.11
ISBN 978-7-5540-1038-9

Ⅰ.①三… Ⅱ.①吴… ②殷… ③陈… Ⅲ.①汉字—对比
研究—中国、日本、韩国 Ⅳ.① H12

中国版本图书馆 CIP 数据核字（2017）第 107078 号

三国字：中日韩常用汉字详解

吴文文　　殷学侃　陈喜富　编著

出版发行 浙江古籍出版社

（杭州体育场路 347 号　电话：0571—85176986）

网　　址	www.zjguji.com
责任编辑	翁宇翔
特约编辑	王海明
责任校对	余　宏　安梦玥
封面设计	刘　欣
责任印务	楼浩凯
照　　排	杭州立飞图文制作有限公司
印　　刷	浙江新华印刷技术有限公司
开　　本	880mm×1230mm　1/32
印　　张	13.875
字　　数	410 千字
版　　次	2017 年 11 月第 1 版
印　　次	2017 年 11 月第 1 次印刷
书　　号	ISBN 978-7-5540-1038-9
定　　价	48.00 元